ジーナ式 カリスマ・ナニーが教える

赤ちゃんとおかあさんの快眠講座

改訂版

ジーナ・フォード
高木千津子・訳

朝日新聞出版

はじめに

『赤ちゃんとおかあさんの快眠講座』（初版１９９９年）は、世界中の３００人を超える赤ちゃんとその家族のお世話をした生の経験を元に誕生しました。五大陸にわたる何百万人もの家族に読まれ、そして、これからも読まれ続けていくベストセラーとなりました。

私のアドバイスが多くの人に受け入れられ、この本がこれほど支持されていることが、赤ちゃんはスケジュールを使っても健やかに育つということを証明しています。融通がきかない昔ながらの４時間おきのスケジュールとは違い、私のスケジュールは赤ちゃんの睡眠や食事の自然なリズムに合わせてできており、赤ちゃんがぐずったり疲れすぎたりする前に何を求めているのかがわかるようになります。そして大事なのは、スケジュールはそれぞれの赤ちゃんのニーズに合わせて微調整ができるという点です。数えきれない経験からも、赤ちゃんはみんな違うということは重々承知しています。

本が出版されてからは、私のウェブサイトを通じ、コンサルタントとして何千人もの親と話をする機会に恵まれました。直接話を聞くことができたため、ジーナ式スケジュールに対する非常に役に立つご意見をいただくことができました。そのおかげで、初版本を見直し、改訂しなければいけないと気付かされたのです。ジーナ式のスケジュールや核となる理論は変わりませんが、貴重なフィードバックで指摘された点をカバーし、現代の状況に合うように変更しています。

改訂版では、赤ちゃんのお腹《なか》がすいているのか、疲れているのかを見分ける方法、授乳と睡眠のパターンを定着させる方法、そして大事な赤ちゃんのすべてのニーズに応えるための方法をよりわかりやすくお伝えできていると確信しています。この改訂版を使えば、親になることが、深い幸福感と満足感で包まれた経験になるはずです。

快眠講座のスケジュールは何百万人もの親と赤ちゃんに効果のあった方法です。あなたの赤ちゃんにもきっと効果が表れます。

ジーナ・フォード

『赤ちゃんとおかあさんの快眠講座［改訂版］』目次

第3章 授乳について 071

第6章 ジーナ式スケジュール・実践編 199

第7章 1年目によくあるトラブル 301

ジーナ式　カリスマ・ナニーが教える

赤ちゃんとおかあさんの快眠講座　改訂版

THE NEW CONTENTED LITTLE BABY BOOK by Gina Ford

Japanese translation rights arranged with Vermilion one of Publishers in
The Random House Group Ltd. through Japan UNI Agency Inc., Tokyo.

Book Design　阿部智佳子
Illustration　252%

第1章　出産前に準備することとは？

出産前の準備でまず最初に思い浮かぶのは、ママの体のケアと赤ちゃんの部屋でしょう。それぞれ大事なことですが、妊娠期間を健康に過ごすには、母体のケアは最優先にされなければいけません。出産本番に向けて備えるのにも役に立ちます。そして赤ちゃんのお部屋のインテリアを考えるのはワクワクするものです。けれども、ほとんどの両親学級は出産そのものに時間をかけることが多く、赤ちゃんが生まれたあとに必要な実践的な世話の仕方については、十分教えてもらえないことが多いように思います。出産前に教わっていれば、産後のストレスを減らし、無駄に苦労を重ねることはありません。

産後1日目から「ジーナ式スケジュール」を使えば、赤ちゃんは機嫌のいいハッピーな子に育つはずです。しかしスケジュールを見てもらえばわかるように、自由になる時間はほんの少ししかありません（そして、私のスケジュールを使用していないママたちの自由時間はもっと少ないのです）。お手伝いを頼まない限り、この短時間に食事の準備をし、買い物に行き、洗濯もしなければいけません。赤ちゃんが生まれてくる前に次のことを準備しておけば、産後に自由になる時間が増えるはずです。

●子ども部屋に必要なものは、時間の余裕をもってオーダーしましょう。出産直後から赤ちゃんをきちんとしたベビーベッドで寝かすと、多くの利点があります（16ページ参照、以下同）。

●寝具類やベビーモスリン（訳注：イギリスで使われている育児用の布。大判で、タオルやおくるみなどさまざまな用途がある）、タオルは、出産後すぐに使えるように、前もって全部洗濯しておきましょう。ベビーベッド、クーハン、ベビーカーは組み立てをすませ、病院から家に帰ってきてすぐに子ども部屋が使えるように準備しておきます。

●必ず使うベビー用品は多めにストックしておきましょう。コットン（脱脂綿《だっしめん》）、ベビーオイル、おむつ、おむつかぶれ用のクリーム、保湿クリーム、おしりふき、柔らかいスポンジ、赤ちゃん用のヘアブラシ、バスオイル、シャンプーなどが必要です。

●ベビー用の家電はきちんと作動するか確認しておきましょう。消毒用グッズや哺乳びんの使い方もマスターしておきましょう。

●ミルクを準備したり哺乳びんを消毒したりするためのスペースをキッチン内に用意しておきます。授乳用のグッズがしまってある棚のすぐ近くが理想的です。

●洗剤や掃除《そうじ》用品、キッチンペーパーやトイレットペーパーなどの日用品を、最低6週間分買い置きしておきましょう。

●ヘルシーな料理をたくさん作り置きして冷凍保存しておきましょう。母乳で育てる場合は、お店で売られている、添加物や保存料が大量に入っているものは避けてください。
●紅茶、コーヒー、ビスケットなどを買い置きしておきましょう。最初の1カ月はいつもより多くのお客様が来るはずですので、買い置き分もすぐに減っていきます。
●近いうちにくる家族や友人の誕生日用に、バースデーカードやプレゼントを買っておきましょう。また、いただいたプレゼントへのお礼状を書くためのカードも準備しておきましょう。
●自宅や庭で修繕する箇所があれば、今のうちにすませておきましょう。赤ちゃんが生まれてから、作業をする人の行き来で家の中がバタバタすると落ち着きません。
●母乳の場合、電動の搾乳器《さくにゅうき》を早めに準備しておきましょう。

赤ちゃん用の子ども部屋

ほとんどのご家庭では、夜中は赤ちゃんと同じ部屋で眠ることになるかと思います。The《ザ》 Lullaby《ララバイ》 Trust《トラスト》（訳注：乳幼児突然死症候群の防止を目指し設立されたイギリスの慈善団体）や英保健省は現在、赤ちゃんが6カ月になるまでは親と同じ部屋で寝るべきだとアドバイスしています（196ページ）。しかし、病院から帰ってきたらすぐに使えるように、子ども部屋を準備しておくことはとても重要です。赤ちゃんの月齢が上がると子ども部屋に慣れさせるのが大変になるため、困ったママたちがアドバイスを求めて電話をかけてくることがよくあります。

生後すぐの時期から、おむつ替えや授乳、遊びの時間に、できるだけ子ども部屋を使うようにしましょう。最初から子ども部屋を使っていれば、自分の部屋は楽しく穏やかに過ごせる場所だとすぐに認識するようになります。新生児期に、疲れすぎたり興奮しすぎたりしたときに、落ち着かせるための場所として子ども部屋があると非常に便利です。出産直後からそのような目的に部屋を使用していれば、6カ月になった時点で親と一緒に寝ていた部屋から自分の部屋で眠るようになるときにも、スムーズに移行ができるはずです。

インテリア

赤ちゃんの部屋の飾り付けや家具に大金を払う必要はありません。テディベアの模様でいっぱいの壁や窓や寝具類にはすぐに飽きてしまうものです。カラフルなフリースの壁紙やトリムボーダー（帯状の壁紙）、ウォールステッカーを壁に貼って印象を明るくすることもできます。この方法なら、赤ちゃんが大きくなったときに模様替えをするのも簡単です。また、経済的に部屋を変身させるもう一つの方法に、子ども用のラッピングペーパーがあります。ポスターとして壁に貼るだけで部屋が明るく華やぎますし、頻繁《ひんぱん》に貼り替えることもできます。

ベビーベッド

新生児期はベビーベッドは必要なく、クーハンやゆりかごのほうが赤ちゃんの機嫌がいいと書かれた育児書をよく目にすると思います。部屋から部屋へと赤ちゃんを移動させる必要があるときは非常に便利かもしれませんが（196ページの「気を付けること」を参照）、そのほうが赤ちゃんの機嫌がよく、よく眠るという意見には賛成できません。6カ月になるまでは親と同じ部屋で眠る必要がありますので、それまでは、ベビーカーのキャリーコットに硬めのマットレスを敷いて使用することをおすすめします。

しかし、生後1日目から自分の部屋のベビーベッドに慣れさせるのも、重要です。ベビーベッドの中で少し遊ばせてみましょう。ママも目を離さないように同じ部屋にいてください。こうして自分のベッドに慣れていれば、のちのちクーハンが小さくなってベビーベッドで寝るようになっても、問題が起きることはないはずです。

ベッドは、少なくともこの先2～3年は使用することになりますので、赤ちゃんがぴょんぴょんと飛び跳ねても平気な丈夫なものを選んでください。今は小さな赤ちゃんもいつかはベッドの中で動き回るようになります。月齢の低い赤ちゃんは、柵《さく》に頭が当たって痛がることもありますので、丸い柵ではなく、平らなデザインがおすすめです。

ベッドガードは1歳未満の赤ちゃんに使用するのは避けましょう。頭をベッドガードに押しつけて眠ることになるかもしれないからです。体の熱は頭から放出されるため、そこが塞《ふさ》がれることで高体温化の危険性が高まります。これは乳幼児突然死症候群（SIDS）の原因の一つだと考えられています。ベビーベッドを選ぶ際には、次のポイントもチェックしてください。

●2～3段階に高さが調節できるものを選びましょう。
●赤ちゃんが2歳になっても十分に使える大きさのものを選びましょう。
●国の安全基準を満たした製品かどうかをしっかり確認してください。
●予算が許す限り最高のマットレスを購入しましょう。ウレタンフォームのマットレスは、数カ月すると真ん中の部分が沈みやすくなることが多いようです。成長し続ける赤ちゃんに最適なのは綿素材のスプリングタイプだと思います。国の安全基準を満たしたものを選んでください。

ベビーベッドの寝具類

寝具類はすべて、赤ちゃんのパジャマと一緒に高温で洗濯できるように、白で綿100パーセントのものを選びましょう。キルト製品や中綿の入った掛け布団や枕は、1歳未満の赤ちゃんにはおすすめできません。体温が上がりすぎたり、窒息したりする危険性があります。お揃《そろ》いの寝具にする場合も、綿100パーセントであることを確認してください。ナイロンの中綿が入ったキルト製品は避けてください。裁縫が得意であれば、大人用のシーツから赤ちゃん用のシーツをいくつか作ることができて経済的です。必要な寝具類は次の通りです。
●伸縮《しんしゅく》性のある綿のシーツ3枚／タオル地は毛羽立ちが出て使用感が目立ちやすいため、柔らかいジャージ素材の綿を選びましょう。
●綿の上掛けシーツ3枚／フランネル素材は毛玉が飛んで赤ちゃんの鼻に詰まって呼吸困難になる

ベビーベッドのメーキング

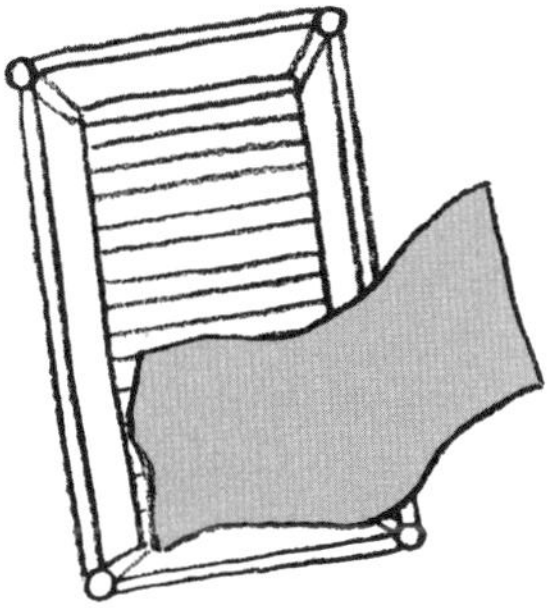

❶ マットを外して、上掛けシーツとブランケットを横長になる向きにして、ベビーベッドの底部分に敷く

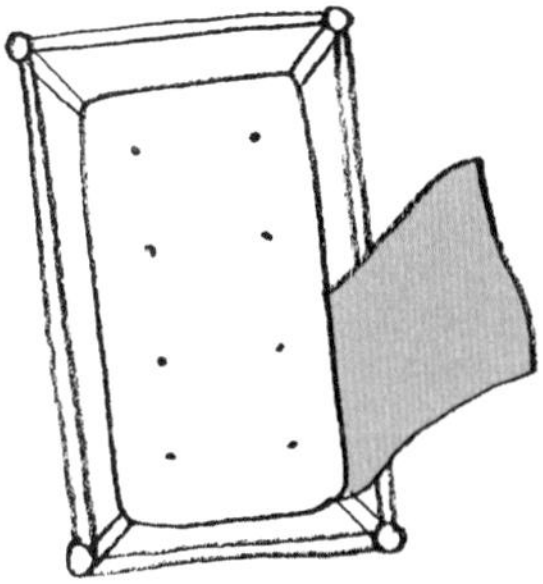

❷ マットを戻し、敷きシーツをかける

❸ 赤ちゃんを寝かせたら、上掛けシーツとブランケットをかけて、端を少なくとも15センチ分マットの下に挟み込む。小さく丸めたタオルをマットと柵の間に詰める

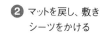

可能性がありますので、新生児には使用しないでください。

●編み目が細かく通気性のいいタオルケット3枚と寒い夜用のブランケット1枚

●小さめの綿シーツ6枚／ベビーカーやクーハン用にも使用。夜やお昼寝中にヨダレやおむつ漏れでシーツが汚れてしまったときに、一からベッドメーキングをする必要がないように、ベッドの頭側に敷いておきます。

おむつ交換台

もっとも実用的な交換台は横長で引き出しや棚が付いているものです。おむつ替えマットと、体を拭くために使うお湯を入れるためのボウルを置くのに十分なサイズが必要です。引き出しにはパジャマ、下着、ベビーモスリンを入れて、棚にはおむつなど大きめのものを収納します。

ワードローブ

作り付けのワードローブは、子ども部屋の中でもお金をかける価値がある部分です。ベビー服をシワにすることなく整頓でき、つい増えてしまう赤ちゃんグッズをしまうための貴重な収納スペースになります。もちろん作り付けが無理な場合は、普通のもので構いません。

いす

どんなに子ども部屋が小さくても、安定感のある座り心地のいいいすは必須です。授乳時や赤ちゃんのお部屋で少し休むときにも使用できますので、小さめのソファベッドがおすすめですが、スペースに限りがある場合は、背もたれがまっすぐないすを選びましょう。赤ちゃんが大きくなっても窮屈に感じない程度の余裕があり、授乳中に腕をのせられる幅広のアームが付いていれば理想的です。

授乳用としてロッキングチェアが売られていますが、私はおすすめしません。赤ちゃんが大きくなってつかまり立ちをしようとしたときに、傾いて転倒してしまう危険性があるからです。また新生児のときは、ロッキングチェアに座りながら赤ちゃんを揺らして寝かしつけるのが楽に思えますが、これをすると、赤ちゃんは揺らされなければ寝つけなくなってしまいます。

カーテン

カーテンは窓を完全に覆《おお》う長さで、遮光《しゃこう》効果のあるものでなければいけません。カーテンレールを覆うように取り付けます。両端から光が漏れないようにきちんと窓枠全体を覆いましょう。ほんの少しの光でも、赤ちゃんが朝7時より早く目を覚ましてしまう原因となります。同じ理由で、カーテンポールは使用しないようにしてください。上部の隙間から光が漏れてしまうからです。赤ちゃんが大きくなってくると、夏の早朝の日差しや街灯の光で目を覚ましてしまうと、もう一度寝つかせるのが難しくなってきます。

明かりを消してカーテンを引いたら、部屋の反対側に誰かがいても見えないくらい暗くなければいけません。暗闇の中では人間の脳内物質が変化し、眠りに備えるようになるという研究結果があります。

カーペット

薄暗い場所で赤ちゃんのお世話をしようとして、つまずいて転んでしまう可能性があるため、ラグは好ましくありません。カーペットはシミ防止の加工がしてあるものを選んでください。暗い色目や明るすぎる色目は埃《ほこり》が目に付きやすいため避けてください。

照明

子ども部屋の電気が調光できない場合は、できるものに交換してみてはどうでしょう。少しずつ電気が暗くなっていくのは「ねんねのサイン」だと教えるのに役に立ちます。予算が限られているなら、コンセントに差し込むだけで使える小さなナイトライトで代用もできます。

ベビー用品

クーハン、ゆりかご

すでに書いた通り、クーハンは絶対必要なわけではありません。一番安いものでも5千〜6千円はしますので、6週間ほどで小さくなり使えなくなっていくものとしては大きな出費です。しかし、家が広い場合、または産後数週間以内に旅行に出る予定がある場合は便利なこともあります。予算が限られている際は、友人から借りてマットレスだけ新調してください。

ゆりかごはベビーベッドの小型版といっていいでしょう。クーハンよりは大きいのですが、実用的ではありません。仰向けに寝かせると、幅が狭いために夜中に腕を伸ばした赤ちゃんが柵の間に腕を挟んで、何度も目を覚ましてしまうのです。

この二つを短期間使用する場合は、次の寝具類が必要です。

●伸縮性のある綿のシーツ3枚／柔らかいジャージ素材の綿を選びましょう。
●小さめの綿シーツ6枚／最初は上掛けシーツとして、のちに大きなベビーベッドに移ったときにもドローシーツ（訳注：シーツの上に汚れ防止等のために敷いておくもの）として使用します。
●編み目が細かく通気性のいいタオルケット3枚
●ヨダレを拭くためのベビーモスリン12枚

3カ月ごろには、ほとんどの赤ちゃんはクーハンを卒業します。生後6カ月までは親と一緒の部屋で眠ることが推奨《すいしょう》されていますので、ベビーベッドが大きすぎてパパとママの寝室で使えない場合は、コンパクトサイズの二つ目のベビーベッドを購入してもいいでしょう。安価で購入できるはずです。臨時の出費ではありますが、のちに祖父母の家に泊まるときに使用することもできます。

ベビーカー

昔ながらのプラム（訳注：大型の乳母車）は非常に高価ですし、現代のライフスタイルには適していません。もっと小型のものを選ぶほうが実用的です。プラム、キャリーコット、バギーを選ぶ際は、The Lullaby Trustのガイドラインに沿って、最初の6カ月は赤ちゃんの睡眠中、常に近くにいることを念頭において選びましょう。あなたがどこに住んでいて、どんなライフスタイルで暮らしているかも考えてください。

人気なのは「3-in-1」と呼ばれる多機能ベビーカーで、最初はキャリーコットとして使い、のちにベビーカーとして使えるタイプのものです。住宅地に住み、近くのお店まで歩いて行ける環境であれば最適です。お店まで車で行かなければいけないエリアであれば、折りたたみが簡単で、車のトランクからの出し入れが楽な軽いものを選んでください。最近は非常に軽量でリクライニングもでき、新生児を平らに寝かせられるものも売られています。冬に赤ちゃんを寒さから守るフードやフットマフも付いています。

3番目の選択肢は、軽量ながら頑丈に作られたバギーです。新生児用にフラットにでき、通常マットレスも付いてきます。プラムやバギーを、街中やスペースの小さいお店（例：スーパーの狭い通路など）で使うことが多い場合は、360度旋回《せんかい》する車輪のものが最高です。通常のものより、角で曲がるのがとても楽です。どのタイプを選んでも、お店で何度か折りたたむ練習をし、実際に持ち上げてみて車のトランクに楽にしまえるかをチェックしましょう。次のアドバイスを参考にしてください。

●赤ちゃんの肩と腰をしっかりサポートする頑丈なストラップが付いていて、ブレーキの操作が簡単なものを選びましょう。

●寒い時期の防寒対策に、フードやフットマフが付いているかをチェックしましょう。

●日よけ、レインカバー、フットマフ、振動から頭を守るクッション、荷物カゴなどの付属品も購入しましょう。ほとんどのモデルはデザインや寸法が頻繁に変わります。次のシーズンまで待っていると、欲しいものがサイズ違いになったりデザインが合わなくなったりすることがあります。

●ハンドルの高さがちょうどいいかを確認するために、お店の中でベビーカーを実際に押してみましょう。ドア付近や階段で簡単に操作できるかもチェックしましょう。

チャイルドシート

赤ちゃんを病院から連れて帰るのにもチャイルドシートが必要です。赤ちゃんとママが退院するときに、助産師さんが車までついてきて、すべて準備ができているか確認することもあります。どんなに移動時間が短くても、チャイルドシートは必ず使用しなければいけません。しかし、イギリスのブリストル大学は最新の研究で、新生児は長時間チャイルドシートに寝かされていると呼吸困難に陥る可能性があると発表しています。とくに起こりやすいのは運転中です。The Lullaby Trust は、「休憩を取らずに長時間運転するのは避けるべき。しかし交通事故によるけがのリスクを避けることを最優先に考え、必ず正しく取り付けられたチャイルドシートを使用すること」とアドバイスしています。

赤ちゃんを抱っこして移動するのは絶対にしてはいけません。急ブレーキや事故のときに赤ちゃんを抱きとめておくことはできません。前座席にエアバッグが装備されている場合は、チャイルドシートを取り付けないようにしてください。自分が購入できる予算内で最高のものを選んでください。取り付け方がわかりやすく説明してあるものがおすすめです。

チャイルドシートを選ぶチェックポイントは次の通りです。

- 事故が起きた際、横方向の衝撃から赤ちゃんの頭を守るサイドクッションが大きい。
- 赤ちゃんの洋服の厚みに合わせてハーネス（安全ベルト）の長さを簡単に調整できる。
- バックルの着脱が簡単なもの。しかし赤ちゃんが自分で外してしまえるほど簡単ではいけない。
- 頭部を守るサポート用のクッションや取り替え用のカバーなどの付属品が揃っている。

ベビーバス

ベビーバスは必需品ではありません。あっという間に赤ちゃんのほうが大きくなって、使えなくなってしまうからです。新生児期は洗面台で体を洗うこともできますし、月齢の低い赤ちやんでも使えるバスチェアを使って、普通のお風呂場で沐浴《もくよく》させることもできます。これは、赤ちゃんを寝かせたり座らせたりできる沐浴用のサポートいすで、ママの両手が自由になるため、赤ちゃんの体を洗うことができます。

おむつ替えマット

おむつ替えマットは二つ用意しましょう。拭き取りが楽なビニール素材で、両端にパッドが付いているものを選んでください。新生児期はマットの上にタオルを敷いて使いましょう。小さな赤ちゃんはヒヤリとした感触を嫌がります。

ベビーモニター

月齢が上がって赤ちゃんが自分の部屋でひとりで眠るようになったら、ベビーモニターは大変心強いアイテムです。今は別の部屋にいても音が聞こえるものや、赤ちゃんがなにをしているかをモニターできるカメラ付きのものまで、いくつも選択肢があります。最新のものは、携帯のアプリを使って、家の中だけでなく、夜出かけていたり、何キロも離れたところにいたりしても赤ちゃんの様子を見ることができます。

どれを購入するか決める前に、リサーチに時間を割いて、どんなものが売られているか、またレビューの評価はどうかをチェックしてください。ほとんどの人は赤ちゃんが眠っているか起きているかを確認できるカメラ付きのものを選ぶようです。赤ちゃんは月齢が上がってくると、必ずしも目を覚ました途端に泣くわけではありませんので、大変便利な機能です。赤ちゃんが何時に目を覚ましたかを把握しておけば、次のお昼寝時間を設定するのにも役立ちます。

双方向音声通信機能があるものもおすすめです。トドラー期（訳注：よちよち歩きができるようになった1〜3歳児期）は、夜泣きをするようになったときに寝室から出ずにベビーモニター越しに話しかけることができます。ベビーモニターを選ぶ際は、次の機能があるものを選びましょう。

●音量を下げていても、ライトの点滅で泣き声や物音を知らせる機能。
●モニターは無線チャンネルで交信するため、混信《こんしん》したときにチャンネルをスイッチできる機能。
●充電機能。最初は高くつきますが、長期的には電池よりも経済的です。
●低バッテリー状態と圏外のときに表示が出る機能。

ベビースリング

赤ちゃんとママの体がぴったり密着した状態で移動ができるベビースリングのファンもいますが、この方法で赤ちゃんを抱っこするのは背中への負担が大きいため、私は使いません。また、生まれたばかりの赤ちゃんは胸の近くに引き寄せて抱っこするだけですぐに眠ってしまいがちです。日中、赤ちゃんが目を覚ましている時間を管理し、ひとりで寝つく方法を赤ちゃんに教えるのが核となる私のメソッドとは相容《あいい》れません。

けれども前向き抱っこができる月齢になったら、スリングはとても便利なアイテムです。スリングを試してみたいママは、次のガイドラインを参考にしてください。

- 簡単に外れないように、安全機能に配慮したもの。
- 赤ちゃんの頭と首部分をしっかりサポートできるもの。新生児用をしっかりサポートできる取り外し可能なクッション付きのものもある。
- 対面抱っこ、前向き抱っこの使い分けができ、お尻をサポートするシート付きで、背もたれの高さが調節可能なもの。
- 丈夫で洗濯ができる生地のもの。ストラップは肩の部分に使い心地のいいパッドが付いているもの。
- サイズが合わないこともあるため、必ずお店で赤ちゃんと一緒に試すこと。

ベビーチェア

日中チャイルドシートを家の中でいす代わりに使う家庭も多いようですが、近年のリサーチは、呼吸困難になる危険性があるため（25～26ページ）、新生児が寝るときには使用しないようにすすめています。必ず最初から適切ないすを2脚用意してください。部屋から部屋へいすを移動する手間が省けます。

いろいろな種類のベビーチェアがあり、背もたれの角度を変えられるものから、揺らせるもの、固定できるものまでさまざまです。「バウンサー」と呼ばれるベビーチェアもあります。

軽量フレームに布カバーがかぶせられ、赤ちゃんの動きに合わせていすが上下に揺れるようにできています。2カ月以上の赤ちゃんはこれに座らせるとご機嫌になる子が多いようですが、新生児は怖がることもあります。

どんなタイプのチェアを選んでも、必ずベルトをしっかり締めて、目を離さないようにしてください。必ず床に置いて、決してテーブルやキッチントップの上に置かないようにしましょう。赤ちゃんの動きに合わせていすが端に移動していってしまうことが容易に想像できます。そのほか次のアドバイスを参考にしてください。

- フレームと脚部分は頑丈で安定感があり、しっかりしたセーフティーベルトが付いたもの。
- 外すのが簡単で洗濯しやすいカバーが付いたもの。
- 新生児期用にヘッドクッションも購入する。

ベビーサークル

ベビーサークルというと顔をしかめる自称「赤ちゃんの専門家」もいます。生まれもった赤ちゃんの探究心《たんきゅうしん》を損《そこ》ねるというのが理由です。長時間ベビーサークルに入れておくのは考えものですが、料理をしたり、インターホンが鳴ったりしたときにはとても便利です。ベビーサークルを使う場合は、赤ちゃんがごく小さな頃から慣れさせておきます。折りたたみ可能なプレイヤードをベビーサークルとして使用することもできますが、スペースに余裕があるなら赤ちゃんが動き回るのに十分な大きさで、つかまり立ちができる木製のものを選んでください。

どのタイプを選んでも、ストーブやカーテン、電源コードなどの危険物から十分離れた場所に設置してください。紐《ひも》付きのおもちゃは決して柵にかけてはいけません。紐が首にからまって大事故になる危険があります。ベビーサークルを選ぶときに大切なポイントは次の通りです。

●けがをする可能性のある、先の尖《とが》った金属製の留め金やフックが使われていないかチェックする。

●メッシュタイプを選んだ場合、赤ちゃんが小さなおもちゃを押し込んでメッシュに穴を開け、そこに手や指が引っ掛かってしまうことがあるため、メッシュの強度をしっかり確認する。

授乳のために必要なもの――母乳の場合

授乳用ブラジャー

授乳を楽にするために、ホックやファスナーでカップが外れる授乳専用のブラジャーがあります。どのタイプでもサイズが合っているものを選ぶのが重要です。素材は綿で、胸をしっかりサポートできるように調節可能な幅広のストラップが付いたものを選びましょう。乳首が押しつぶされると乳管を詰まらせてしまう恐れがあるので気を付けてください。出産前にまず二つ購入し、母乳が出始めた時点で使用感がよければ、さらに二つ買い足してください。

母乳パッド

最初のうちは授乳のたびに交換する必要がありますので、大量の母乳パッドを使うことになります。丸型で、山なりにアーチのあるものが人気です。いろいろなブランドのものを試してください。値段が高めのパッドは吸収性が優れていることが多く、長い目で見ると経済的です。

授乳クッション

授乳クッションとは、授乳時に赤ちゃんを胸の高さに合わせて抱っこできるように腰回りに着けるクッションです。赤ちゃんが大きくなったら、背中をしっかり支えてお座りの練習をするのにも使えます。購入を決めた場合は、取り外し可能で洗濯できるカバーが付いたものを選んでください。

おっぱい専用の薬

おっぱいをケアして、授乳中に生じる痛みを和らげるためのクリームやスプレーがあります。しかし、痛みは赤ちゃんの抱きかかえ方が間違っていると一番起こりやすいため、授乳中や授乳後に痛みがある場合は、薬を使う前にまずは助産師か母乳の専門家に相談しましょう。母乳育児の期間は、専用の薬以外は使わず、真水で1日2回おっぱいを洗うだけにしてください。授乳後も毎回おっぱいを真水で洗い、その後乳首に自分の母乳を少し塗って乾燥させてください。

電動搾乳器《さくにゅうき》

私がお手伝いをしてきたママのほとんどが母乳育児に成功しているのは、電動搾乳器のおかげだと自信をもって言えます。生まれたばかりの頃は、赤ちゃんが必要な量以上のお乳が作られているため（とくに朝一番の授乳時）、余った分を強力な電動搾乳器で搾ることができます。搾乳したお乳は、冷蔵庫か冷凍庫に保存し、おっぱいの出が悪くなる夕方以降に使うことができます。夕方になると赤ちゃんがぐずり始め、お風呂のあとになかなか寝つかないのは、このおっぱい不足が大きな原因なのです。

母乳育児を続けながら赤ちゃんの生活リズムを整えるのに、電動搾乳器は大活躍するはずです。小型の手動の搾乳器はおすすめできません。機能が不十分なせいで、多くのママが搾乳をあきらめてしまうからです。

冷凍保存できる母乳バッグ

消毒済みの専用の母乳バッグは、搾乳したお乳を保存するのに最適です。薬局、大型店やスーパーのベビー用品売り場で購入できます。

哺乳びん

母乳育児の専門家のほとんどは、哺乳びんを使うのには反対で、搾乳したお乳をあげるのに使うことすら否定的です。赤ちゃんが本物の乳首と哺乳びんを混同し、ママのおっぱいを吸わなくなるせいで母乳の出が悪くなり、結果的にママが母乳育児をあきらめてしまうという理屈のようです。私の考えでは、多くの母親が母乳育児をあきらめてしまうのは、赤ちゃんが欲しがる（ディマンド）ときにおっぱいをあげる（フィード）、「ディマンド・フィード」（52ページ）のせいで夜中に何度も起こされて疲れ果ててしまうためだと思います。

私は、赤ちゃんが生まれた最初の週から、遅くとも4週目までには、搾乳したおっぱいかミルクを哺乳びんであげるようにアドバイスしています。1日に一度、夜22時台もしくは夜中の授乳時にママ以外の人が哺乳びんで授乳をすれば、ママは4～5時間のまとまった睡眠がとれるようになり、その結果、母乳育児を乗りきることができるようになるのです。この方法で赤ちゃんがママのおっぱいを嫌がるようになったり、本物の乳首と哺乳びんで混乱したりといった問題を経験したことは一度もありません。しかし、早い時期から1日2回以上哺乳びんを使っていると、そのようなトラブルが起きることもあるようです。

哺乳びんに慣れさせることの利点は他に、**①ママに選択肢が増える、②完全母乳の赤ちゃんが、のちに必要になったときに哺乳びんを受け付けないというトラブルにならない、③パパが子育てに参加できる素晴らしいチャンスになる**などが挙げられます。

さまざまなタイプの哺乳びんがそれぞれ一番を謳《うた》って売られていますが、私が必ずすすめるのは、洗うのが楽でお湯を入れやすい広口のものです。ＢＰＡ（ビスフェノールＡ）が原材料に使われていないものを探すのもよいでしょう。透明のプラスチックに含まれることが多いこの成分が、ミルクの中に溶け込む可能性があると指摘する専門家もいます。

まずは穴の小さい新生児用の乳首から始めてください。赤ちゃんにとっては、ママのおっぱいと同じくらいの力で吸う必要があります。しかし、流れが悪すぎるとお腹に空気がたまりやすくなることもありますので、赤ちゃんの様子をしっかり見て、合っていないようであれば大きめの穴のものにサイズアップしてください。早いと3週目にはサイズアップが必要になりますが、通常は8週前後が多いようです。消毒用の道具に関しては、37ページを参考にしてください。

授乳のために必要なもの――ミルクの場合

哺乳びん

「母乳の場合」ですでに書いたように、私はいつも広口のものを買うようにすすめています。完全ミルク育児の場合、コリック（疝痛《せんつう》＝内臓疾患による発作性腹痛。３０３ページ参照）のリスクやお腹に入る空気の量を最小限に抑えることが重要です。コリックを患う赤ちゃんのお世話を頼まれたときは、広口の哺乳びんに替えるだけで症状が改善することがよくありました。哺乳びんの乳首は柔軟性があり、本物のおっぱいと同じ感覚で吸えるようにできています。広口の哺乳びんは、大きくなったらスパウト（赤ちゃん用の飲み口）やハンドルを付けてトレーニングマグとして使うことができます。完全ミルクの場合は、２４０ミリリットルのものを五つ、１２０ミリリットルのものを三つ準備してください。

哺乳びん用の乳首

新生児の飲み方に合わせて、ほとんどの哺乳びんには穴が小さい乳首が付いてきます。８週目になる頃には、穴のサイズを1段階大きくしたほうが飲みやすい赤ちゃんがほとんどですので、事前に用意しておいてもいいでしょう。

哺乳びん用ブラシ

哺乳びんを完璧に洗浄し、清潔に保っておくことは何より大事なことです。力を入れて洗うことができる持ち手が長いものを選びましょう。

乳首用ブラシ

人差し指を使って乳首を洗うのが一番簡単な方法ですが、爪を伸ばしている場合は、乳首用のブラシを使ってください。しかし、ブラシを使うと乳首の穴をダメにして買い換えなければいけないことが多々ありますので、「爪を切る」というのが私のおすすめです！

洗浄用のボウル

使用済みの哺乳びんの洗浄と消毒を同時に行うと、どれを消毒すべきなのかがわかりやすくなります。洗浄済みで消毒前の哺乳びんや乳首を分けてしまっておくために、ステンレスかプラスチック製のボウル（ふた付きのものが理想）を使うと便利です。

消毒グッズ

すべての哺乳びんと搾乳用の道具は、どんな場合もきちんと消毒されていなければいけません。消毒の方法は主に、**①大きめの鍋で10分間煮沸《しゃふつ》消毒する、②消毒液の中に2時間以上浸けた後、熱湯ですすぐ、③スチーム消毒器を使用する**の3種類があります。

一番簡単で効率的なのはスチーム消毒器で、購入しても損はありません。ただし注意点が一つあります。電子レンジで使用するものはおすすめしません。入れられる哺乳びんの数が少なく、別のものを温めるたびに電子レンジから出さなければいけないのも面倒になるからです。

電気ケトル

ミルクを作るのに電気ケトルは必需品です。機能的で十分なサイズのものを選びましょう。

最初から完全ミルクで育てると決めている場合、産後1年間はミルクを作るのに多くの時間を費やすことになりますので、予備のケトルの購入を検討してもいいかもしれません（96～98ページにミルクを作る際のガイドラインがあります）。

ミルクに使用する水は、蛇口から出してすぐの水道水で、沸騰は一回のみ、最長30分冷まして70度になったら使用します。冷めるのを待っている間に、誰かがお茶を入れにきたら、また最初から始めなければいけません。そのようなことがないように、もう1台電気ケトルを買うのは悪い投資ではありません。双子の場合は、必ず2台準備しましょう。

新生児のための衣類

お店には迷ってしまうほどさまざまな種類のベビー服が揃っています。選ぶのは楽しくもありますが、ここは慎重に考えて購入してください。新生児は驚くほどの速さで成長し、低体重で生まれてきた赤ちゃんでない限り、最初に買っておいた服のほとんどが1カ月で着られなくなります。頻繁《ひんぱん》に着替えさせられるように十分な数の服を用意しておくのは大事ですが、買いすぎるとほとんどのものは着せないままで終わってしまいます。

最初の1年は、最低3回は衣類を買い換える必要があります。リーズナブルな価格のベビー服でもかなりの出費になるはずです。赤ちゃんが生まれるまでは、必要最低限のものだけ準備しましょう。出産祝いとして服をいただく可能性もありますし、この先1年はベビー服のお買い物を楽しむ機会がまだまだたっぷりあります。

新生児用の服を買うとき、カラフルな肌着やカバーオールは控えましょう。生まれたばかりの赤ちゃんは吐き戻しをしたり、おもらしをすることが多く、60度以上で洗わなければ、汚れを取ることはできません。この温度で洗濯を続けていると、あっという間に色落ちします。下着は白にして、カラフルなものはお出かけ用の服で取り入れてください。

最初の1カ月は、着るものはシンプルに。白の肌着に白のカバーオールにすれば、お洗濯もまとめてできて非常に楽です。可能であれば、乾燥機を購入してください。乾燥が終わったあとすぐに取り出せば、アイロンする手間も省けます。最初の2カ月に必要な基本のアイテムは次の通りです。

●肌着／6〜8着
●パジャマ／4〜6着
●日中に着る服／4〜6着
●おくるみ（スワドル）／3枚
●防寒着（冬生まれの赤ちゃん用）／1着
●靴下／4〜6足
●帽子／2個

●ミトン／2セット
●カーディガン／2～3着
●外出用のアウター／1着

肌着

よほど暑い時期以外は、赤ちゃんは一年中肌着を着て過ごします。肌に直接触れるため、素材は綿100パーセントがベストです。高温で洗濯をすることになりますので、色は白、もしくは白に薄い色合いの柄が入ったものを選んでください。一番のおすすめは「ボディスーツ」で、股下でボタンの留め外しができ、半袖で、首元も脱ぎ着が楽なようにできています。

パジャマ

カバーオールのタイプのパジャマが一般的なようです。体にフィットし、洗濯の時間も節約できます。しかしぐっすり眠っている赤ちゃんのおむつを替えるときに不便なこともあり、ドレスタイプの寝巻きを好むママもいます。肌着同様、素材は綿100パーセントが一番です。デザインはシンプルなものを選びましょう。首回りにリボンなどの紐が付いたものは避けてください。ボトム部分にリボンが付いている場合も、足に絡まることがありますので外してください。

普段着

最初の数カ月は、カバーオールが一番です。綿100パーセントで、おむつ替えのたびに全部脱がせなくてもすむように、背中か股部分で開閉できるタイプを選びましょう。オーバーオールと、それに合わせたTシャツも買っておくと便利です。成長に合わせて調節できるため長く着せられますし、ヨダレで汚れたときはトップスだけ着替えさせられます。新生児には、ゴワゴワする綿やデニムよりも柔らかいベロア素材がおすすめです。

カーディガン

夏生まれの赤ちゃんは、2着あれば十分です。冬生まれの場合は、最低3着用意しましょう。素材は、夏が綿、冬はウールのものが理想的です。直接肌に触れる部分に綿の肌着を着せていれば、チクチクすることもありません。デザインはシンプルなものを選んでください。

ソックス

シンプルな綿やウールのソックスが一番実用的でおすすめです。リボンが付いているようなデザイン過多なもの、またベビー用の靴もどんなに可愛くても、それらは赤ちゃんの軟らかい骨にダメージを与えることがありますので避けてください。

帽子

夏の間は強い日差しから頭や顔を保護するために、つばが付いた綿の帽子を必ず用意してください。首の後ろ側もカバーできるように、つばが帽子全体に付いているのが理想的です。春と秋の肌寒い日には、綿ニットの帽子が便利です。冬や気温のとても低い日は、暖かいウールかフリース素材のものがいいでしょう。綿の裏地が付いていることが多いようですが、ない場合には敏感肌の赤ちゃん用に薄手の綿素材の帽子をその下にかぶらせてください。

ミトン

自分の周りのものはなんでも触って感触で確認する赤ちゃんは、手を覆われるのが好きではありません。しかし、爪が伸びていて引っかきやすいときは、それを防ぐための綿素材のミトンがあります。寒い季節にはウールかフリース素材のミトンを用意してください。帽子同様、敏感肌の赤ちゃんは綿素材の手袋をその下にはめてください。

おくるみ（スワドル）、ブランケット

生まれて最初の数週間は、どんな赤ちゃんも体を布でくるまれていたほうがよく眠るのは間違いありません。おくるみ（スワドル）でもブランケットでも何を使っても構いませんが、軽くて伸縮性のある綿１００パーセントの素材にしてください。暑くなりすぎないように必ず一重

赤ちゃんのくるみ方

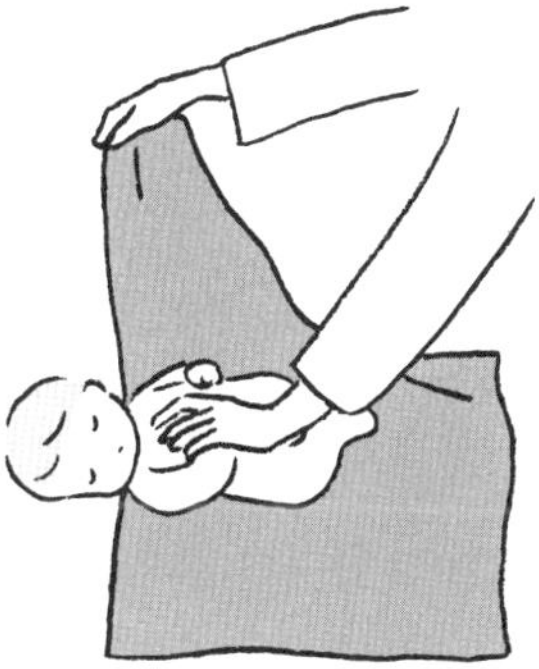

❶ 赤ちゃんの肩の線とおくるみの上端が平行になるように、正方形のおくるみの上に赤ちゃんを乗せて、一方の端を持ち上げる

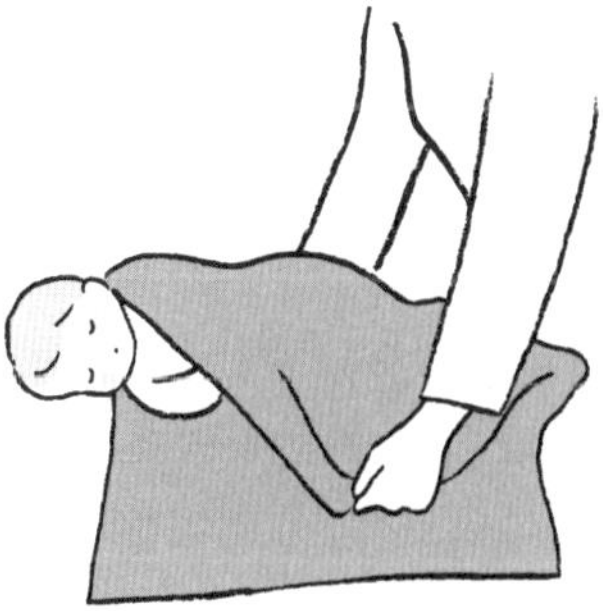

❷ 肩を覆うように、対角線上に下す

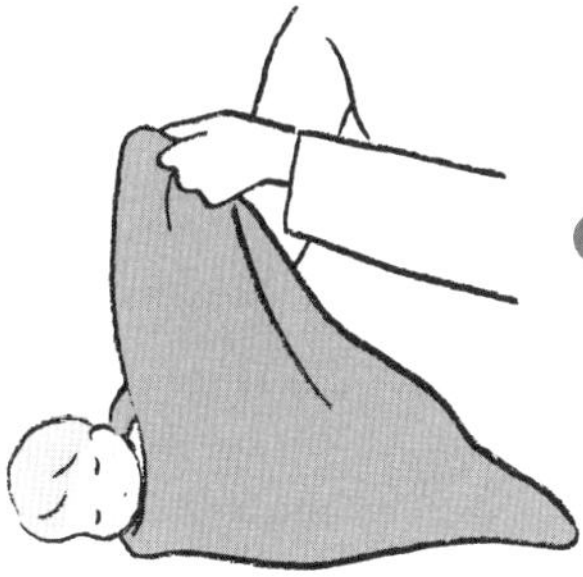

❸ もう一方の端を持ち上げて、ピンと張る

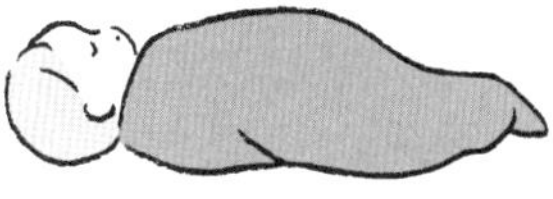

❹ 赤ちゃんを少し持ち上げて、布の端を体の下に巻き込む

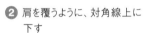

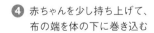

でくるんで、そのまま寝かせるときは上掛けのブランケットを1枚減らしてください。

生後6週ごろまでには、両腕を布で覆わず脇の下からくるむ「半ぐるみ」に慣れさせるのが重要です。乳幼児突然死症候群は生後2〜4カ月にピークを迎え、赤ちゃんの暖めすぎが主な原因だと考えられています。何重にも着込ませすぎないように常に注意し、室温は16〜20度になるように調節してください（The Lullaby Trustが推奨する温度設定です）。

防寒着、ジャンプスーツ

ジャンプスーツを選ぶときは、少し大きくなっても着られるように、2サイズ上のものを買いましょう。フード周りにファーが付いていたり、ボタンがぶら下がっていたりするデザインは避け、手入れが楽で洗える素材のものを選んでください。体の小さな赤ちゃんには、あごを挟んでしまう危険性のあるファスナーよりも、パチンと留められるスナップボタン付きのものがおすすめです。

アウター

軽い素材のアウターは、どの季節に生まれた子にも使える便利アイテムです。夏は肌寒い日に軽く羽織《はお》れますし、冬は暖かめの日に着せることができます。ジャンプスーツ同様、シンプルなデザインで洗濯できる素材のものを選んでください。

第2章 なぜ赤ちゃんの生活にスケジュールが必要なの？

私が「赤ちゃんにはスケジュールが必要だ」と初版本に書いてから約20年が経ちました。そのときは、これほどの大論争を巻き起こすことになるとは思いもしませんでした。ここで強調したいのは、その後も私の意見は何一つ変わっていないということです。ほとんどの赤ちゃんはスケジュールに沿って生活したほうが、元気で機嫌よく過ごせると自信をもって言えます。しかし、スケジュールを使った子育ては誰もが選ぶ方法ではないことは承知していますし、その選択に異論を唱える気もまったくありません。

「赤ちゃん主導の子育て」に関するアドバイスはすでにたっぷりありますので、本書は、生活リズムが整ったほうが子育てが順調にいくと思っている方に向けて書かれています。今、あなたがこの本を手に取っているのも、すでにある程度あなたの生活にリズムがあり、子どもが生まれたあともある種のスケジュールに沿って生活したほうがうまくいくと思っているからではないかと思います。私のスケジュールを使えば、あなたにも赤ちゃんにもたくさんの利点があるのは間違いありません。

「ジーナ式スケジュール」を使って、百万人以上の世界中のパパやママが成功を収めてきました。あなたと赤ちゃんにとって何がベストなのかは、親としての直感を信じてください。あなたが考える「理想の親」になるための一手段として、この本のスケジュールやアドバイスを活用してください。

「ジーナ式スケジュール」は何が違うの？

マタニティナースとして働いていた当時は、何百冊もの育児書を読みました。しかし、世界各地の三百を超える家族の元で働くことができたことこそが、私にとってかけがえのない経験となっています。今ここで、私が学んだたくさんのことをみなさんとシェアできるのも、お世話をした素晴らしい家族たちのおかげです。

マタニティナースの仕事は、出産の数日後に始まります。住み込みで、1日24時間みっちり家族と過ごします。期間は3〜5日のこともありますし、数週間から6カ月に及ぶこともあります。マスコミは、私のクライアントはお金持ちの有名人だと書き立てますが、ほとんどの家庭はそうではありませんでした。健康上の理由や家族を亡くしたなどさまざまな個人的な理由で、家族以外の助けが必要なケースが多くありました。20部屋もあるお屋敷もあれば、1LDKのアパートもあり、職業もミュージシャン、売れない俳優、有名な銀行家、教師などさまざまでした。

しかし、すべての親に一つの共通点がありました。赤ちゃんの幸せを願い、忙しい毎日をこなしながら、赤ちゃんのためにできることはなんでもしていた、という点です。その当時流行《はや》っていた子育て本は、すべて赤ちゃん主導の育児を推奨し、小さな赤ちゃんを分刻みで管理するのは不可能だと主張していました。試そうものならば、赤ちゃんの健康を深刻に害する結果になると結論付けていたのです。最初に出版した本の中で私はこう書いています。

「幸せで元気いっぱいの満ち足りた子になるように、生まれたばかりの赤ちゃんに一定の生活リズムを身に付けさせるにはどうすればいいか――私はその方法をさまざまな家庭で何年も指導し、成功させてきました。他の育児書の著者たちは、実際に赤ちゃんと接した経験が十分にないために、それが可能だと知らないだけなのです」

1999年に出版された本書の初版が、口コミで広がりベストセラーになったことが、私のメッセージが正しかったことを証明しているのではないでしょうか。昔ながらの4時間おきの授乳スケジュールとは違い、次の授乳時間や寝つくまでの長い時間、赤ちゃんを泣かせておくようなことはしません。本書のスケジュールを定着させるのは大変なときもあります。親は犠牲にしなければいけないこともたくさんあります。けれども世界中の何百万人の親が、それだけの苦労の価値はあると保証してくれるはずです。赤ちゃんが何をしてほしいかを即座に理解し、それに応える術《すべ》を身に付けて、赤ちゃんが泣くのを最小限に抑えられるようになります。

赤ちゃんにとっての利点

ジーナ式スケジュールは、昔ながらの4時間おきの生活リズムとは違い、健康で標準的な赤ちゃんがもつ食事や睡眠の自然なサイクルに合わせて作られました。また、他の子よりも長く眠る必要のある赤ちゃんもいれば、授乳間隔が長めに空いても大丈夫な子もいるという点も考慮されています。このスケジュールの目的は、授乳をせずに赤ちゃんを夜通し眠らせることではなく、日中の授乳や睡眠の時間を管理することで、赤ちゃんが夜中に目を覚ますのを最小限に抑えることなのです。たとえ赤ちゃんが目を覚ましても、おっぱいを飲んだらコトンと眠りに戻るようになります。

また、赤ちゃんの授乳間隔が空いてきたら、長時間眠るのは日中ではなく夜中になるように組み立てられています。このスケジュールの基本は、赤ちゃんたちのお世話をしながら少しずつ修正されてできたものです。ほとんど何もしなくても授乳のパターンがすぐに定着する子もいれば、何週間もかかる子もいます。瞬《また》く間に授乳リズムが安定する赤ちゃんには、次のような特徴があることに気がつきました。

- 親がスケジュールを実行することに熱心で、前向きな姿勢で取り組んでいる。また、最初の数週間はできるだけゆったり過ごしている。

●赤ちゃんが新しい環境で安心し、リラックスして暮らせるように、お客様に赤ちゃんを抱っこしてもらうのはできるだけ控えてもらっている（病院から退院した直後はとくに気を付ける）。
●静かな部屋でいつも同じ時間にお昼寝している。
●日中は授乳が終わった直後に眠り始めてしまわないように、短時間赤ちゃんを起こしている。
●お腹がいっぱいになり、げっぷが出たあとは、少しの間遊んで刺激を受けている。
●生後1日目から、就寝時間まで同じ流れで寝かしつけている（毎晩同じ時間にお風呂に入れたら、その後授乳をし、静かな部屋で寝かしつける。もしもうまく寝つかないときは、薄暗く、できるだけ穏やかな環境であやして落ち着かせ、赤ちゃんが最終的に寝つくまで続ける）。

ママとパパにとっての利点

赤ちゃんが泣くのを聞いているのは、どの親にとっても、もっともストレスのたまることの一つでしょう。とくにしばらくの間泣き続け、何をしても泣きやまないときはなおさらです。ジーナ式スケジュールを始めれば、お腹がすいているのか、疲れているのか、退屈しているのか、またその他の理由で泣いているのかが、すぐにわかるようになります。赤ちゃんが何をしてほしいのかを理解し、その要求に自信をもってすぐに応えてあげれば、あなたと赤ちゃんの両方がゆったりと穏やかに暮らすことができます。「気難しい赤ちゃんと疲れきったママ」というよくあるパターンを回避できるのです。

私のスケジュールを活用すると、パパとママにはもう一つ大きな利点があります。夜はのんびりと夫婦2人の時間を楽しめるのです。これは赤ちゃん主導の子育てをしていると通常不可能です。というのも、アタッチメント育児を推奨するどのサイトにも書かれているように、赤ちゃんは夕方から夜にかけてとくに機嫌が悪くなることが多く、ゆらゆら抱っこをしたり、背中を優しくトントン叩《たた》いたりと、その時間帯に絶え間なく手をかける必要があるからです。

ジーナ式以外の授乳スケジュール

本書のジーナ式スケジュールとアドバイスは、何年もかけて編み出されたものです。マタニティナースとして働いていたときに、母乳育児と健康的な睡眠習慣を両立し軌道に乗せるために、さざまな方法を試しました。私のメソッドがなぜこれほどうまくいくかを話し始める前に、それ以外の方法についても簡単に説明しようと思います。それを読むことで、なぜジーナ式が母親にも赤ちゃんにも大きな利点があるメソッドなのかがおわかりいただけると思います。

4時間おきの授乳

この方法は、何十年も前に自宅出産の代わりに病院で分娩《ぶんべん》し、14日間入院するのが一般的になったときに広まりました。赤ちゃんは授乳の時間がくると4時間おきに母親の病室に連れてこられ、片胸きっちり10〜15分ずつ授乳されたあと、再び連れて行かれました。ひと昔前の話のようですが、いまだにこの授乳パターンで赤ちゃんを育てることができると信じている親もいます。マタニティナースとして働き始めた頃は、この方法を使っている家族もいましたし、ミルク育ちの赤ちゃんであれば成功することもありました。

しかし、母乳育児で、おまけに片胸10〜15分ずつと決められていると、ぴったり4時間おきの授乳では、ほとんどの場合うまくいきません。母親はスケジュール通りにいかない理由はおっぱいの出がよくないせいだと考え、時間通りに授乳するためにはミルクを足すべきなのでは、と早い段階でプレッシャーを感じ始めます。「病院から帰宅した途端におっぱいが出なくなった」と言う祖母世代の方がたくさんいました。実際はきっちり決められたスケジュールと限られた授乳時間のせいで、病院にいるときにはとっくにおっぱいの出は悪くなっていたのです。

ジーナ式は、この厳格な4時間おきの授乳とは別物であるということを理解するのが重要です。この4時間おきの授乳リズムに落ち着くには何週間もかかることもありますので、どんなにスケジュールを確立したくても、プレッシャーを感じてまで無理をするのはやめましょう。

この4時間おきの授乳が失敗する主な理由は次の通りです。

●産後すぐの時期に1日6回の授乳回数では、胸に刺激を与えて母乳がよく出るようにするのに十分ではない。

●生後すぐの赤ちゃんは、飲む量が少なく頻繁に授乳する必要がある。6回に制限していると、1日に必要な量を飲みきれていない可能性がある。
●生後1〜6週の赤ちゃんは、後乳に達するのに最低30分はかかる。
●後乳には前乳の3倍もの脂質が含まれており、赤ちゃんの空腹感を満たすのに不可欠である。

ディマンド・フィード（赤ちゃん主導型の授乳法）

生後すぐに厳格な4時間おきの授乳パターンで育てられていた赤ちゃんのお世話をしたこともありますが、仕事を始めたばかりの頃は「ディマンド・フィード」の赤ちゃんがほとんどでした。その当時のアドバイスは今と変わらず、赤ちゃん主導で、欲しがるときに欲しがるだけあげるよう、すすめられていました。4時間おきの授乳のように、うまくいくこともありましたが、私がお世話をしてきた赤ちゃんの多くは違いました。仕事を始めてすぐに気付いたのは、生まれたばかりの赤ちゃんは、自分からおっぱいを欲しがらないことが多いという点です。これはとくに低出生体重の赤ちゃんや双子に多く見られます。私がディマンド・フィードに反対なのは、これが大きな理由なのです。

生まれてたった数日の赤ちゃんが、十分におっぱいを与えられなかったために深刻な脱水症状に陥り、命をかけて闘っているのをベッド脇で見守ったことがある人ならば、私と同じ意見になるはずです。新生児にとって脱水症状はたいへん深刻な問題です。母乳は需要と供給の原則に基づいて作られますので、授乳と授乳の間に赤ちゃんを長く寝かせすぎると、1日の授乳回数が少ないせいで、母乳をもっと作るようにママのおっぱいにシグナルを送る回数が不足してしまいます。そして母親は、手のかからない、よく眠る子だと勘違いしてしまうのです。

眠ってばかりだった赤ちゃんでも、2〜3週もするともっと頻繁に目を覚ますようになって、ママが製造している母乳以上の量のおっぱいを欲しがるようになります。そうなると、赤ちゃんが必要とする栄養分を満たすため、昼夜を問わず2時間おきに授乳をしなければいけなくなるのです。この授乳パターンは普通のことで、自然と落ち着くはずだとアドバイスされると思いますが、それには何カ月もかかる赤ちゃんもいるというのは教えてもらえません。

授乳間隔が長く空くこともありますが、赤ちゃんが夜中に飲む量が多すぎて、日中授乳のために目を覚ましても少し飲むだけで満足してしまうことが増えてきます。こうなると、1日に必要な授乳量を満たそうと、さらに夜中に飲む量が増えるという悪循環に陥ってしまいます。一晩に何度も授乳のために起きなければいけないママは疲れきって、日中も十分に体を休めることがなかなかできません。この状況が続くと次のような問題が起こります。

●疲労とストレスで母乳の出が悪くなるため、少量ずつ頻繁に授乳する必要が増えてくる。
●生後1週間を過ぎても1日に10〜12回の授乳を続けている赤ちゃんは、睡眠不足のせいで疲れがたまり、1回の授乳時間がどんどん短くなっていく。
●ママは疲労で、赤ちゃんを正しく抱きかかえることに長い時間集中できない。

●抱き方が悪いと、赤ちゃんは上手におっぱいが吸えず、ママの乳首が切れて出血したり、痛み始めたりする。
●よく眠る赤ちゃんで、新生児期に授乳間隔が開きすぎるとおっぱいの出を安定させるのが難しい。

私が「ディマンド（欲しがるときに）・フィード（授乳する）」という呼び方に反対しているもう一つの理由は、これが文字通り捉えられすぎているからです。赤ちゃんが泣くたびに授乳をし、それ以外に泣いている理由（たとえば「興奮しすぎ」や「疲れすぎ」など）を探すようには教わりません。もちろんお腹がすいていれば授乳しなければいけません。本当にお腹がすいているときは、泣かせたままにしたり、厳格なスケジュールに沿って授乳しようとしたりしてはいけません。

しかし、私の経験や睡眠トラブルについて書かれたイギリスの研究結果が正しければ、ディマンド・フィードで育った赤ちゃんは、何カ月かたてば、何もしなくても自然に健康的な睡眠パターンを身に付けるわけではありません。夜中に長い時間眠ることができる時期がきても、何度も目を覚まし、少し飲んではまた眠るという睡眠パターンが続く赤ちゃんが多いのです。

もう一つの問題は、少量・頻繁授乳で育っている赤ちゃんは、いつもおっぱいを飲みながら眠ってしまう点です。このせいで、また別の問題が生じることになります。つまり、おっぱいを飲みながらでないと寝つけなくなってしまうのです。

ジーナ式を始めるときは、赤ちゃんの月齢に関係なく、1年目の授乳と睡眠について書かれた第3章と第4章を必ず読んで理解してから始めてください。昔ながらの4時間おきの授乳とは違い、ルーティンの流れを読んで、その時間通りに赤ちゃんにおっぱいをあげて眠らせればいいというわけではありません。スケジュールは最初の1年で10回も変わります。それぞれのスケジュールで指定されている授乳と睡眠の時間は、赤ちゃんの月齢に合わせたおおよその目安であって、厳格なルールではありません。それぞれの赤ちゃんのニーズに合わせて微調整ができるように、スケジュールの大原則を理解する必要があります。

「ジーナ式スケジュール」に関するQ＆A

Q **現在妊娠6カ月です。新米ママとして、睡眠不足の日々をどう乗りきればいいのか不安です。両親学級では、赤ちゃんが欲しがるだけ授乳するべきで、最初のうちはスケジュールは使用してはいけないと言われました。ジーナ式を使うと、赤ちゃんが本当にお腹をすかせているときに放っておくことになるのではないかと心配です。**

A ジーナ式は赤ちゃんがお腹をすかせているのに授乳するなと言っているわけではなく、むしろその反対です。新生児期にディマンド・フィードで育てていると、一番心配なのは、生まれたばかりの頃は自分からおっぱいを欲しがる赤ちゃんばかりではないという点です。これは深刻

ここが大切！

3時間おきの授乳は、授乳にかかった時間に関係なく、授乳を始めた時間から次の授乳の開始時間までが3時間になるように計ります。このことを常に忘れないでください。

な問題に発展することが多く、主なものとして、赤ちゃんがおっぱいを飲んでいないせいで、母乳の出をよくするための刺激が十分にできないことが挙げられます。そのせいで、3～4週間後におっぱいをあげようとしても、母乳の量が十分でないという事態に発展します。こうなると、赤ちゃんを満足させるために昼夜問わず1～2時間おきに授乳を続けることになり、結果ママはクタクタに疲れ果ててしまいます。

新生児の頃は、赤ちゃんが泣いていればお腹がすいているのが主な理由だと判断して、おっぱいをあげるべきです。それでも赤ちゃんが泣きやまず、ずっと機嫌が悪ければ、授乳間隔がなぜ3時間もたないのか、その理由を考えてみてください。赤ちゃんがきちんと乳首を吸えていない場合も多く、1時間近くおっぱいを吸っているように見えても、実はそのほとんどの時間、お乳を飲めていないということもあるのです。

ですから、母乳育ちの赤ちゃんで、授乳後の機嫌のいい状態が2～3時間続かない場合は、経験豊富な母乳育児の専門家に相談してください。出生時の体重が2・7キロ以上で、2週間以内に出生体重に戻り、毎週約180グラムずつ体重が増加している健康な赤ちゃんで、授乳のたびに必要な量をしっかり飲んでいれば、授乳間隔が3時間（もしくはそれ以上）空いても大丈夫なはずです。

Q 生まれたばかりの子を授乳のために起こす必要が本当にあるんでしょうか。私の赤ちゃんはとてもよく眠る子で、そのまま寝かせておいたほうがいいと思うのですが。

A 気持ちはよくわかります。産後で疲れているときは、昼間赤ちゃんが眠っている間に休みたくなるのも当然です。しかし、赤ちゃんがこんなによく眠るのは、最初の数週間という短い間のことで、その後は目を覚ましている時間が増えて、ママや他の人と遊びたがるようになるはずです。また、昼夜の違いがまだわかっていませんので、徐々にスケジュールに慣れさせない限り、朝の4時にパッチリ目を覚ましてママと遊びたがるといった状況にもなりかねません。

ですから、おっぱいの出をよくするためにも胸に十分刺激を与えることができるように、赤ちゃんは最初の1週目は必ず3時間おき（お腹がすいていればそれより早く）に授乳してください。昼間に3時間おきに起こしていれば、深夜24時から朝6時の間に目を覚ますのは一度だけになる可能性が高くなります。リラックスして休養をたっぷりとっていれば、疲れてストレスのたまっているママよりも、おっぱいの出がいいことも多いのです。長い目で見れば、生活リズムをきちんと整えたほうがママにも赤ちゃんにも利点が多いでしょう。

Q 最初の6カ月は、赤ちゃんが眠っているときは常に親と同じ部屋にいるべきだというのが最近

のアドバイスのようです。お昼寝を居間でさせると、6カ月になったときに自分の寝室で寝るのになかなか慣れないのでは、と心配です。この新しいガイドラインを守りながらジーナ式を定着させるのは難しいのではないでしょうか。

A

6カ月になるまでは、赤ちゃんが眠っている間は、常に親の目が届くように同じ部屋にいるべきだというのが最新のアドバイスです。しかし、早めに自分の部屋に慣れさせておけば、6カ月になったときに赤ちゃんがぐずったり不安に思ったりすることはありません。おむつを替えたり授乳をしたり、またはくつろいで落ち着いた時間をすごしたりする場として使うことで、子ども部屋を赤ちゃんにとって安心できる空間にすることができます。

日中に寝かしつけるときは、赤ちゃんが「起きている時間」と「寝ている時間」の違いをはっきり理解できるように、できるだけ静かに行います。親の寝室と居間の両方にベビーベッドを準備することはあまりないと思いますので、キャリーコットにしっかりした硬めのマットレスを敷いて使用しても構いません。寝かしつけの方法は、ベビーベッドの場合と同じです。寝かせたら、上掛けシーツやブランケットをマットレスの下にしっかり挟み込みます。よく眠れるように、フードを下ろして光が入らないようにしてください。

このガイドラインは生後6カ月までのものですので、その後は寝室で眠らせることができるようになります。

Q ジーナさんは赤ちゃんを抱っこするべきではないと主張していると聞いたのですが、本当でしょうか。赤ちゃんが安心できるように、抱っこなどの触れ合いがたっぷり必要だと書いてある本が多いのですが。

A 赤ちゃんと触れ合って愛情を伝えることの重要性は、私も常に強調してきました。しかし、抱っこなどの愛情表現は、パパやママよりもまず赤ちゃんのニーズを満たすためのものであることを忘れないでください。泣いているのは、単に眠りたいだけのこともあります。疲れているのに抱っこをしていると、より疲れさせてぐずりやすくなるだけです。

そして、「赤ちゃんを抱きしめる」のと「赤ちゃんを抱っこで寝かしつける」のには大きな違いがあります。抱っこでの寝かしつけに慣れてしまうと、それがないと眠れなくなってしまいます。その習慣もいつかは断ち切らなければいけません。自分で寝つくのを習慣付けるには、赤ちゃんが3カ月や3歳の頃よりも、3週間の頃のほうがずっと楽なのです。

Q 赤ちゃんが生まれたらジーナ式スケジュールを使うつもりですが、長時間泣かせたままにしておきたくありません。どうすればいいでしょう。

A 小さな赤ちゃんがひとりで寝つくまで長い間泣かせたままにしておくように、とアドバイスすることはありません。赤ちゃんは疲れすぎると眠くても抗《あらが》ってうまく寝つくことができませんので、5〜10分ほど落ち着くための時間をあげるように伝えています。しかし、それ以上の時間赤ちゃんを放っておいてはいけません。必ず様子を確認しに行ってください。空腹やげっぷのせいで泣いている可能性がある場合は、ほんの2〜3分でも泣かせておいてはいけません。6カ月〜1歳の赤ちゃんで、ディマンド・フィードで育てられ、抱っこでの寝かしつけに慣れてしまったせいで夜中に何度も起きる場合は、「ねんねトレーニング」が必要かもしれません。

ねんねトレーニングは、どんな手法のものでも、6カ月以上の赤ちゃんが夜眠れるようになるための最終手段であり、起きてしまう理由が空腹や昼寝のしすぎではないと確信できる場合にのみ使われます。私がコンサルタントとして関わってきた睡眠に関するトラブルのほとんどは、トレーニングなしで解決することができました。授乳と睡眠のパターンを正しく理解し実践すれば、自然と夜中に長く眠るようになるからです。しかし、おっぱいを飲んだり、抱っこをされたりしないと寝つけないようになってしまっていると、トレーニングが必要な場合もあります。始める前に必ず医師の診察を受け、医学上の問題がないことを確認してください。

ジーナ式の一番の目的は、赤ちゃんがたとえわずかな時間でも泣かなくてすむように、何をしてほしいかを理解し応えることなのです。また私のガイドラインを読んで、赤ちゃんが泣くのにはさまざまな理由があることをパパやママに理解してもらいたいのです。早い段階で生活リズムを整えておけば、ママは赤ちゃんが何をしてほしいのかすぐに理解し予測できるようになります。結果として赤ちゃんはほとんど泣く必要がなくなります。私の経験では、泣くのは1日5〜10分程度で、それも自分で落ち着く方法を学ぶようになるまでの、ほんの短い期間です。

Q **ジーナ式スケジュールには、赤ちゃんが12週を過ぎたら夜中の授乳はするべきではないと書いてありますが、個人差がありますし、お腹がすいているのであれば、おっぱいをあげずに朝まで押し通すべきではないと思うのですが。**

A 7〜8カ月になって離乳食が完全に定着するまでは、早朝の5〜6時に授乳が必要な赤ちゃんもいます。とくに母乳育ちの赤ちゃんはその傾向があります。私がお世話をした赤ちゃんのほとんどは8〜12週には夜通し眠るようになりました（夜22時台の授乳から翌朝6〜7時まで）。読者の方からいただいた膨大な数の反響を読んでも、スケジュールを実践している赤ちゃんは、平均してこれくらいの月齢になると夜中に長時間眠り始めることが多いようです。

もちろん赤ちゃんにはそれぞれ個性がありますので、7カ月になっても夜通し眠らないとしても、それは「失敗した」わけではありません。赤ちゃんの準備が整ったときに成果が見えて、それまでの努力も報われるはずです。どれくらい早く夜通し眠るようになるかは、体重と日中に飲めるおっぱいやミルクの量によってほぼ決まります。一度の授乳で少ししか飲めない赤ちゃんは、たくさん飲める赤ちゃんよりも、夜中の授乳は長く続きます。

ジーナ式の目的は、できるだけ早く夜通し眠るようにすることでも、本当にお腹がすいている赤ちゃんに夜の授乳をしないことでもありません。必要な栄養分のほとんどを日中摂取して、赤ちゃんが心身ともに準備ができたときに、自然と夜通し眠るようになるお手伝いをすることなのです。これまでにいただいた読者の方々からの反応や、長年赤ちゃんのお世話をしてきた私の経験からも、このやり方で効果が表れるのは間違いありません。

Q **子育てサイトに、ジーナ式を使うと、出かけたり、ママ友に会ったりする時間がないため、非常に孤独で気が滅入りがちになると書かれているのを見ました。**

A 赤ちゃんをスケジュール通りにお世話をするのは、最初の数週間はとくに大変です。しかし、2～3カ月になると、昼間は目を覚ましている時間が増え、夜になると長時間眠るという生活リズムができあがってきます。数えきれないほどのママのお手伝いをしてきた経験からも、最初の数週間は確実にお出かけが難しいのはわかります。しかし、その時期が過ぎると、午後2～5時の間に友達に会ったり、朝公園に出かけたりすることができるようになるはずです。今の月齢のスケジュールだけを読むのではなく、第3章と第4章の授乳と睡眠の説明を読んで、スケジュールのコンセプトを理解することが重要です。

スケジュールがどんなものかを把握したら、夜中の睡眠に影響が出ないように、日中のスケジュールを微調整できるようになります。私のクライアントのママたちは、最初のうちに少し頑張ったおかげで、夜中はぐっすり眠り、昼間は元気よく遊ぶ機嫌のよい赤ちゃんに育ってくれたと、口を揃えて言ってくれます。夜ぐっすり眠れれば、日中もより楽しく過ごせます。

寂しくなったり、取り残されたような気持ちになったりしないように、最初のうちは少なくとも1日おきに友人や親戚に遊びに来てもらうようにしましょう。赤ちゃんが新鮮な空気を吸えるように、毎日お散歩をするのも大変重要です。友達と一緒に行ってもいいですが、公園は他のママと知り合ういい機会にもなります。

Q スケジュールに、ママの食事時間まで指定してあります。あまりにきっちりしすぎていて、やる気が失せてしまいます。

A 私の経験上、最初のうちは母親は疲労困憊《ひろうこんぱい》で、食べることや飲むことといった基本的なことも含めて、自分のことは優先順位が一番下になってしまうことが多いのです。ひとりで新生児と格闘《かくとう》していると、気付いたら晩ごはんはトーストとお茶だけだった、ということも起こりえます。おっぱいをあげているママであれば、十分な量の母乳を作り、元気に毎日を過ごすためにも、規則正しい食事を心がけ、たくさん水分をとる必要があります。

ジーナ式を使っている人は、1日に何度もこの本でスケジュールをチェックしていると思いますので、ママの朝食やランチの時間、それにお水をしっかり飲むようにすすめている部分も読んで、自分の体のことも思い出して、労《いたわ》ってほしいのです。赤ちゃんのスケジュールともリンクしていますので、ママにとっても楽なはずです。

Q どうしてこれほど時間がきっちり決まっているのでしょうか。ところどころで30分ほどずれて

A **も、それほど違いはないと思うのですが。**

この本には、生後1週目から1年目が終わるまでをカバーする10通りのスケジュールが載っています。赤ちゃんの成長と変化に合わせて注意深く微調整されています。最初の3カ月で、赤ちゃんが昼間に必要とする睡眠量は徐々に減っていきます。目を覚まして遊んでいる時間を楽しむようになり、刺激を受ける「遊びの時間」が必要になってきます。時期がくると離乳食も始めなければいけません（完全母乳での育児期間は現在6カ月が推奨されています）。最初の1年を通して、睡眠と授乳に関する赤ちゃんのニーズは絶えず変化していきます。そのような変化に対応するには、ゆっくり段階的に行うのがベストだと、私は経験を通して学びました。

ジーナ式は、ママがそのような段階的な変化に対応しやすいように、きっちり決められているのです。赤ちゃんが毎晩12時間眠るようになると、ママはホッとすることと思います。赤ちゃんの健やかな成長と発達のために必要な睡眠をしっかりとることができるのです。きっちり時間を厳守する必要はありませんが、30分ずれるとドミノのようにその日の残りのスケジュールが狂い始め、夜の睡眠にも影響が出てきます。

たとえば、朝7時ではなく、8時に1日を始めると、お昼寝は13時にずれ込みます。そして15時過ぎまで眠っていると、19時の就寝の頃には眠くないため、寝つかせるのが大変になってしまうのです。就寝前の授乳が20時近くになると、そのせいで22時におっぱいを欲しがらなくなり、結局夜中に目を覚ますことになります。これがたまにあることであれば大きな問題にはなりませんが、長期間続いたり、赤ちゃんが必要とする栄養量が変わったりすると、夜中に目を覚ますのが習慣となって、ママにも疲れが出てきて子育てを楽しめなくなってしまうのです。

Q 4週間スケジュールを試していますが、娘はまったくなじむことができないようです。まるで母親失格のような気分になっています。もうあきらめて、娘が欲しがるときにおっぱいをあげて寝かせてしまったほうがいいでしょうか。

A 最初のうちは非常に大変な時期もあり、赤ちゃんがやりたいようにやらせたほうが楽だと思う親がたくさんいるのもわかります。しかし、あなたは出産して間もない体だというのを忘れないでください。スケジュールがあってもなくても、赤ちゃんの面倒を見るということは、それだけで大変な重労働なのです。ジーナ式は、その大変な時期ができるだけ短くすむようにするためのものです。赤ちゃんが9カ月になってもまだ夜中に目を覚ましていたら、どれほど大変か想像してみてください。粘り強く続ければ、その苦労は決して無駄にならないことを保証します。

必ずしもあっという間に効果が出るわけではありませんが、早いうちからスケジュールを続けていれば、結果的には親子揃ってハッピーな乳幼児期を送れるようになります。赤ちゃんがスケジュールになじむ頃には（それほど時間はかかりません）、最初の数週間の努力を後悔することは決してありません。

ジーナ式は、赤ちゃんが自然にもつ睡眠パターンや授乳のリズムを見つけ出すお手伝いをするためのものなのです。うまくいかないからといって、「ダメなママ」ではありません。とにかく続けて、先のことは考えず、その日その日をこなしていきましょう。経験豊富な先輩ママたちが言うように、最初の数カ月はあっという間に過ぎてしまうものです。

1日は毎朝7時にスタートして、スケジュール通りに過ごすように頑張りましょう。お昼寝の時間になると目が爛々《らんらん》としているのに、遊びの時間になると眠くなり、お昼ごろにはスケジュールがめちゃくちゃになってしまっても、慌てなくて大丈夫です。できる限り同じ授乳と睡眠のパターンを毎日繰り返していれば、赤ちゃんはすぐにリズムをつかむはずです。スケジュールに指定されている時間がくる前に赤ちゃんがお腹をすかせて泣き出した場合は、気をそらしたり遊ぼうとしたりしてみてもうまくいかなければ、必ず授乳してください。

遊びの時間がきたのにどうしても目を覚まさなくても、自分を責めないでください。無理に起こすよりも、ベビーベッドから抱き上げて明るい部屋に連れて行き、プレイマットに寝かせると自然に目を覚ますことが多いようです。近くに手伝ってくれる家族がおらず、ひとりで赤ちゃんの面倒を見るのは本当に大変なときもあります。そんな経験をしているのはあなたひとりではありません。そして、決して「母親失格」でもありません。必ず楽になるということを覚えておいてください！

Q **夜22時台の授乳のときは、赤ちゃんと目を合わせてはいけないと書いてありますが、なぜでしょうか。抱っこや触れ合いの時間を否定しているようで、かわいそうになります。**

A 抱っこは存分にしてあげてください！　抱っこをしてはいけないとはどこにも書いていません。その反対で、ママの体に触れながらおっぱいやミルクを飲むのが赤ちゃんは大好きです。げっぷをしたあとは、満足してあっという間に寝つきます。授乳時に目を合わせないようにとアドバイスしているのは、授乳の終わりごろのことで、すぐに眠りに戻るようにするためです。

ぎゅっと抱っこするのは構いませんが、あまり興奮させすぎると、落ち着かせなければいけないときにかえって疲れて寝つきが悪くなることもあります。心と体の発達のために睡眠は不可欠です。足りていないと、ぐずりやすくイライラして、手が付けられなくなります。歌を歌ったり、面白いおもちゃで遊ばせたりするのは、目がぱっちり覚めている日中にしてください。抱っこはあなたではなく、赤ちゃんがしてほしいときにするべきです。

Q **スケジュールが厳しすぎます。次に何をすればいいのかが気になって、子育てが楽しめません。**

A 病院から自宅に戻ってきた1日目から、赤ちゃんの時期、幼児期、そしてその先もずっと、子育てを存分に楽しんでほしいと私は心の底から願っています。抱っこをしたり、遊んだり、お風呂で水しぶきをあげたり、おむつを替えながら足をくすぐったり、毎日はそんな瞬間で満たされています。正しい時間にしっかりおっぱいを飲み、ねんねをする赤ちゃんであればこそ、そんな瞬間を一緒に楽しむことができるのです。

ジーナ式は、生活リズムを整え、ハッピーな赤ちゃんを育むためのお手伝いをするためのものです。いったんスケジュールを理解すれば、それほど厳格なものではないと気付くと思います。生活のリズムが整っていれば、次の授乳とお昼寝の時間がいつになるかわからないような暮らしよりも、お出かけするのも楽なはずです。しかし、合う合わないももちろんあります。スケジュールに合わせて生活するのが苦痛であれば、数日間中止して、時間に縛られない生活をどう感じるか試してみましょう。

ジーナ式は、赤ちゃんが興奮しすぎて疲れてしまう、ゆらゆら抱っこや夜中のドライブがないと寝つかない、何度も夜中に起きるためママが毎朝疲れきっている、といった長期的な問題を防ぐのにも役立ちます。このような問題が起きてしまったら、私の本を手にとってみてください。

赤ちゃんとの心の触れ合いは何週間もかけてゆっくり育まれます。助けやサポートを受けられないママの多くは、赤ちゃんが生まれて最高の喜びと愛情を感じる一方で、くたくたになり、フラストレーションを抱えて、母親失格のような気持ちを味わうこともあります。まとまった睡眠がとれない日々が続けばなおさらです。子育てを楽しめていない自分に罪悪感を抱いて私に電話をしてくるママも多いのです。深夜の授乳のせいで何週間も睡眠不足が続くと、赤ちゃんと絆を育んだり子育てを楽しんだりすることができません。ジーナ式は、ストレスや不安を感じて自分がダメだと思い込むためのものではなく、赤ちゃんとママのお手伝いをするためのものです。使い方をきちんと理解できれば、非常に役に立つはずです。

Q **新しく生まれた赤ちゃんだけでなく、年長の子どもの面倒も見なければいけません。2人いると、なかなかスケジュール通りにいきません。**

A これはとても重要なポイントです。私の別著『1・2・3歳の子育て講座』と『Your Baby and Toddler Problems Solved』（未邦訳）に、送り迎えや兄姉との生活にどうやってスケジュールを組み込むかが書かれています。幼稚園の送り迎えの時間と、本に書かれた昼寝の時間がぶつかっているせいで、スケジュール通りにいかないというママがたくさんいるようです。

上のお子さんにジーナ式を使っていれば、少なくとも7時起床、19時就寝という生活リズムはできていると思います。年長のお子さんが3歳以下であればまだお昼寝をする子もいると思いますので、赤ちゃんのお昼寝の時間に合わせて寝かせることができるでしょう。30分ほど昼寝の時間が重なれば、自由時間もできます！　お昼寝の合計時間はスケジュールの指示を守るようにしてください。赤ちゃんのお昼寝時間を上のお子さんの予定に合わせるときは、お昼寝の合計時間が決められた長さを超えないように気を付けてください。少なくとも夜の就寝時間は決まっていますので、2人が寝ついたあとはゆっくり体を休めて育児疲れを癒《いや》してください。

第3章　授乳について

授乳は、赤ちゃんの一生の最初の1年で極めて重要な意味をもちます。将来の健康の基盤を作るだけでなく、どれだけぐっすり眠るかにも大きな役割を果たしますので、この本が、母乳育児を成功させるための一助になれば幸いです。母乳育児に興味がないママも、一度は試してみることをおすすめします。1人目を「ディマンド・フィード」で育てたために母乳で苦労したママの中には、2人目で「ジーナ式スケジュール」を試してから母乳育児を楽しめるようになったという人がたくさんいました。すでに何らかの理由で母乳をやめてしまったか、もともと母乳育児を選択しなかったママのために、ミルク育児の方法についてのアドバイスも載せています。昨今の親たち、とくに母親は、赤ちゃんが人生で最高のスタートがきれるように、最良の選択をしなければいけないという巨大なプレッシャーを感じています。

もちろん母乳がベストではありますが、粉ミルクが母乳の代替品として適当でなければ、政府によってとっくに禁止されているはずです。母乳をやめてしまった、または十分な説明を受けて考えた上で母乳育児を選ばなかったのであれば、反対意見を聞いて後ろめたく思う必要はありません。母乳をあげなければ赤ちゃんとの絆が育めないという意地悪なコメントは無視してください。個人的な話をすると、母が私を母乳で育てたのはたった10日間ほどでしたが、私と母以上に気持ちが通じ合っていた親子はいないほどでした。

しかし、悪気なくアドバイスをしてくる方たちの意見に反して、ミルク育ちだからといって必ずしも機嫌のいい赤ちゃんになるわけでも、生活リズムを整えるのが楽になるわけでもないということは強調しておかなければいけません。生活リズムを確立するには時間と根気がいります。ですから簡単に結果が出ると思って、母乳をミルクに切り替えるのはやめてください。ミルクで育つ赤ちゃんも、母乳育ちの赤ちゃんと同じくらいのサポートと助けが必要です。

唯一の違いは、母乳の場合は、通常すべての負担が母親にかかってくるという点です。しかし、母乳を選択したママがジーナ式を取り入れれば、母乳育児を成功させながら赤ちゃんの生活リズムを整えられるだけでなく、搾乳した母乳を使ってパパに授乳をお手伝いしてもらえるというおまけも付いてきます。

母乳育児がうまくいかなくなる理由

新米ママのお手伝いを始めてすぐに気付いたことは、赤ちゃんを育てる上で一番自然な方法は母乳をあげることでありながら、それが多くの母親にとって簡単なことではないということでした。出産直後に助産師がすぐに赤ちゃんを胸元に置いて、抱きかかえ方、乳首の吸わせ方など、授乳の仕方を教えてくれます。すんなりおっぱいをくわえて、ごくごく飲み始め、次の授乳時間までぐっすり眠る子もいれば、大騒ぎしておっぱいをくわえるのを嫌がり、4〜5回吸ったら眠りこけてしまう赤ちゃんもいます。初めのうちは、このようなトラブルはよくあります。（イギリスでは）出産後48時間以内に退院するため、母乳育児を成功させるのに不可欠な授乳の基本的なテクニックをマスターしないまま家に帰ることになります。

マタニティナースとして働いていた頃の話です。呼ばれて家に到着すると、乳首に傷ができて出血しているせいで、赤ちゃんにおっぱいを吸われるたびに激痛が走り、ママが泣いているということがよくありました。母と子の絆を深めようにも、滑り出しで失敗している状況です。体に感じる痛みだけでなく、おっぱいを上手にあげられない自分はダメな母親なのではないかと、精神的な苦痛も感じているようでした。赤ちゃんも授乳がうまくいかないせいでイライラし、お腹がすいて泣いてばかりいます。こうした問題や、母乳育児に関連するトラブルは、最初の頃に母親が行き届いたケアとサポートを受けていれば避けられたはずなのです。

近年、イギリスで耳にする、新生児の授乳に関する新米ママへのアドバイスには驚くべきものもあります。子どもが生まれてから数時間しかたっていないのに、「母としての自分の直感を信じるように。何をすればいいかは赤ちゃんが教えてくれます」と言われるのです。私はアジアや中東で働く機会にも多く恵まれましたが、イギリスとは非常に異なり、これらの地域では、出産直後は、赤ちゃんとママにできる限りのサポートをするのが最重要だという認識が浸透していました。ママと赤ちゃんは最初のうちはできるだけ体を休めて、おっぱいの出をよくするためにいいとされる食事をしっかりとります。

「母親と赤ちゃんが何をすればいいかは自然にわかる」と言って、おっぱいに赤ちゃんを押しつけて放っておくことはありません。母乳の専門家であったり、親戚であったり、私を含めた誰かが、ママが赤ちゃんを正しい方法で抱きかかえ、上手におっぱいを吸わせられるように、お手伝いしていました（訳注：イギリスでは産後24〜48時間以内に退院し、数日後には短時間のお出かけを始めるママも多くいます。「母乳のためにいい食べ物」を意識的にとるといった考えも一般的ではありません）。

できるだけ多くの母親が母乳育児を成功させるには、早い段階でのサポートが不可欠なのです。母乳の成分や作られる仕組みを知ると、母乳育児とジーナ式をどう両立していくかを理解する上で役に立つはずです。おっぱいを飲む量が増える成長期や、あまり飲まなくなる時期にどのようにスケジュールを調整すればよいかも書かれていますので、参考にしてください。

母乳が作られる仕組み

催乳《さいにゅう》反射

妊娠している間に出るホルモンが母乳を作るための準備を整えます。赤ちゃんが生まれて胸を吸い始めると、オキシトシンと呼ばれるホルモンが脳の下垂体《かすいたい》から分泌され、胸に「催乳」のシグナルを送ります。乳腺の周りの筋肉が収縮し、赤ちゃんがおっぱいを吸うと、15〜20ある乳管に母乳が流れ込みます。多くの場合、胸に多少チクチクした感覚を覚え、母乳が出てくるときには子宮が収縮しているように感じます。通常1〜2週間もすると、その感覚はなくなります。赤ちゃんの泣き声が聞こえたり、離れているときに赤ちゃんのことを考えたりするだけで、催乳反射を経験することがあるかもしれません。

その一方で、緊張していたり、ストレスを感じたりすると、オキシトシンは分泌されず、母乳が出にくくなります。母乳育児を成功させるには、ママがゆったりとリラックスしていなければいけません。授乳に必要なものはすべて前もって準備しておくといいでしょう。背筋を伸ばして楽に座り、ゆっくり時間をかけて赤ちゃんを正しい位置で抱きかかえてください。抱き方が間違っていると、痛みを生じて、オキシトシンの分泌が減り、催乳反射にも影響します。

母乳の成分

あなたの胸で初めて作られるお乳を「初乳」と言います。産後3〜5日目に出始める「成乳」と比べて、糖質や脂質が少なく、プロテインとビタミンがより多く含まれています。初乳には、ママが今までかかった病気の抗体も含まれていますので、赤ちゃんが感染と闘うのを助けてくれます。成乳に比べて初乳はもっと濃く、黄色がかって見えます。産後2〜3日目には、初乳と成乳の混ざったお乳が作られ始めます。3～5日目ごろにはおっぱいが張り始め、硬く敏感になり、触ると痛いほどになります。これは成乳が完全に出始めた証拠です。

痛みの原因は、母乳が出始めたことに加え、乳腺が広がって胸に流れ込む血液の量が増えたためです。おっぱいが出始めたら、少量ずつ頻繁に授乳する必要があります。おっぱいを刺激し、母乳の出をよくするだけでなく、こうすることで胸の極端な張りからくる痛みが緩和されます。張りが強いと赤ちゃんが上手におっぱいに吸い付くことができませんので、授乳の前に少し搾乳するといいでしょう。温かく湿らせたタオルを胸に当てて、手で優しく搾乳します。また、授乳と授乳の間に冷やしたキャベツの葉をブラジャーに挟むと鎮静効果があるようです。

成乳と初乳は見た目がかなり違います。成乳はサラサラとしていて色は少し青みがかっており、成分が授乳中に変化します。初めは水分の割合が高く脂質が少ない「前乳」が出ます。授乳が進むにつれて赤ちゃんの吸い方がゆっくりになり、吸う間隔も長くなります。これは「後乳」が出始めているサインです。後乳の量はほんの少しですが、出てくるまで十分おっぱいを吸わせることが重要です。この後乳のおかげで、授乳と授乳の間のお腹のもちがよくなるからです。片方の胸の母乳を完全に飲みきる前に次の胸に移してしまうと、二つのおっぱいから前乳ばかり飲むことになります。こうなると、2時間後にはまた赤ちゃんがお腹をすかせてしまいます。また、前乳ばかり飲んでいると、コリック（疝痛《せんつう》）を引き起こしやすくなります。

片方の胸で足りない場合は、次の胸に移す前に必ず最初の胸の母乳を完全に飲みきっているかを確認してください（左のポイントを参照）。１週目の終わりごろに、最初の胸から25分、次の胸から５～15分授乳していれば、バランスよく前乳と後乳を飲んでいると思っていいでしょう。次の授乳まで３～４時間はお腹がもつはずです。授乳のたびに毎回両胸から飲んでいる場合は、次の授乳では必ず前回あとにあげたおっぱいから始めてください。そうすることで、１回おきに左右の胸が必ず空っぽになっていることになります。

素早く簡単に母乳の出をよくし、前乳と後乳のバランスがとれたおっぱいを飲んでもらうためのポイントを次にまとめましたので参考にしてください。

●授乳と授乳の間はできるだけ体を休めてください。食事の間隔もあまり空けすぎないように心がけてください。また、食間にはヘルシーなおやつを軽くつまみましょう。

●授乳に必要なものはすべて前もって準備しておきましょう。リラックスして授乳を楽しむには、アーム付きで背もたれがまっすぐの座り心地のいいいす（スツール付きのものも可）、ママと赤ちゃんの両方をサポートするクッション、お水、そして癒し系の音楽などが役に立ちます。

●赤ちゃんを正しい位置で抱きかかえるのにたっぷり時間をかけましょう。抱き方が悪いと、乳首が切れて出血し、痛み始めます。そのせいでおっぱいの出が悪くなり、結果的に授乳がうまくいかなくなります。

●母乳が出始め、赤ちゃんがきちんと時間をかけておっぱいを飲めるようになったら、後乳が出るまでしっかり飲ませてください。片方のおっぱいを飲みきるのに30分かかる子もいます。親指と人差し指で軽く乳首を搾ると、まだおっぱいが残っているかどうかを確認できます。

●おっぱいが空になったら、絶対にそれ以上赤ちゃんに吸わせてはいけません。乳首に傷がついて授乳中痛みを伴うようになります。

●30分以内に授乳が終わっても、赤ちゃんが満足していて、次の授乳時間までお腹ももち、体重も順調に増加しているようであれば、おっぱいを飲むのが上手な子だということです。この本に書かれている時間よりも授乳時間が短くても問題ありません。

●月齢の低い赤ちゃんは、片胸でお腹がいっぱいになることもよくあります。最初のおっぱいを完全に飲みきったら、げっぷをさせておむつを替えてから次のおっぱいをすすめてください。もっと飲みたければ吸い付くはずです。そうでなければ、次の授乳でそちらの胸から始めてください。

●もう片方のおっぱいを飲み始めた場合は、次の授乳でも同じ胸から授乳を始めてください。

母乳育児を成功させるためのジーナ式メソッド

母乳育児を成功させるには、最初が肝心です。母乳の出をよくするには、出産直後から「頻繁に少量ずつ」お乳をあげることが必要不可欠です。しかし、正しい抱き方で、おっぱいをきちんとくわえさせていなければ、頻繁に授乳をしていても、出方がよくなるわけではありません。病院にいる間は、助産師や看護師がおっぱいのくわえさせ方を指導してくれると思います。

赤ちゃんの正しい抱き方の例

しかしすぐに病院を出ることになりますので、退院後に経験豊かな母乳育児の専門家からも指導を受けることをおすすめします。

私はどのママにも、まず3時間おきにそれぞれの胸から5分ずつ授乳するようアドバイスします。おっぱいの出が安定するまで、1日数分ずつ時間を増やしていきます。3時間は、授乳を始めた時間から、次の授乳の開始時間までとして計ってください。3～5日目ごろにはおっぱいが出始め、赤ちゃんが吸う時間も15～20分に増えているはずです。この頃には、ほとんどの赤ちゃんは片方の胸でお腹がいっぱいになり、次におっぱいを欲しがるまで3時間はご機嫌なはずです。たとえば、夜19時に授乳を始めた場合は、次の授乳は22時に開始してください。

しかし、3時間たつ前にお腹がすいているようであれば、迷わず授乳してください。機嫌が改善しなければ、毎回両胸から授乳するようにしましょう。最初のおっぱいを完全に飲みきってから、次のおっぱいをあげるのが重要です。胸を切り替えるのが早すぎると、赤ちゃんが前乳を飲むだけで終わってしまいます。いつも機嫌が悪く、コリックに悩まされている赤ちゃんは、前乳の飲みすぎが原因のことが多いのです。授乳中にウトウトしやすい赤ちゃんは、大事な後乳（前乳の3倍の脂肪分を含んでいる）が出始め、おっぱいを完全に空にするのに20〜25分かかることもあります。

その一方、あっという間に後乳まで飲みきってしまう赤ちゃんもいます。お乳を十分飲むのにどれくらい必要かは、赤ちゃんの様子を見て判断してください。本書に書かれた時間通りにおっぱいを飲み、授乳と授乳の間は機嫌がよく、おむつもしっかり濡れているようであれば、お乳の量は十分足りているということです。

最初の数日間は、朝6時から深夜24時まで、3時間おきに赤ちゃんを起こして短めの授乳をしてください。こうすることで、おっぱいの出がよくなる頃に、最高の状態で母乳育児を続けることができます。3時間おきに授乳をしていれば、おっぱいの出は早く安定する上、日中に十分な量のおっぱいを飲んでいれば、夜中の授乳間隔も長く空いてきます。また、ママが体力を消耗するのも防いでくれます。この体力の消耗が、母乳育児の最大の敵の一つなのです。

人生においては何事もそうですが、確かな基礎を築かなければ成功は訪れません。病院にいる間に3時間おきの授乳を続けていれば、1週目の終わりには授乳も軌道に乗っているはずです。そこですぐにジーナ式スケジュールに移行することができます。199ページからのスケジュールを続ければ、おっぱいの出をよくするのに効果があるだけでなく、「お腹がすいた」「疲れた」「退屈だ」「刺激を受けすぎた」といった赤ちゃんのさまざまな要求の違いを学ぶこともできます。私の母乳育児のメソッドがうまくいく理由を次にまとめました。

●最初の数日間は3時間おきに起こし、授乳は短時間で終わらせます。こうすることで、赤ちゃんに乳首を吸われることに徐々に慣れることができ、母乳が出始めたときに胸が張って痛むのを和らげる効果もあります。

●1週目に3時間以上授乳間隔を空けると、空腹を満たそうとして、空になった胸をずっと吸い続けることがあります。少量ずつ頻繁に授乳をしていれば、そのような事態を避けられるでしょう。

●新生児の胃は大変小さいため、必要な量を飲ませるには、少しずつ頻繁に授乳する必要があります。午前6時から深夜24時の間に3時間おきに授乳していれば、「徹夜で授乳」という状態には決してなりません。本当に小さな赤ちゃんでも、1日に一度は授乳間隔を長めに空けることができます。アドバイス通りに授乳していれば、その時間は日中ではなく、必ず夜中に訪れるようになります。

●母乳育児を成功させるには、母親がリラックスして、ゆったりとした気持ちで取り組まなければいけません。出産直後から、一晩中授乳のために起こされて疲れ果てていては、それも不可能です。

●生まれたばかりの赤ちゃんには昼夜の区別がありません。日中と夜中の授乳の仕方に違いを付けると同時に、朝7時から夜19時の授乳の間に長時間眠らせないようにすれば、赤ちゃんは昼夜の違いをより早く理解するようになります。

母乳育児を成功させるポイントは「搾乳」

私のスケジュールを実践しながら母乳育児を成功させるには、子どもが生まれたらすぐに搾乳を始めるのがポイントです。私がお世話をした母親のほとんどが母乳育児を成功させることができたのは、早い段階から電動搾乳器を使っていたのが大きな理由だと思います。

理由は単純で、母乳の出は「需要と供給」によって決まるからです。生まれたばかりの赤ちゃんは、ほとんどの場合、片方の胸から飲むだけでお腹がいっぱいになります。もう片方の胸から少しだけ飲む子もいますが、この時期に両胸のおっぱいを飲み干せる赤ちゃんはほとんどいません。2週目が終わる頃には、母乳の出もバランスがとれて、赤ちゃんが欲しがる分だけお乳が作られるようになっているはずです。3〜4週目には赤ちゃんは成長期を迎えて、食欲が増加します。現在、一般的には6週までは搾乳をするべきではないと言われていますが、その通りにしながらスケジュールに従おうとすると、ここでしばしば問題が生じます。

増加した食欲を満たすために、2〜3時間おきの授乳パターンに戻らなければいけなくなるため、夜中の授乳も2回に増える可能性があります。このパターンが成長期がくるたびに繰り返されて、結果的に、眠る直前に授乳するのが癖になります。このせいで、「ねんね」＝「おっぱい」だと刷り込まれ、赤ちゃんを以前の授乳リズムに戻すのがもっと大変になってしまいます。産後早い段階で搾乳をしていれば、常に赤ちゃんが必要としている量以上のおっぱいを作っていることになります。成長期がきても、朝一番の搾乳の量を減らせば、食欲の増加分を補うことができますので、スケジュールに影響は出ません。また産後すぐに搾乳を始めていれば、お乳の出が悪いといった問題も起こりにくくなります。

しかし、赤ちゃんが生後1カ月以上で、まだおっぱいの出が悪い場合は、「母乳の出をよくするためのスケジュール」（328ページ）を参考にしてください。6日以内に大きな改善が見られるはずです。1カ月未満の場合は、通常のスケジュールに書かれた通りに搾乳をしていれば十分なはずです。1～4週の間に、夜22時台の授乳で、搾乳したおっぱいやミルクを哺乳びんを使ってあげることにすれば（91ページ）、授乳を他の人に代わってもらうことができます。

こうすることで、夜中の授乳の疲れをとるために、早めに寝ることもできるようになります。この時間には、搾乳もしくは授乳をするように、とスケジュールに書いてあると思います。哺乳びんから飲める赤ちゃんであれば、夜21時30分～22時の間に搾乳をすませて、そのあと布団に入りましょう。この時間に搾乳するのは、お乳の出をキープし、夜中の授乳のときに十分な量のおっぱいが出るようにするためにも、大変重要です。

搾乳で困った経験がある方も、がっかりしないでください。次のアドバイスとあわせて、私のスケジュールか、第7章の「母乳の出をよくするためのスケジュール」（328ページ）を参考に搾乳すれば、もっと楽に取り組めるようになるはずです。

●搾乳に一番適した時間は、通常おっぱいの張りが強い午前中です。授乳時間がきたらまず搾乳をすることにすれば簡単です。授乳の前に最初の胸から搾乳をするか、またはまず授乳をして、その後もう片方のおっぱいを赤ちゃんにあげる前に搾乳してください。片方のおっぱいをあげながら、もう片方を搾乳するのが楽だというママもいます。授乳前に搾乳したほうが、次の授乳時間まで時間が長く空きますので、より多く母乳を作ることができるという利点もあります。

ジーナ式では、朝6時45分に搾乳するようにすすめていますが、母乳の出が十分で、早朝の搾乳をする気にならないときは、赤ちゃんが最初のおっぱいを飲み終えた朝7時30分ごろに2番目のおっぱいから搾乳を始めてもいいでしょう。母乳の出を心配しているママや母乳の出をよくするためのスケジュールを実践しているママは、指定の時間に搾乳するようにしてください。

●はじめのうちは、60〜90ミリリットル搾乳するのに、朝で最低15分、夜は30分程度をみておく必要があります。搾乳は静かにリラックスした雰囲気で行いましょう。練習すればするほど楽にできるようになります。1カ月もすると、夜21時30分の搾乳で両胸用の搾乳器を使用すれば、10分もあれば60〜90ミリリットル搾乳できるようになります。

●搾乳を始めたばかりの頃は、病院で使われているような電動の強力な搾乳器がベストです。赤ちゃんの吸い方を模して設計されており、お乳の流れをよくするようにできています。21時30分に両胸から搾乳している場合は、両胸同時に搾乳できる付属品を購入してもいいでしょう。搾乳時間を短縮できます。

●母乳の製造量が減る夜間は、催乳が鈍いこともよくあります。リラックスできる温かいお風呂やシャワーは、お乳の流れをよくする効果があります。さらに搾乳の前と搾乳中に、胸を優しくマッサージするのも効果的です。

●赤ちゃんの写真を見ながら搾乳するママもいれば、お気に入りのテレビ番組を見たり、パパと話したりしながら搾乳するほうがうまくいくというママもいます。あなたにとって一番やりやすい方法を見つけてください。

スケジュールが進むと、どの時期にどの時間の搾乳をストップするかが書かれていると思います。母乳の出が安定してきたら、搾乳する量を減らしても構いません。けれども、復職することになっている場合は、赤ちゃんが6~7カ月になって完全に離乳食が軌道に乗るまでは、22時台の授乳時に搾乳を続けることをおすすめします。仕事に戻ると母乳の出る量が劇的に減ることが多いようです。けれどもこの時間に搾乳を続けることで、おっぱいの出をキープすることができるはずです。

6カ月未満で離乳食を始めることに決めた場合は、搾乳をストップしても構いません。医師らのすすめで早めに離乳食を始め、すでに3回食が定着し、12時間夜通し眠っているようであれば、おっぱいの出に影響なく搾乳をストップすることができるはずです。

母乳過多に悩んでいるのなら

赤ちゃんが小さいときから搾乳をすすめる理由の一つは、成長期が訪れたときに、不足分を補うために授乳回数を増やさなくてもよくするためです。また、搾乳をしていればおっぱいの出が悪くなることは決してありません。母乳の出が悪いせいで母乳育児をあきらめてしまうママが非常に多いのです。

一般的ではありませんが、母乳が出すぎるせいで問題が起きることもあります。出産直後から、赤ちゃんが必要な量よりも母乳の量が上回っているラッキーなママは、本書にある搾乳時間は無視してください。母乳が作られすぎて、別の問題に発展する恐れがあるからです。

母乳過多の場合、おっぱいの張りすぎや、乳管の詰まり、乳腺炎などのトラブルが起きることがあります。催乳時に鋭い痛みを感じることもあるでしょう。片胸からの搾乳で、120〜150ミリリットル出ているときは、母乳過多といっていいでしょう。赤ちゃんの体重が3・6キロ以上であれば、飲める量が増えるまで片胸からの授乳を続けていれば、大きな問題にはなりません。しかし体重がそれ以下の場合は、後乳が出てくるまで飲み続けることがなかなかできません。母乳が出すぎていると、赤ちゃんに次のような症状が見られます。

ここが大切！

母乳過多への対処法

☆片方の胸からのみ授乳する。1時間以内にまたおっぱいを欲しがる場合は、同じ胸からあげる。

☆出すぎるために、おっぱいを飲んでいる赤ちゃんが泣いてしまうときは、授乳前に少しだけお乳を搾って出しておく。胸に刺激を与えて、もっとお乳を作るように脳に信号を送らないように、搾りすぎに注意すること。

●母乳が出すぎていると、赤ちゃんがぐずったり、乳首を口で引っ張ったり、授乳時に泣いたり、おならが出やすかったり、吐き戻しが多かったり、しゃっくりが出やすくなる。頻繁におっぱいを飲みたがり、平均的な赤ちゃんよりも体重の増加が速いことが多い（最初の３～４カ月の間に毎週１１３～２２６グラムずつ体重が増えていることが多い）。また、平均よりも体重の増加がゆっくりな場合もある。

●うんちが緑っぽく軟らかい。お尻が赤くただれている。出がよすぎるせいで、口の中におっぱいが噴射され、赤ちゃんがむせて吐いてしまう。

●前乳は乳糖を多く含むため、前乳だけを飲んでいる赤ちゃんは、お腹に空気がたまりやすく、吐くことが多い。

●後乳が出るまでおっぱいを吸えていない赤ちゃんは、その中に含まれる脂質を飲めていないことになる。前乳と後乳の両方を飲んでいないせいで、早めに次のおっぱいが必要になる。

赤ちゃんの成長に合わせて母乳の出も需要と供給のバランスが整ってきますので、母乳過多の問題も解消されていきます。

母乳育児と職場復帰を両立するコツ

仕事に戻ったあとも母乳育児を続けたい場合は、母乳の出が安定していなければいけません。日中、搾乳したお乳を飲ませるつもりであれば、とくに重要です。9～17時の間に家をあける場合、3カ月の赤ちゃんですと、1日2回それぞれ約210～240ミリリットルが必要になります。朝7時と夕方18時の授乳では赤ちゃんがおっぱいを飲みきることが多いと思いますので、仕事中にお乳をあげてもらうには、日中か21～22時の間に搾乳する必要が出てきます。10時と14時30分の2回、搾乳する時間を設けましょう。この時間より遅れてしまうと、18時の授乳までに十分な量のおっぱいができていない可能性があります。疲れていると、なおさらです。仕事と母乳育児を両立させるためのアドバイスを次にまとめました。

- 職場復帰までの期間が長ければ長いほど、母乳の分泌も維持しやすくなります。母乳の専門家の多くは16週を推奨しています。
- 産後2週目から指定の時間に搾乳し、冷凍しておくと、かなりの量をストックできるはずです。
- 2週目までには22時台の授乳で、哺乳びんを使って搾乳したお乳をあげてください。仕事に復帰したときにスムーズに哺乳びんに移行できます。
- 復帰後に搾乳のできる静かな場所があるかどうか、前もって会社に確認しましょう。搾乳したお乳を冷蔵庫で保管することができるかもチェックしてください。

●電動の搾乳器を使うのに慣れたら、電池で動く搾乳器でも練習してみてください。片胸用の搾乳器の場合は、右と左の胸を何度も切り替えながら交互に搾乳したほうがお乳の流れがいいようです。両胸を同時に搾乳できる小型の電動搾乳器の購入も考えてみましょう。

●保育園やチャイルドマインダー（イギリス生まれの在宅保育。年齢によって1〜3人の子どもを自宅等で預かる）に、搾乳したお乳の保管場所や扱い方、解凍の仕方をしっかり伝えてください。

●何か問題があった場合にも十分に対処する時間があるように、最低でも仕事に戻る2週間前から、職場に戻ったときの授乳のルーティンを試してみてください。

●職場に復帰したら、食生活には十分気をつけて、夜はゆっくり体を休めてください。母乳の出が悪くならないように、21時30分の搾乳は続けることをおすすめします。職場に十分な量の母乳パッドをストックし、替えのブラウスやトップスも用意しておきましょう。

母乳からミルクへの上手な切り替え方

断乳までの母乳育児の長さに関係なく、母乳からミルクへの切り替えは、しっかり計画を立てて行わなければいけません。断乳の時期を決めるための目安として、いったんお乳の出が安定したら、授乳1回分の量を減らすのに1週間かかるということを覚えておいてください。

たとえば、母乳の出がしっかり安定するには約6週間かかりますが、その後断乳を決めた場合、母乳での授乳をすべてミルクに切り替えるには、最低でも5週間はみておかなければいけません。これは仕事に戻る予定のママたちには大変重要なポイントです。おっぱいがきちんと出始める前に母乳育児をやめてしまう場合でも、赤ちゃんが哺乳びんからミルクを飲むのに慣れるための時間を考慮に入れておかなければいけません。おっぱいから飲むことで得ていた喜びや安らぎの感覚を突然失うと、不安定になる赤ちゃんもいます。

おっぱいをあげていたのが1カ月以内であれば、1回分の授乳をミルクに切り替えるのに、3〜4日かけるようにアドバイスしています。1カ月以上母乳をあげてきたママは、1回分の切り替えに5〜7日はかけてください。夜22時台の授乳で哺乳びんをすでに使っている場合、次は午前11時の授乳を哺乳びんで行ってください。おっぱいをあげる時間を1日に5分ずつ減らして、その後、ミルクで不足分を補完すると一番無理がありません。赤ちゃんがすべて哺乳びんから飲めるようになったら、おっぱいをあげるのをやめてください。

断乳や卒乳は、慎重に計画を立てて行えば、赤ちゃんが哺乳びんに慣れるための時間も確保できますし、母親も乳腺炎になるリスクを回避できます。お乳の張りすぎで乳管が詰まると乳腺炎にかかりやすくなります。十分な時間をかけずに急に母乳をストップしてしまうと起こりやすいため気を付けてください。切り替えを進める間も、夜21時30分の搾乳は継続してください。搾乳できる量で、どれくらいお乳の出が減っているかがわかると思います。おっぱいをあ

3-1　母乳からミルクに切り替えるためのスケジュール

ステージ＼授乳時間	7時	11時	14時30分	18時30分	21時30分
ステージ1	母乳	ミルク	母乳	母乳	搾乳＊
ステージ2	母乳	ミルク	ミルク	母乳	搾乳
ステージ3	母乳	ミルク	ミルク	ミルク	搾乳
ステージ4	母乳	ミルク	ミルク	ミルク	
ステージ5	ミルク	ミルク	ミルク	ミルク	

＊赤ちゃんが4～5カ月になるまでは、21時30分の搾乳を続けることをおすすめします（パパをはじめ、お手伝いできる人がその時間の授乳を代わってくれる場合）。母乳の出を維持する効果があり、どれくらいの量のお乳が出ているかを知る目安にもなります。この時間に搾乳できた量のおよそ2倍のお乳が夜中眠っている間に作られることが多いようです。ステージ3に進んだら、21時30分の搾乳時間を毎晩3分ずつ短くして、搾る量を徐々に減らしていきます。搾乳できる量が60ミリリットル程度になって、朝方のおっぱいの張りも強くなければ、この時間の搾乳をストップできるはずです。完全に断乳したあとは、胸を刺激しないように注意しましょう。お風呂に入って胸を温めると、残っているわずかな母乳を出しきることができます。胸を刺激することで、もう一度母乳が分泌され始めることもありません。

げる回数が1日2回まで減ると、急激にお乳の量が減ることが多いようです。ここで注意すべき兆候は次の2点です。**①赤ちゃんが授乳が終わっても機嫌が悪い。**そして、**②次の授乳時間のかなり前にすでにお腹がすいている。**もしもどちらかの兆候があれば、おっぱいをあげたすぐあとに、搾乳したお乳かミルクを30〜60ミリリットル足してください。こうすることで、お腹がすいて睡眠リズムが崩れてしまうのを防ぐことができます。

前ページの表**3-1**に、どの時間帯から順番に切り替えていくかを示しました。それぞれのステージで3〜4日、もしくは5〜7日かけて母乳の回数を減らしていきます（かける日数は母乳育児の期間によって決まります）。

ミルク育児の場合

ミルクで育てることにした場合も、母乳と同じスケジュールで進めてください。午前7時の授乳の後に3時間以上授乳間隔があいても大丈夫な赤ちゃんもいるかもしれませんが、その他の時間はすべて同じで構いません。入浴の前後で片胸ずつ授乳するなど、2回に分けて行っているときも、同じ要領でミルクをあげてください。私は通常、ミルクを2びんに分けて用意しておきます。

授乳の量と回数は、次を参考にしてください。

●（イギリスの）保健機関は、4カ月未満の赤ちゃんの場合、体重1ポンド（約454グラム）当たり70ミリリットルのミルクが必要だとしています。たとえば、体重が4・5キロであれば、1日約700ミリリットル必要になります。

●1日に必要な授乳量を授乳回数で割ります。たとえば、夜通し寝ている赤ちゃんであれば、1回の授乳で約150ミリリットルを5回飲むことになります。もしくは、夜の授乳が必要な赤ちゃんであれば、約120ミリリットルのミルクを6回飲むことになります。

●搾乳されたおっぱいを飲んでいる赤ちゃんも同じ方法で計算して1回の授乳量を決めてください。授乳間隔がミルクほど空かないこともありますので、授乳回数が増える分、飲む総量がミルク育ちの赤ちゃんより少しだけ多くなることがあります。

●以上のアドバイスはあくまで目安として参考にしてください。食欲旺盛な赤ちゃんは、30ミリリットルほど余分に足す必要が出てくるかもしれません。赤ちゃんが毎日飲むべきミルクの量に関して心配事がある場合は、助産師か担当医師に相談してください。

赤ちゃんは、毎回きっかり同じ量を飲むわけではありません。飲む量が多いときもあれば少ないときもあります。ですから、正しい時間帯（7時、10時30分、22時30分など）に飲む量が増えるように授乳を管理しましょう。夜の授乳で多めに飲む習慣がついてしまうと、朝起きたときにお腹があまりすいていないせいで、悪循環が始まります。日中の授乳量が減ってしまうために、夜の授乳が必要になってしまうのです。

これは母乳育児にも当てはまります。1日の必要摂取量のほとんどを、朝7時から夜23時の間に飲ませていれば、夜中に必要な量は減り、ゆくゆくは完全に授乳をストップすることができます。95ページの表3-2は、私がお世話をした赤ちゃんの最初の1カ月の授乳パターンを示したものです。3・2キロで生まれ、1週間に180～240グラムずつ体重が増え、1カ月の頃には4キロを超えていました。授乳を管理することで（正しい時間に必要量を飲ませる）、夜中の授乳回数は減り続け、6週目には翌朝6時半まで眠るようになりました。

ミルク育児を軌道に乗せるための工夫

赤ちゃんが生まれ、まだ病院にいる間は、パックに入った液体ミルクを出されるかもしれません。いくつか選択肢がありますが、どれも保健機関から認可を受けたものですので、成分にほぼ違いはありません。液体ミルクは消毒された乳首とセットになっていて、一度使用したら処分します。冷蔵庫に保管してあった場合を除いて、室温で赤ちゃんにあげることができます。しかしなんらかの理由で温めることにした場合は、ボトルウォーマーを使うか、熱湯の入った器に入れて温めてください。決して電子レンジは使わないようにしてください。温まり方にムラがあり、赤ちゃんが熱い部分で火傷《やけど》をしてしまう可能性があります。

どちらの方法を選んでも、赤ちゃんにあげる前に、手首の中央部分に数滴垂らして必ず温度

3-2　**1カ月目の赤ちゃんが飲むミルクの量**

時間＼授乳時間	1週目	2週目	3週目	4週目
7時	90ml	90ml	120ml	150ml
10時～10時30分	90ml	120ml	120ml	120ml
14時～14時30分	90ml	90ml	90ml	120ml
17時	60ml	90ml	90ml	90ml
18時15分	60ml	60ml	90ml	90ml
22時～23時	90ml	120ml	120ml	150ml
2時～4時	90ml	60ml	90ml	60ml
合計	570ml	630ml	720ml	780ml

＊この表の1日のミルク量は、ある特定の赤ちゃんのために算出された数字ですので、あなた自身の赤ちゃんの必要量に合わせて授乳量を調節するのを忘れないでください（93ページを参考にして計算してください）。しかし指定された授乳時間はそのまま守るようにしましょう。成長期の間は、7時、10時～10時30分、22～23時の授乳量をまず増やしてください。

をチェックしてください。ぬるいくらいが適温で、熱くてはいけません。一度ミルクを温めたら、もう一度温め直してはいけません。バクテリアが繁殖しやすく、ミルク育ちの赤ちゃんがお腹を壊す原因として知られています。

母乳でもミルクでも病院でもらえるアドバイスはほぼ同じで、「赤ちゃんが欲しがったら授乳をして、飲みたいだけ飲ませてください」と言われると思います。母乳育児のように、おっぱいの出を安定させるための努力は必要ありませんが、その他のトラブルは同じです。赤ちゃんが小さなうちは授乳間隔が空かず、3時間おきに授乳する必要があるかもしれません。

液体ミルクは日常的に使うには非常に高価で、ほとんどの方は外出時や緊急時に使っています。退院する前に、病院で使われているミルクと同じ銘柄の粉ミルクを、誰かに頼んで最低2缶は買っておいてもらいましょう。新生児に適したミルクであることを確認してください。ミルクを前もって作り置きすることは現在推奨されていません。授乳のたびに、一度沸騰させたあと、70度まで冷ましたお湯で1びんずつミルクを作るのが一番安全な方法だとされています。

衛生管理と消毒

授乳用グッズの消毒や粉ミルクの準備と保管など、衛生管理には最大限の注意を払わなければいけません。

ミルクを準備し道具を消毒する場所は、ゴミ一つなく清潔に保たれていなければいけません。

キッチンカウンターは、毎朝洗剤を混ぜたお湯で完全に洗い流しましょう。使った布巾《ふきん》を熱湯でしっかり洗って、洗剤が残らないように、もう一度きれいに拭き取りましょう。それからキッチンペーパーと殺菌スプレーを使って最後の仕上げ拭きをしてください。次のことを忠実に守れば、新生児がお腹を壊す原因となる細菌繁殖のリスクを減らすことができます。

●キッチンカウンターは前述の方法で毎日完璧に洗い流してください。

●授乳後は毎回、哺乳びんと乳首を冷たい水で十分にすすいで、洗浄と消毒に備えて洗い桶《おけ》に入れておきましょう。

●消毒を習慣化しましょう。集中して行えるように、疲れすぎていない時間を選んでください。赤ちゃんが長めのお昼寝に入る正午ごろを選ぶママが多いようです。

●抗菌作用のある石鹸《せっけん》を使って、お湯でしっかり手を洗いましょう。その後キッチンペーパーで拭いてください。キッチンタオルは細菌繁殖の温床ですので、使用しないようにしてください。

●お茶をいれようとしてもう一度お湯を沸騰させてしまうことがないように、ミルク専用の電気ケトルを1台用意してもいいでしょう。

●毎朝電気ケトルは空にして、きれいにゆすぎます。2分ほど蛇口から水を流し続けてからケトルに水を入れるようにしてください。

●使った哺乳びんを入れておく洗い桶に、お湯を張って洗剤を入れてください。哺乳びん専用の持ち手の長いブラシを使って、哺乳びん、乳首、乳首を取り付けるフード、キャップのすべてを、内側から外側まで丁寧に洗いましょう。哺乳びんの首部分とフードはとくに念入りに。その後すべてをしっかりすすぎます。洗い桶もきれいに洗ってすすぎ、すべての道具を洗い桶に戻してから熱いお湯を流し入れて、中のものが完全にすすがれているかチェックしましょう。

●消毒器は毎日きれいに洗い流しましょう。外れる部品は確認して、必要であれば洗ってすすいでください。その後、哺乳びんと乳首を、メーカーの説明書に従って消毒器にセットしてください。

ミルクの飲ませ方

いす、クッション、スタイ（ヨダレかけ）、ガーゼなど、必要なものはすべて前もって準備しておきます。母乳のときと同様に、ママはいすに楽に腰掛けましょう。初めのうちは、赤ちゃんを抱きかかえている腕をクッションにのせてサポートするといいでしょう。赤ちゃんの背中はできるだけまっすぐにして、体を倒しすぎないように支えてあげてください。図Aの抱き方で飲ませたほうが、図Bの抱き方よりも、赤ちゃんのお腹に空気が入り込みにくくなります。

●授乳を始める前に、一度哺乳びんのフードを緩めてからまた締め直してください。ほんの少しだけ緩めに取り付けます。締め方がきつすぎると空気が哺乳びんに入りにくくなり、赤ちゃんが吸ってもなかなかミルクが出てきません。

●ミルクが熱すぎないか必ずチェックしてください。少し温かいくらいがちょうどいいでしょう。赤ちゃんが熱いミルクに慣れてしまうと、授乳が進むにつれてミルクが冷めたときに飲むのを嫌

哺乳びんで授乳するときの
赤ちゃんの抱き方

A

B

図Bのように赤ちゃんの体を倒しすぎないこと。図Aのように抱くと、赤ちゃんのお腹に空気が入り込みにくくなる

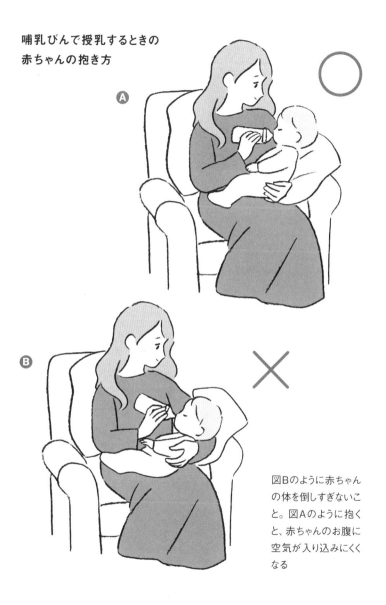

がるようになります。ミルクの温め直しや、たとえわずかな時間でも熱いお湯の中にミルクを入れっぱなしにするのは危険ですのでやめてください。

●授乳が始まったら、赤ちゃんが空気を吸い込みすぎないように、哺乳びんの角度を十分に上げて、乳首全体がいつもミルクでいっぱいになっているようにしてください。まず赤ちゃんが欲しがるだけ飲ませて、その後、様子を見てげっぷをさせます。まだしたくないときにげっぷをさせようとすると、赤ちゃんの機嫌が悪くなります。

●ミルクをほとんど飲んで、げっぷもすませたあと、10〜15分休憩して、その後再び残りのミルクを飲む赤ちゃんもいます。はじめのうちは途中に休みを挟みながら飲んで、ミルクを終わらせるのに40分かかることもあります。

●6〜8週目には、20分ほどで飲み終わることが増えてきます。授乳にかなり時間がかかったり、飲んでいる途中にいつも居眠りしたりする場合は、乳首の穴が小さすぎるのかもしれません。この時期に、乳首をサイズアップする必要がある赤ちゃんも出てきます。

●ミルクを飲むのに時間がかかり、ほんの少し飲んだだけでやめてしまうときは、授乳間隔を少し長めにしてみてください。睡眠に関しては月齢通りのスケジュールを使用して、授乳は1ステージ先に進んでもいいかもしれません。

●60ミリリットルほど飲んだところで赤ちゃんが授乳を嫌がり始めたら、だましだまし一度に飲ませるよりも、途中で休憩を挟んだほうが賢明です。ベストな対処法は、まず飲みたいだけ飲ませて、その後20～30分様子を見ます。通常、10分もすると再び残りを飲み始めることが多いため、1時間ずっと必死にミルクを飲ませようと頑張る必要はありません。

●まれに10～15分でミルクをすべて飲みきって、もっと欲しがる赤ちゃんがいます。「よく飲む赤ちゃん」だと思われていますが、実際はほとんどの場合、お腹がすいているのではなく、「吸うことが好きな赤ちゃん」なのです。吸う力がたいへん強いために、あっという間にミルクを飲み干すことができます。吸うという行為は、赤ちゃんにとってミルクを飲むための手段というだけでなく、生まれてすぐできる遊びの一つでもあるのです。授乳のたびに必要量をあっという間に飲みきってもっと欲しがる場合は、乳首の穴の大きさを小さいものに替えてみてもいいでしょう。

●授乳のあとにおしゃぶりをあげると、赤ちゃんの「吸いたい」という欲求を満たすのに効果があるかもしれません。母乳育ちの赤ちゃんは40分、もしくはそれ以上おっぱいを吸っています。あっという間にミルクを飲みきって、それでも機嫌がよくない場合は、吸いたいという欲求を満足させるために、おしゃぶりをあげてもいいかもしれません。赤ちゃんが体重に合った量のミルクを飲んでいるか心配なときは、必要な量を助産師や医師に相談してください。

ミルク育児を成功させるには

ミルク育ちの赤ちゃんは、体重別に推奨されている量以上のミルクをあげていると、あっという間に体重が増えてしまいます。１日に60～90ミリリットル多めにあげる程度であれば問題はありませんが、飲ませすぎで毎週のように２４０グラム以上体重が増えていると、ゆくゆくは太りすぎて、ミルクだけではお腹がいっぱいにならなくなります。離乳食を始めてもいい時期が来る前にこのような状況になるのは問題です。ミルク育児を成功させるために、次のアドバイスを参考にしてください。

●ミルクをあげる前に、乳首を付けているフードをほんの少し緩めてください。締め方がきつすぎるとミルクの流れが悪くなります。

●ミルクの温度を必ず確認しましょう。熱く感じるような温度ではなく、生ぬるい程度が適当です。

●ミルク育ちの赤ちゃんはお腹に空気が入りやすく、トラブルになりがちですので、授乳を始める前に、赤ちゃんを楽な姿勢で正しく抱きかかえているかを必ずチェックしてください。

●月齢の低い赤ちゃんは、授乳の途中で休憩が必要なこともあり、授乳を終わらせるのに１時間かかることもあります。

●朝７時の授乳の時間がきてもまだ眠っていて、目が覚めてもそれほどお腹がすいていない場合は、朝の授乳状況が改善するまで、夜中の授乳の量を１日10ミリリットルずつ減らしてください。急に量を減らして朝早く目を覚ますことがないように気を付けましょう。

●量を減らしたせいで夜中の授乳が２回になってしまった場合は、朝７時までお腹がもつように、欲しがるだけミルクをあげてください。７時の授乳量が少ないのはそのままで構いませんので、次の授乳の時間を少し早めて、さらにランチタイムのお昼寝の直前にもミルクを足してください。
●成長期がきたら、ガイドラインに沿って正しい時間帯の授乳量を増やしてください。量を増やす回を間違えると、飲んでほしい時間に飲む量が減ったり、授乳を飛ばしたりすることにもなりかねませんので、注意してください。

ミルクのあげすぎに注意

母乳育ちの赤ちゃんと違って、ミルク育ちの赤ちゃんに一番よくある初期のトラブルは、ミルクの与えすぎです。哺乳びんからミルクを飲むのが速すぎて、「吸いたい」という赤ちゃんの本能的な欲求を十分に満足させることができず、口から哺乳びんを離すと泣き出す赤ちゃんがいるせいだと私は考えています。泣いている赤ちゃんを見てお腹がすいていると解釈するママが多いため、結局もう1びん、ミルクをあげてしまうのです。このミルクのあげすぎが習慣化して、結果赤ちゃんの体重は毎週みるみる増加していきます。この問題を放置しておくと、離乳食を始めるには小さすぎるのに（6カ月未満）、ミルクだけでは食欲を満足させることができなくなってしまいます。

授乳時に30ミリリットルほど多めにミルクをあげなければいけないことがあるのは普通ですが、毎日150ミリリットル以上多く飲んで、毎週240グラム以上体重が増えているときはとくに注意が必要です。ミルク育ちで、吸うのがとくに好きな赤ちゃんだと感じたら、私は「吸いたい」という欲求を満たすために、授乳後におしゃぶりをあげていました。赤ちゃんがミルクを飲みすぎているのではと心配なときは、保健師か医師に相談してください。

6カ月未満の赤ちゃんに湯冷ましを与えること

赤ちゃんが8～12週で夜中に目を覚ます場合、それが習慣になっているせいであれば、30ミリリットル程度の湯冷ましを与えることが長い間推奨されていました。本書の初版では、赤ちゃんが湯冷ましを嫌がらず、飲んだら再び2時間ほど寝る場合にはその方法をすすめていました。近年、湯冷ましに関するアドバイスに改定があり、現在は6カ月未満の赤ちゃんに湯冷ましをあげることは推奨されていません。月齢が6カ月以上で、夜中に目を覚ます理由が空腹ではない場合は、湯冷ましを30ミリリットル与えて再び眠りに戻るのを待つのは有効です。

しかし、眠りに戻るのを嫌がったり、眠っても30～40分後には目を覚ましたりするのであれば、湯冷ましをあげる意味はありません。湯冷ましをあげても赤ちゃんが泣きやまないのに何日も続けていては、赤ちゃんが夜寝ない状態を助長しているようなものです。飲むだけ飲んだらすぐに寝ついて朝まで眠っているようであれば、のちのち夜中の授乳が自然と必要なくなりますが、目を覚ますたびに湯冷ましやおしゃぶりや抱っこで寝かしつけられている赤ちゃんは、夜中の授乳を減らすことに苦労するはずです。しかし、本当にお腹をすかせて目を覚ましていることがないように、日中の授乳の状況を見直し、必要なところは改善することが重要です。

授乳に関するQ＆A

Q 私は胸がとても小さく、赤ちゃんが必要な量のおっぱいが出ないのではないかと心配です。

A ●胸のサイズと母乳の量は関係がありません。形や大きさに関係なく、おっぱいにはそれぞれ15～20の乳管があり、一つひとつの乳管に母乳を作る乳腺房がいくつもつながっています。母乳はこの乳腺房の中で作られ、赤ちゃんが吸ったときに乳管を通って押し出されます。

●最初のうちは、赤ちゃんに頻繁におっぱいを吸ってもらいましょう。胸に刺激を与えて分泌をよくするためにも1日に最低8回の授乳が必要です。

●脳にもっと母乳を作るように信号を送り、赤ちゃんが大事な後乳を飲むことができるように、最初の胸を完全に飲みきったのを確認してから、もう片方の胸に移りましょう。

Q 友人は母乳が出始めた頃、ひどい痛みに悩まされていました。胸の張りによる痛みを和らげる

ために何かできることはありますか。

A

●頻繁におっぱいをあげてください。日中は3時間以上、夜中は4〜5時間以上授乳間隔が空かないように気を付けましょう。

●授乳の前に温かいお風呂に入ったり、お湯に浸して温めたタオルを胸に当てたりすると、母乳の流れをよくするのに効果的です。必要であれば、授乳の前に軽く手で搾ると、赤ちゃんがおっぱいに吸い付きやすくなります。

●湿ったタオルを冷蔵庫で冷やし、授乳後に胸に当ててください。血管が収縮し、腫《は》れを抑える効果があります。

●外側から2枚目のキャベツの葉を冷蔵庫で冷やし、授乳と授乳の間にブラジャーに挟んで胸に当てておきます。

●授乳用のブラジャーは、サイズがぴったりで、胸をしっかりサポートできるものを身に付けてください。乳首を押しつぶすことがないように、脇の部分がきつすぎないか確認しましょう。

Q **痛みに耐えられず、母乳育児をあきらめてしまった友人がたくさんいます。**

A

●おっぱいをあげ始めたばかりの時期に痛みを感じる理由は、授乳時の赤ちゃんの抱き方が正しくないケースがほとんどです。赤ちゃんが乳首の先端を噛《か》むことになると、かなりの痛みを伴う上、乳首が切れて出血することもあります。赤ちゃんも十分飲むことができませんので、すぐにお腹がすいておっぱいを欲しがり、また乳首を傷付ける、という悪循環に陥ります。
●必ず赤ちゃんのお腹とママのお腹をくっつけるように抱っこしましょう。乳首全体だけでなく、乳輪もできるだけ大きくくわえられるように、赤ちゃんの口が十分開いているのを確認してください。
●赤ちゃんをきちんと抱きかかえるには、ママもゆったりといすに座っているのが重要です。背もたれがまっすぐで、赤ちゃんを抱いている腕を支えられるようにクッションを置けるアームがあると理想的です(79ページ)。腕をのせておく場所がないと、赤ちゃんを正しい位置にずっと抱きかかえているのはかなり大変です。位置がずれると赤ちゃんが乳首を引っ張ることになりますので、ひどい痛みを伴います。

Q 生後3週間の赤ちゃんがいます。一度の授乳でおっぱいを両方あげるように言う人と、片方だけで十分だと言う人がいて、混乱しています。

A ●赤ちゃんの様子をよく見て決めましょう。片方の胸から飲むだけで、その後3時間は機嫌がよく、毎週順調に体重が増えているようであれば、片方だけで明らかに十分です。3時間という目安は、授乳を始めた時間から次の授乳を始める時間で計ってください。
●授乳後2時間もするとお腹がすいている、または、夜中に二度以上目を覚ますときは、もう片方のおっぱいも与えたほうがいいでしょう。とくに、おっぱいの出が悪くなる夕方以降は、両胸から授乳する必要があるかもしれません。

●必ず最初の胸を完全に飲みきっていることを確認してから次の胸に移ってください。親指と人差し指で乳首の周りを軽く搾ると確認できます。

Q 授乳中は特定の食べ物を避ける必要がありますか。

A

●妊娠中と同様、バランスのとれた健康的な食事を心がけてください。加えて、食事と食事の間にヘルシーなおやつをつまんで、エネルギーを補給してください。

●鶏肉、赤身の肉、魚などのたんぱく質を豊富に摂取しましょう。ベジタリアンの人は、代わりに豆類や穀物を食べるようにしてください。経験上、ママがたんぱく質を十分食べなかった日は、赤ちゃんの機嫌がいつもより悪くなることが多いような気がします。

●乳製品がコリックを誘発すると指摘する研究もあります。赤ちゃんがコリックになってしまったときは、授乳中の乳製品の摂取について小児科医に相談してください。

●人工甘味料やカフェインは避けるべきです。カフェインはコーヒーだけでなく、紅茶やソフトドリンク、チョコレートにも含まれていることを覚えておいてください。赤ちゃんのお腹の調子が悪くなる可能性があります。

●ママがイチゴ、トマト、マッシュルーム、玉ネギ、フルーツジュースを大量に摂取すると、赤ちゃんの機嫌が悪くなることが多くありました。これらをすべて食べるなとは言いませんが、赤ちゃんがお腹の痛み、下痢、過度のおなら、異常に泣きじゃくるなどの症状を示したら、その12～16時間前に摂取した食事と飲み物をすべて記録しておきましょう。

●中東とアジアでは、母乳をあげているママたちは、通常よりも薄味の食生活を心がけて、極端にスパイスの効いたお料理は食べないようにしているようでした。最初のうちは、非常に辛《から》い食事は避けるようにしましょう。

Q **生後2週間の赤ちゃんがいます。おっぱいが欲しくて泣きながら目を覚ましますが、5分も飲んでいるとまたすぐに眠ってしまいます。そしてその2時間後にはまたおっぱいを欲しがるため、私はもうへとへとです。**

A ●授乳を始める前に、赤ちゃんが完全に目を覚ましていることを確認してください。ベビーベッドの中でおくるみを外し、パジャマから足を出して、肌が冷たい空気を感じて自然と目を覚ますようにしましょう。その後、授乳を始めます。

●いつも授乳中に眠ってしまう赤ちゃんは、あまり暖かくしすぎないことが肝心です。厚着はさせず、お部屋も暖めすぎないようにしてください。プレイマットをあなたの隣に置いて、赤ちゃんが眠りそうになったらすぐにプレイマットに移動させましょう。必要であれば、服を脱がせてください。体を伸ばしたり、キックしたりしやすくなります。数分もすると、赤ちゃんは床に置かれたことが嫌でぐずりだしますので、そうしたらもう一度抱っこして、同じ胸からさらに数分授乳を続けてください。この作業を2〜3回繰り返さなければいけないかもしれません。最初の胸から20分飲ませたら、しっかりげっぷをさせて、おむつを替えましょう。お乳が最初の胸にまだ残っている場合は、もう一度同じほうから飲ませます。空の場合は、もう片方のおっぱいに切り替えます。

●可能であれば、搾乳したお乳を使って夜22時台の授乳をパパに代わってもらいましょう。こうすれば、ママも一晩のうちに少なくとも数時間はまとまった睡眠をとることができます。

Q

息子は生後16週目です。ここ2週間ほど、授乳をするのがどんどん大変になってきました。11週目には夜中の授乳はなくなったので、22時台の授乳以降、朝まで何も飲んでいないにもかかわらず、朝7時の授乳にもあまり興味を示さず、60ミリリットルほどしか飲みません。そのあと午前11時の授乳まで、泣いたり泣き止んだりを繰り返します。11時より前に授乳すると、ランチタイムのお昼寝でよく眠らず、1時間もするとお腹をすかせて起きてしまいます。その時点で授乳をすると、その後の午後の授乳の時間がすべて狂ってしまいます。

A

●朝7時の授乳でしっかり飲むように、22時台の授乳量を減らしてみてください。恐らく離乳食が始まるまではこの時間の授乳は続ける必要がありますが、90〜120ミリリットルまで少しずつ量を減らして7時の授乳の状況が改善するか様子を見ましょう。これで7時の授乳量が増えるようであれば、90〜120ミリリットルのまま続けてください。

●22時台の授乳量を減らしたせいで朝早く起きるようになってしまったときは、量を再び増やしてください。そのせいで朝飲む量が減っても、しばらくの間は仕方がありません。朝早く起きてしまったり、夜中の授乳がまた始まってしまったりするよりもいいはずです。

●7時に飲む量が改善するまでは、11時よりも前に次の授乳を開始する必要があります。恐らく10時15分までには授乳しなければいけませんが、ランチタイムのお昼寝でよく眠るように、11時15分〜30分に少しミルクを足してください。

●成長期には、朝の授乳時のミルクの飲み方が速くなるのに気付くと思います。お腹をすかせて朝早く起きるようになることもあります。その場合は、7時まで眠るように1週間ほど22時台の授乳の量を増やしてみてください。離乳食が始まるまでは、このまま多めにあげ続ける必要があるかもしれません。しかし朝の授乳でまた飲みむらが出てきたら、もう一度、22時台の授乳量を減らす必要が出てくるかもしれません。

第4章　睡眠について

子育てをする上で一番誤解が多く、混乱しやすいのは、恐らく睡眠に関する問題でしょう。最初の数週間は、赤ちゃんはおっぱいを飲んで眠るだけだと勘違いしているからです。大多数の赤ちゃんはそうなのですが、イギリスに赤ちゃんや子どもを専門とした睡眠カウンセラーが山ほどいることから、そうでない子もたくさんいるのがわかると思います。あなたの赤ちゃんが、いつも機嫌が悪く寝つきが悪い後者の場合であっても、落ち込む必要はありません。これは赤ちゃんのその後の睡眠習慣とは関係ないからです。

私がお世話をした赤ちゃんの大多数は、生後8〜12週目には夜の最後の授乳から朝6、7時まで夜通し眠るようになりました。それより早く夜通し眠るようになった赤ちゃんもいれば、夜中の授乳がもっと長く必要だった子もいました。私があなたの赤ちゃんの状況を個人的に把握しているわけではありませんので、いつ夜通し眠るようになるかという質問にお答えすることはできません。というのも、それにはたくさんの要因が絡んでくるからです。たとえば、低出生体重児だったり、生後1カ月過ぎまでスケジュールを始めなかったりした場合は、夜通し眠るようになるにはもう少し時間がかかるかもしれません。

ここで忘れてはいけない大事なポイントは、あなたが達成しようとしているのは、夜はすんなり就寝し、22時台の授乳のあとは再び眠りに戻り、夜中の授乳で一度は目を覚ましても、それがすんだらそのまま翌朝の6〜7時まで目を覚まさないという規則正しい睡眠パターンを赤ちゃんに身に付けさせることだという点です。これを無理なくできるようにお手伝いするのが「ジーナ式スケジュール」の目的であって、授乳せずにできるだけ早く赤ちゃんを夜通し眠らせるようにすることではありません。本書で示されたガイドラインを守り、必要であれば赤ちゃんのニーズに合わせてスケジュールを微調整すれば、準備が心身ともに整った時点で、夜中の睡眠時間が延びてくるはずです。達成のポイントは、スケジュールが定着するまで根気強く待ち、一貫した姿勢で取り組むことです。いったんスケジュールが定着すれば、多くの親が経験してきた何カ月も続く睡眠不足の日々に悩まされることはありません。

小さいうちから夜通し眠り、健康的な睡眠習慣を長期的に定着させるための大原則は、**①赤ちゃんに「ねんねの時間」として覚えさせる「サイン」を正しいものと関連付けること**、そして、**②病院から戻ってきたその日から赤ちゃんの授乳時間を管理すること**です。必要な栄養のほとんどを日中に摂取できれば申し分ありません。飲めなかった分を次の授乳で余分に飲めるほど赤ちゃんのお腹は大きくありませんので、お昼寝の時間が長すぎるせいで授乳を1回抜いてしまうと、結局夜中の授乳の量が増えることになります。

病院のスタッフや育児書の多くは、新生児の時期は赤ちゃんが欲しがるときに何度でもおっぱいをあげる「ディマンド・フィード」で授乳をするようにアドバイスしています。ママは、「赤ちゃんの不規則な睡眠と授乳時間は普通のことで、3カ月もすると楽になる」と教えられます。1999年に初めて本書を出版してから、何千人もの困り果てた親から電話、メール、手紙が来ました。赤ちゃんの年齢は生後3カ月から3歳と多岐にわたっていましたが、全員が睡眠や授乳に関する深刻な問題を抱えていました。このことからも、3カ月までには自然と赤ちゃんの生活リズムが整うというアドバイスが誤りだということがわかると思います。

生後3カ月ごろには夜通し眠れるようになるという点では同意見の専門家もいる一方で、そこに至るまでの方法を教えることの重要性はあまり強調されません。何もわからず疲れきったママは、3カ月目に状況が奇跡のように改善すると信じています。しかし、赤ちゃんが昼と夜の違いや、お昼寝と夜の睡眠は別のものだと学ばなければ、つまり、親が1日目から授乳スケジュールを組み立てておかなければ、なかなかそうはなりません。お腹をすかせて夜通し2時間おきに目を覚ますのを防ぐには、日中に少量ずつ頻繁に授乳をするのが不可欠です。

コンサルタントとして働き始めてからは、産科の病室から必死になったママたちが電話をかけてきました。理由はいつもだいたい同じです。「18〜5時の間に2時間おきに授乳をしていて、1回に1時間近くかかっている。疲れ果て、乳首も切れてしまっている」、と言うのです。

赤ちゃんは日中どんな様子かを尋ねると、通常「日中はとてもいい子なんです。授乳すると

4時間かそれ以上眠ることもあります」という答えが返ってきます。

新米ママたちにいまだに矛盾したアドバイスが与えられているのは理解に苦しみます。新生児の頃は1日に8〜12回の授乳が必要だと教えながら、同時に日中の授乳と授乳の間に何時間も眠らせておいてもいいと言っているのです。6時から18時の間の授乳回数が4回以下では、足りない分を補うために赤ちゃんが夜中に何度も目を覚ましても不思議はありません。これが私がディマンド・フィードに反対する理由の一つです。新生児期は、多くの赤ちゃんは「自らおっぱいを欲しがらない」という事実が考慮されていないのです。

睡眠とディマンド・フィードの関係

赤ちゃんが飲みたいときに飲みたいだけ飲ませるディマンド・フィードという言葉は頻繁に使われていて、この言葉が「生まれたばかりの頃から赤ちゃんをスケジュールにはめ込むと、必要とされる栄養を十分摂取できないばかりか、場合によっては精神的にも悪影響がある」という誤解を生む原因になっています。時代遅れの4時間おきの授乳は、母乳であれミルクであれ新生児には合っていないという意見には賛成ですが、「欲しがったときに（ディマンド）、授乳する（フィード）」という言葉はあいまいに使われすぎです。

残念ながら、赤ちゃんとママが病院を出る頃には、夜中に眠らなくなるようなリズムができあがっていることが多いようです。授乳と授乳の間に何時間もお昼寝をしているせいで、夜は一晩中お腹をすかせて2時間おきに授乳する必要が出てきます。夜中にほとんど目を覚ましているせいで、代わりに日中は長時間お昼寝をしている、という悪循環が始まります。しかし、このような睡眠と授乳のパターンが多くの専門家によって推奨されているのです。というのも、彼らはこと授乳に関しては赤ちゃんが主導権を握るべきだと考えているからです。

たくさんの双子や低出生体重児のお世話をしてきた経験から、それがまったくナンセンスな意見だということに気付きました。というのも、そのような赤ちゃんのお世話をしに行ったときに、病院で授乳の時間がすでにきっちり管理されていたのを目にしたからです。低体重の赤ちゃんの命は、授乳を少しずつ頻繁に行えるかどうかにかかっています。病院スタッフは、授乳の間隔が長く空かないように細心の注意を払っていました。この経験が、私のメソッドを確立する上で大変役に立ったのです。

反対意見の方がほのめかすこととは真逆で、ジーナ式は、赤ちゃんにおっぱいを飲ませないようにするためのメソッドではなく、赤ちゃんが確実に十分な量を飲めるように導くためのものなのです。すでに申し上げた通り、私は、おっぱいを積極的に欲しがる赤ちゃんではなかったために、脱水症状で命を落としかけた赤ちゃんを実際に見てきました。このことからも、一定の間隔で起こしておっぱいを飲ませるよりも、ディマンド・フィードのほうが赤ちゃんを危険に晒《さら》すことになると、さらに確信を深めたのです。

母乳は「赤ちゃんが欲しがるだけ作られる」という需要と供給の原則に基づいているため、ディマンド・フィードで育てられている赤ちゃんは、2〜3週間もすると、夜だけでなく日中も2時間おきにおっぱいを欲しがるようになります。これはそれまでの授乳パターンが母乳の出方に影響を与えたせいで起こります。授乳頻度が高いせいで、赤ちゃんがおっぱいを飲みながら眠ってしまうことがどうしても増えてしまうからです。これがしばしば長期的な睡眠の問題に発展することがあります。

2〜3時間おきの授乳のせいで夜に眠れず疲労困憊《こんぱい》の日々を何カ月も過ごした親たちは、赤ちゃんの睡眠の専門家を訪れたり、夜通し眠らせるにはどうすればいいかが書かれた本を何冊も購入したりします。そして自分たちが今までやってきた方法はすべて間違いだと言われるのです。赤ちゃんがよく眠らない本当の理由は、「授乳」「ゆらゆら抱っこ」「背中をトントン叩く」などの行為を睡眠と関連付けてしまったせいなのです。

赤ちゃんがよく眠るかどうかは、**①授乳がどれくらいうまくいっているか、②赤ちゃんが眠りを何と関連付けているか**、にかかっています。赤ちゃんが健康的な睡眠習慣を身に付けられるように、授乳時間を管理するだけでなく、赤ちゃんの睡眠のリズムを理解して、早い時期から正しい「ねんねのサイン」を定着させることが大事なのです。

睡眠のリズムを理解していれば、それぞれの赤ちゃんのニーズに合わせてスケジュールを修正する場合や、スケジュール通りに進めることができない場合にも、役に立ちます。

睡眠のリズム

生後数週間は、新生児は1日およそ16時間を眠って過ごすというのが一般的な見解です。そしてそれが長い眠りと短い眠りに分かれています。最初のうちは、授乳は少しずつ頻繁にする必要があり、これが睡眠のリズムと密接に関わっています。おっぱいをあげ、げっぷをさせて、おむつを替えていると、1時間かかってしまうこともあり、その後赤ちゃんはすぐに深い眠りに落ちます。しっかり飲んでいれば、次の授乳まで目を覚まさないことが多いはずです。24時間のうちに6~8回授乳をして、それぞれに45分から1時間かけていると、赤ちゃんは1日におよそ16時間眠っている計算になります。

しかし3~4週目には、赤ちゃんはもっと活発になって、授乳のあとそのまま深い眠りにつくことはなくなります。この時期にリズムが狂い始め、間違った「ねんねのサイン」が身に付いてしまうことが多いのです。赤ちゃんは授乳後はすぐに寝るものだと信じきっているパパとママは焦って、赤ちゃんの眠気を誘おうと、おっぱいをあげたり、抱きあげて揺らしたり、おしゃぶりをくわえさせたりします。これくらいの時期に、睡眠ステージがはっきり分かれてくることに気が付かないのです。

大人のように、赤ちゃんもまず浅い眠りから夢を見る「レム睡眠」に入り、その後深い眠りに移ります。このサイクルが赤ちゃんは大人より短く、30～40分程度続きます。浅い睡眠に入ったときにモゾモゾ体を動かすだけの赤ちゃんもいれば、完全に目を覚ましてしまう子もいます。ちょうど授乳の時間と重なっていれば問題はありませんが、それが授乳のたった1時間後で、赤ちゃんがもう一度自分で寝つくことができないために前述の方法で寝かしつけ続けていると、この先何カ月にも及ぶ問題に発展してしまう可能性があります。

最近の研究によると、夜中の赤ちゃんは全員ほぼ同じ頻度で浅い眠りに入り、そのたびに目を覚ましていることがわかっています。寝かしつけられるのに慣れてしまっている寝つくのが下手な赤ちゃんだけが、自分で深い眠りに戻ることができないのです。小さい頃からよい睡眠習慣を作りあげるには、間違った「ねんねのサイン」を刷り込まないことが重要です。ジーナ式はおっぱいをよく飲んで、疲れすぎたり、間違った「ねんねのサイン」を身に付けたりすることがないように組み立てられているのです。

就寝時間を定着させましょう

新生児が出生時の体重に戻り、その後も順調に体重が増えていれば、18時30分～19時を就寝時間として定着させましょう。21時の授乳の時間がきても起こさず、代わりに22時前後に授乳してください。そしてこの時間を少しずつ22時30分まで遅らせていきます。また、この時期は夜中の睡眠時間が伸びてくる頃です。22時30分の授乳でしっかり飲んで、23時から23時30分に再び寝ついたら、その後は午前2～3時まで眠ってくれるはずです。ここでもう一度たっぷり飲んで1時間以内に眠りに戻ったら、翌朝の6～7時まで起きることはないはずです。

それには22時台の授乳で赤ちゃんがしっかり目を覚ましてきちんと必要量を飲み干していなければいけません。最初のうち、深夜24時以降にいつ頃目を覚ますかは、22時台の授乳で赤ちゃんがどれくらいしっかり目を覚まし、どれくらいたくさん飲んでいるかで決まります。赤ちゃんが夜中にまとまった時間眠るように、22時台の授乳にしっかり時間をかけてください。

どれくらいの期間で夜通し眠るようになるかは、毎日同じ時間に就寝し、19～22時の間にぐっすり眠れているかどうかで決まります。18時の授乳でしっかり飲んで22時までぐっすり眠れれば、この時間に気持ちよく目を覚まして、たくさん飲むことができるからです。しかし、就寝時にスムーズに寝つくのを習慣付けるには、ほかにも要因があります。まず、17～18時15分の授乳でお腹をすかせて全量飲みきるように、日中の授乳と睡眠のリズムをしっかり管理すること。また、19時には眠る準備ができているように日中眠らせすぎないことです。

就寝時間に赤ちゃんを寝かしつけるのに苦労している親から、たくさんの電話やメールをもらいます。就寝後も断続的に授乳をしていると、ほとんどの場合22時30分の授乳のときにあまりお腹がすいていないという事態に陥ります。そうなると、赤ちゃんは午前1時ごろに目を覚ますことになり、その後もたいてい早朝4～5時にもう一度お腹をすかせて起きてしまうのです。

就寝時間を定着させるには、18時30分〜19時にたっぷりおっぱいを飲んで眠る準備ができていなければ不可能です。たとえば夕方長時間寝かせてしまうと、たとえ授乳がうまくいっても19時にすんなり寝つくことはなかなかありません。夜中に赤ちゃんをぐっすり眠らせるための鍵は、日中の行動が握っているのです。

定期的に体重が増えていれば、順調に成長している証拠です。成長につれて1回の授乳で飲める量が増えて、授乳間隔も空いてくるはずです。この長めの睡眠が19〜22時の間と、22時30分の授乳後、そして夜中の授乳のあとに起きるのが理想です。これは何もしないで自然にそうなるわけではありません。大変かもしれませんが、日中は月齢ごとに決められている授乳時間に合わせて赤ちゃんを起こして授乳するのがポイントです。しかし常識的に考えても、成長とともに飲める量は増えていくはずですので、日中、一定の間隔で飲んでいれば、自然と夜中に必要な量は減っていきます。

可能なときは必ず朝7時にスタートして、スケジュールの時間通りに進めてください。決められた時間に必要な量をしっかり飲ませて、その後一定時間起こしておきます。こうすることで、19時にすんなり寝つき、就寝時間を定着させることができるようになります。

しっかりおっぱいを飲み、19時にはすんなり寝ついて22時までぐっすり眠るようであれば、22時台の授乳のあとに長時間眠り始める可能性が高くなります。それには22時台の授乳時にしつかり目を覚まし、全量飲みきっていなければいけません。

月齢の低い赤ちゃんは疲れるのも早いので、就寝の準備を遅くとも18時には始めてください。その日のお昼寝であまりよく眠らなかったときは、もう少し早めに始める必要があるかもしれません。赤ちゃんが興奮しないように、入浴は静かに落ち着いた雰囲気で行うようにしてください。入浴のあとは、目を合わせたり話しかけたりするのは必要最小限にします。

赤ちゃんが眠り込んでしまう前に素早くベビーベッドに移せるように、就寝前の授乳の最後の部分は、赤ちゃんが眠る部屋で薄明かりの中で行ってください。

友人や家族などの来客がいるときはそちらの都合に合わせがちで、スケジュール通りに進めるのは容易ではなく、大変な努力を要します。しかし私が話した親たちは、赤ちゃんが夜中にどんどん長く眠るようになり、最終的には朝7時という魔法のような時間まで夜通し寝るようになったのも、最初の頃の頑張りのおかげだとみんな口を揃えて言っています。

19時の就寝ですんなり寝つき、22時台の授乳でたっぷり飲んで、夜中にどんどん長く眠るようになるためのヒントを次にまとめましたので、参考にしてください。

- 日中は、月齢に合わせたスケジュールにできるだけ沿って過ごし、起きている時間を管理してください（197ページの図5-3を参照）。
- 最初のうちは、18時30分に寝かしつける必要がある赤ちゃんもいます。
- なかなかうまく寝つかないときは、お腹がすいているせいかもしれませんので、搾乳したお乳か、

30ミリリットルほどミルクをあげてください。

●授乳後、ママの腕からベビーベッドに移す段階で完全に目を覚ましてしまうことがないように、授乳はできるだけベビーベッドの近くで行ってください。

●授乳後のげっぷは、縦抱きで肩にのせるよりも、座らせるような姿勢で行いましょう。眠る直前の赤ちゃんは、肩にのせて抱っこしているとあっという間に眠り込んでしまいます。すると、ベビーベッドに寝かされた途端に、嫌がって泣き出すことが多いのです。ママの肩にお腹を付けて抱かれているときの心地よさがなくなってしまうせいです。

朝早く目を覚ます

朝起きる時間が早い子になるかどうかは、生後1年目で決まるというのが私の持論です。それを避けるには、夜は真っ暗な部屋で寝かせて、7時より前の授乳はすべて「夜中の授乳」として行うことが不可欠です。話しかけたり目を合わせたりするのは最小限に抑えて、7時まで寝かしつけます。6時～6時30分の間に目を覚ましてしまったときは、生後2カ月未満なら7時30分まで寝かせておきます。生後2カ月以上の場合は7時15分までに起こしてください。日中のお昼寝時間を計算する際は、朝7時から夜19時の間に眠っている時間をすべて足してください。

このやり方は私がお世話をしてきた何百人もの赤ちゃんで効果があった方法です。いったん夜通し眠るようになったら、朝7時前に起きてしまう子はひとりもいませんでした。5～6時に目を覚まして、しばらく独り言を言ったり歌ったりする子もいましたが、その後再び眠りに戻っていました。

本書の初版出版後、赤ちゃんが早朝に起きてしまうという悩みを抱える多くのパパやママと話をする機会がありました。そのおかげで、赤ちゃんが朝早く目を覚ましてしまう理由が明らかになったのです。ほぼすべてのパパとママに共通していたのは、「赤ちゃんが自然に目を覚ますのを待つように」というアドバイスを実践していないという点でした。お昼寝から目を覚ました途端にベビーベッドから赤ちゃんを抱き上げているのです。それが続けば、朝早く目を覚ましたときにも同じことをしてもらえると赤ちゃんが期待するのも無理はありません。

生後8～12週目になると、ほとんどの赤ちゃんは目を覚ましてもすぐにはおっぱいを欲しがらなくなります。この時期に、目を覚ましたあとしばらくベビーベッドでひとりにしておきます。こうすることで、起床時間が早い赤ちゃんになる確率はぐんと下がるはずです。同時に次のガイドラインも参考にしてください。

●ある研究によると、暗闇では脳の働きが変化し、眠るための準備を始めることがわかっています。生後6カ月以降は、寝室で眠るときにはカーテンやドアの隙間から光が一切漏れていないことを確認してください。眠りが浅くなると、ほんの少しの光でも完全に目を覚ましてしまうことがあります。寝室には遮光カーテンを用意しましょう。

●6週未満の赤ちゃんは「モロー反射」が強く、とくに新生児期はよく起こります。大きな音に驚いたり、乱暴に寝かされたりしたときなど、腕や足を発作的に動かします。モロー反射が完全になくなるまでは、上掛けをマットレスの下にたくし込むのが重要です。シーツと上掛けは横長に使用し、ベビーベッドの幅を完全に覆うようにセットします。マットレスとベビーベッドの柵の隙間に、丸めたタオルを挟み込みます。赤ちゃんがベッドの頭側に動いて上掛けから体が出てしまう場合は、超軽量のスリーパーを使用し、その上から掛けシーツを掛けて挟み込んでください。

●夜の授乳を減らして赤ちゃんを無理やり夜通し眠らせようとしてはいけません。朝7時までぐっすり眠るように、夜中の授乳は赤ちゃんが欲しがるだけあげ続けてください。毎日7時まで眠るようになり、朝一番の授乳でお腹がすいていないようであれば、夜の授乳の量を少しずつ減らしていきましょう。

●授乳時間が早朝5〜6時の間でも、夜の授乳と同じ方法で行います。アイコンタクトやお話は最小限にして、部屋は薄暗くしてください。本当に必要な場合を除いて、おむつも替えないでください。7時まで眠るように、赤ちゃんが欲しがるだけあげるのが重要です。量を制限して赤ちゃんが6時半に目を覚ましていては意味がありません。

●早朝5〜6時の間に授乳した場合は、8時にさらに授乳をする必要が出てきます。飲む量がそれほど多くないと思いますので、次の授乳時間の前におっぱいを欲しがるかもしれません。7時近くまで眠るようになるまでは、「5～6時と、7時30分～8時」、そして「10時～10時30分と、11時30分～12時」というように、授乳を2回に分ける必要があることが多いようです。2回に分けることでランチタイムのお昼寝でぐっすり眠り、スケジュールを再び軌道に乗せるのが目的ですので、授乳回数が昔のように増えてしまったと心配することはありません。7時近くまで眠るようになったら、授乳を1回に戻し、11時に次の授乳を行います。これでランチタイムのお昼寝がうまくいかなければ、寝る直前に軽く授乳をしてください。

●6～7カ月になって離乳食が軌道に乗り始めるまでは、22時30分の授乳はやめてはいけません。離乳食を始める前に成長期がきたら、お腹をすかして早く目を覚ますことがないように、この時間の授乳の量を増やすことができるからです。

●22時台の授乳を嫌がったり、飲んでもほんの少しで1時間後には目を覚ましたりしてしまう場合は、この時間の授乳をやめる以外方法はありません。少ししか飲まないのに、そのために夜中に二度も三度も起きることはありません。しかし、やめた後の数週間は、午前24時と朝7時の間に2回は目を覚ますことになると思います。たとえば、24時に授乳をしたら、次に再び4時から5時の間にお腹をすかせて起きるはずです。24時に授乳をした赤ちゃんが、その後6時間眠り続けるケースはほとんどありません。ゼロではありませんが、少数派と言っていいでしょう。

また、22時台の授乳をやめた場合、夜の授乳は赤ちゃんが飲みたいだけ飲ませるのを忘れないでください。ほとんどの赤ちゃんは3～4カ月になると、22時台の授乳のあと、翌朝6時から7

時まで8〜9時間は続けて眠ることができるようになります。ですので、この時期に22時台の授乳をストップすると、8〜9時間後の午前3時から4時にお腹をすかせて目を覚ますのが妥当ということになります。離乳食が始まり3回食が定着したら、少しずつ眠る時間が長くなり、最終的には19時から翌朝6、7時まで眠るようになります。

睡眠に関するQ&A

Q 新生児の時期は1日に何時間眠る必要がありますか？

A ●出生体重と低出生体重児であったかどうかによって左右されますが、ほとんどの赤ちゃんは短いものと長いものを合わせて約16時間の睡眠が必要です。

●小さめに生まれた赤ちゃんや低出生体重児の場合は、授乳と授乳の間にうとうとしやすく、もっと長く眠る必要があることが多いようです。

●大きく生まれた赤ちゃんは1時間ほど目を覚ましていられることもでき、24時間のうちに少なくとも1回は4〜5時間連続で眠ることがあるはずです。

●1カ月もすると、授乳が順調で体重も徐々に増加している赤ちゃんのほとんどは、22時30分の授乳後に5～6時間はまとめて眠ることができます。

Q どうしたら昼間ではなく夜中に長時間眠るようになるでしょうか。

A ●ジーナ式スケジュールを試してください。そしてスケジュールは必ず朝7時に始めましょう。23時までにすべての授乳タイムを組み込むことができるはずです。

●7時から19時の間に、最低でも6～8時間は赤ちゃんを起こしておくようにしてください。

●授乳や入浴以外の「遊びの時間」が2時間ほどあります。この間はできるだけ赤ちゃんをしっかり起こしておくようにしてください。7時から19時の間に合計8時間起きていられるようになると、夜まとめて長時間眠るようになることが多いようです。

●眠る時間と起きている時間をしっかり区別させるようにしてください。最初の数週間は、できるだけ静かなところで寝かせてください。

●夜19時から翌朝7時の夜の授乳では、アイコンタクトやお話は避けて、刺激を与えすぎないようにしてください。

Q スケジュールを守ろうと頑張っていますが、生後4週目の息子は授乳のあと長くても1時間しか起きていられません。もっと長く起こしておくにはどうしたらいいでしょう。

A ●授乳がスムーズで赤ちゃんの体重が順調に増加していて、夜中の授乳と授乳の間はぐっすり眠り、日中目を覚ましているときに元気な子であれば、あなたの赤ちゃんは普通の子よりも長い睡眠が必要な子なのでしょう。

●22時台の授乳で十分お乳を飲んでいるのに、夜中に3回以上目を覚ましたり、一度目を覚ますと1時間以上眠りに戻らないときは、昼間赤ちゃんともう少し遊んで刺激を与えるようにしてください。

●22時台の授乳は静かな環境で行うべきですが、私の経験上3カ月未満の赤ちゃんでもこの時間に少なくとも45分間は起こしておく必要があります。この時間の授乳で赤ちゃんがうとうとしていると、間違いなく午前2〜3時に目が冴《さ》えてしまうか、2時と5時の2回、目を覚ますことになります。22時台の授乳で赤ちゃんが眠そうにしていると、そのままにしておきたくなりますが、この時間に頑張ってしっかり赤ちゃんを起こしておくと、結果早い時期に夜通し眠り始めることが多いようです。

●私のスケジュールに沿って7〜23時の授乳と睡眠の時間を管理すれば、赤ちゃんの睡眠時間が減る時期がきたとき、必ず正しい時間帯に睡眠の量が減っていくでしょう。

Q ジーナ式は制限が多すぎます。起きているべき時間帯に生後4週の娘をベビーカーに乗せてお出かけすると、あっという間に眠ってしまいます。すると、決められた睡眠時間より長くなってしまいます。

A

●ジーナ式を実践していてもいなくても、赤ちゃんが生まれてから最初の2カ月は、授乳に時間を取られるため生活に多くの制限があると言っていいでしょう。

●2カ月もすると授乳間隔も空いてきますし、赤ちゃんもおっぱいを飲むのが速くなりますので、お出かけが楽になります。

●最初の2カ月は赤ちゃんが寝る時間に合わせてお出かけを予定するといいでしょう。8週目ごろには、車やベビーカーでお出かけするときでも長めに起きていられるようになります。

Q

生後4週の赤ちゃんがいます。突然21時に目を覚ますようになりました。授乳をすると、次は1時と5時に目を覚まします。22時30分までなんとか起こしておこうとしましたが、そうすると赤ちゃんが疲れすぎて授乳がうまくいかず、結局また早めに目を覚ましてしまいます。

A

●生後1カ月ごろには、浅い眠りと深い眠りがはっきり分かれてきます。21時ごろになると浅い眠りに入る赤ちゃんが多いため、眠っている場所の近くで物音を立てないようにできるだけ注意しましょう。

●母乳育ちの赤ちゃんは18時の授乳後に搾乳しておいたお乳を足す必要があるかもしれません。

●21時に授乳することになったら、母乳の場合は片胸、ミルクの場合は60ミリリットル与えて寝かしつけます。その後、22時30分の授乳を23時30分にずらしてください。うまくいけば必要量をすべて飲んで、3時30分まで眠ってくれます。

●もしくは授乳を2回に分けてください。21時30分に授乳し、次の22時30分の授乳まで起こしておくようにします。

Q **22時30分の授乳のために、いつも生後10週目の赤ちゃんを起こしているのですが、90〜120ミリリットルしか飲まず、その後また4時には目を覚ましてしまいます。22時台の授乳をやめて、4時まで眠り続けるか試してみてもいいでしょうか。**

A ●22時台の授乳をやめるのはおすすめできません。その結果、午前1時と午前5時の2回、起きてしまうことになるからです。赤ちゃんが離乳食を始めて、7時まで眠るのが定着した時点で、この時間の授乳をストップするのがベストです。

●22時台の授乳でたっぷり飲み、夜ぐっすり眠るように、この時間の授乳を2回に分けるという方法もあります。成功させるには22時にはしっかり目を覚ました状態で授乳を始められるように、21時45分に赤ちゃんを起こし始める必要があります。飲めるだけ飲ませたあとは、プレイマットなどに寝かせて思い切りキックをさせてください。23時には寝室に連れて行き、おむつを替えて、その後再び授乳を始めます。ミルクをあげる場合は、この時点で新しくもう1びん作ってください。

第5章　赤ちゃんのスケジュールを整えるには

すべての赤ちゃんの個々のニーズにきちんと応えられるように、「ジーナ式スケジュール」の1年目は授乳と睡眠の時間が10回も変わります。そのためスケジュールを始める前に、まず第3章と第4章のアドバイスや情報をじっくり読むことが重要です。おっぱいをよく飲み、ぐっすり眠る機嫌のよい赤ちゃんに育てるために、スケジュールをどう活用すればいいのかがわかるようになります。

出産後は、まず新生児向けに書かれたアドバイスに従ってください。出生時の体重に戻り、授乳間隔も空いてきたら、最初のスケジュールに着手します。少しずつ授乳間隔や起きている時間が長くなってきたら、次にステップアップします。月齢通りのスケジュールが赤ちゃんに合っていなくても、心配しないでください。赤ちゃんに一番合ったスケジュールを使い続け、授乳間隔がさらに空き、起きていられる時間も延びているように見えてきたら、次のスケジュールに移ります。

授乳の時間

新生児は起きている時間のほとんどを母乳やミルクを飲むために費やしています。夜中に必要以上に授乳をしなくてすむように、日中の授乳の時間をきちんと管理し習慣付けることが大切です。すでに説明した通り、母乳の出をよくするためには、出産直後から少しずつ頻繁におっぱいをあげる必要があります。ジーナ式が成功するかどうかは、**①赤ちゃんが授乳の時間に合わせて目を覚まし、②授乳間隔を長く空けすぎないようにできるか**の2点にかかっています。

はじめのうちは3時間おきの授乳を続けます。この3時間は、それぞれの授乳の開始時間から計ってください。決められた時間より早く赤ちゃんがおっぱいを欲しがったら、もちろん授乳してください。しかし、母乳の出が安定したあともその状態がずっと続くようであれば、どうして次の授乳の時間がくる前にお腹がすいてしまうのかを考える必要があります。

出生体重に戻り、その後も順調に体重が増えている場合に限り、授乳間隔を空け始めても構いません。ただし、赤ちゃんが次の授乳まで機嫌よく待つことができそうな兆しが見えたときのみです。早いうちから授乳時間を管理していれば、赤ちゃんが泣いてお腹がすいたとママに知らせる必要もありません。先に赤ちゃんの要求を理解し、手を打てているからです。

生まれてすぐの時期から「授乳」「睡眠」「遊び」の時間の区別を付けることが非常に重要で

ここが大切！

「ディマンド・フィード」の授乳・睡眠パターンが身に付いてしまっている月齢の高い赤ちゃんがジーナ式を始める際は、まずスケジュールの中からその時点での赤ちゃんの生活リズムに一番近いものを探してください。しばらくの間そのスケジュールを試し、授乳と睡眠のリズムが定着したら次のスケジュールに移ってください。最終的に月齢に合ったスケジュールに到達するまで、段階的にステップアップを続けてください。

す。授乳しながら赤ちゃんにずっと話しかけたり刺激を与えすぎたりしていると、全部飲む前におっぱいに興味がなくなることがあります。そうなると、ひとりでは寝つけず、結果、あなたがおっぱいをあげながら寝かしつけることになります。これはゆくゆく睡眠トラブルに発展する恐れがあります。電話をしながら授乳するのもなるべく控えましょう。

とくにはじめのうちは、赤ちゃんがおっぱいを飲みやすいように、正しい位置で赤ちゃんを抱きかかえているかに集中してください。抱き方が合っているかを確認するために、経験豊富な母乳育児の専門家からアドバイスをもらいましょう。また、ロッキングチェアなどで揺れながらおっぱいをあげるのはやめましょう。ねんねの時間だと勘違いして眠くなり、うまくおっぱいが飲めないために、またすぐに授乳が必要になってしまいます。

授乳中に赤ちゃんが眠くなると、吐き戻しをしやすくなります。ジーナ式の授乳スケジュールの目的は、赤ちゃんの飲める量が増えたときに、日中の授乳量を増やしながらお昼寝のリズムを整えていくことなのです。こうすることで、心身ともに準備が整った時点で、日中ではなく夜中に長時間眠るようになります。

ねんねの時間

心も体も成長するためには、十分な睡眠をとるのが必要不可欠です。きちんと眠っていないと、機嫌が悪くなりなだめることもできません。いつも疲れている赤ちゃんは効率よくおっぱいを飲むことができないため、きちんと眠ることもできなくなります。新生児期は、疲れることなく連続で目を覚ましていられるのは2時間が限度だと覚えておいてください。2時間以上起きていると疲れすぎて次のお昼寝でもっと長く眠る必要が出てきます。こうなると、その後のスケジュールにも遅れが出て、夜中の睡眠がうまくいかなくなってしまうのです。ですから、授乳と睡眠が予定通り進むように、起きている2時間をうまく管理する必要があります。

新生児期は授乳後1時間しか起きていられない子もいますが、通常より長く寝る必要がある子であればいたって普通です。あなたの赤ちゃんがこのタイプの子かどうかは、夜中の睡眠の様子を観察すればわかります。日中は一度に1時間ほどしか起きていられず、就寝時間にはすんなり寝つき、夜中の授乳の後はすぐに眠りに戻るようであれば、その子は他の子よりも長く睡眠が必要な赤ちゃんだということになります。そのような赤ちゃんでも、成長すればもっと長い時間起きていられるようになります。

けれどもそれにはママの助けも必要です。お昼寝のときはできるかぎり静かな場所で寝かせ、起きている間は明るくにぎやかな環境に連れて行くように心がけましょう。赤ちゃんがいつ眠り、いつ遊べばいいのかを学べるように、お昼寝と遊びの時間にメリハリを付けてください。

日中は1時間しか起きていられないのに夜になると長く起きていられるような場合は、昼夜が逆転している可能性がありますので、昼間に赤ちゃんの目が冴えるように調整しましょう。

赤ちゃんは物事を関連付けて学んでいきますので、1日目から「授乳」「遊び」「スキンシップ」「睡眠」の時間を区別できるように、正しい「サイン」と結び付けて覚えさせるのが重要です。

2時間ご機嫌よく起きていたかと思ったら、次の日には1時間で疲れてしまうといったこともあります。月齢が低い頃には、極めて普通のことです。私が「2時間、目を覚ましていなければいけません」ではなく、「最長2時間は……」と述べているのはこのためです。

赤ちゃんが健康的な睡眠習慣を身に付けられるように、スケジュールを実践しながら、次のアドバイスを参考にしてください。

- 日中の授乳のあとは、短い時間でもなるべく赤ちゃんの目を覚ましておく。
- 夕方にあまり長い時間寝かせない。
- 就寝前の授乳がうまくいかなくなるため、15時15分以降は授乳しない。
- 毎晩同じ時間に同じ流れで就寝の準備をする。この時間帯はお客を呼ぶのも控える。

●赤ちゃんを疲れさせすぎない。入浴、授乳、寝かしつけに、少なくとも1時間はみておく。
●ゆらゆら抱っこで寝かしつけない。深く寝入ってしまう前に、ベビーベッドに寝かせる。
●寝つかせるためにおしゃぶりを使う場合は、ベビーベッドに下ろす前に外す。
●授乳中に眠ってしまったら、軽く起こしてからベビーベッドに寝かせる。

遊びの時間

どんな赤ちゃんもママに抱っこされたり、お話をしてもらったり、歌ってもらったりするのが大好きです。たとえ生後間もない赤ちゃんでも、簡単な絵本や面白そうなおもちゃを見て刺激を受けるという研究結果もあります。これらのおもちゃは正しいタイミングで使わなければいけません。一番いい時間帯は、目を覚ましてから1時間ほどたって授乳もすんでいる頃です。

お昼寝の20分前になったら、決して遊んだり興奮させすぎたりしてはいけません。想像してみてください。あなたが気持ちよくうとうとし始めた頃に、誰かが部屋に入ってきてジョークを言ってあなたを笑わせようとしたらどう思うでしょう。あまりいい気持ちはしませんよね。ですから、赤ちゃんも寝る前は、静かな時間を過ごせるように注意を払いましょう。

ベビーベッドで使うおもちゃはとくに気を配りましょう。寝る前におもちゃやベッドメリーはすべて取り出します。おもちゃや本を「遊びの時間」用と、就寝前の「リラックスタイム」

用に分けておくと便利です。音の出るベッドメリーやカラフルなプレイマット、布製の白黒の絵本などは、「遊びの時間」に赤ちゃんの興味を短時間惹《ひ》き付けるのにとても優れています。物や顔が大きく描かれたポストカードやポスターも同様です。このようなおもちゃを「遊びの時間」のときだけ使用して、あまり刺激を与えすぎない別のおもちゃを「リラックスタイム」用に2～3個用意しておくといいでしょう。

赤ちゃんの集中力が持続する時間はとても短いので、遊びの時間に絶えず話しかけたりちょっかいを出したりしていると、結果的に興奮しすぎてしまうことがあります。どれくらいの刺激を与えても大丈夫かは、赤ちゃんをよく見て判断してください。月齢の低い頃から短時間でも体をのびのび動かしてひとり遊びができるような環境を整えてあげましょう。プレイマットの上やベッドメリーの下に赤ちゃんをひとりで寝かせておくと、抱っこされているときよりも自由に足や体を動かすことができるため、ひとりで遊ぶことも多くなります。

抱っこの時間

赤ちゃんはたっぷり抱っこする必要がありますが、これはママが抱っこしたいときではなく、必ず赤ちゃんがしてほしいときにしてあげてください。赤ちゃんは大きくなるためにたくさんのエネルギーが必要ですので、小さな体に負担をかけて疲れさせてしまわないように気を付けましょう。親と子の結び付きを育む必要はありますが、赤ちゃんはおもちゃではありません。「遊びの時間」と「リラックスタイム」で抱き方に違いを付けてみてください。

就寝前の「リラックスタイム」に抱きしめるときは、体を寄せ合い包み込むように抱きしめます。授乳時に抱っこしながら赤ちゃんが眠ってしまわないように気を付けましょう。授乳後1時間ほど目を覚ましている間は、機嫌よくひとり遊びができる時間もあるはずです。「遊びの時間」にずっと抱っこをしていたら、赤ちゃんを落ち着かせ自然に寝つかせるために抱っこをしても効果が出にくくなります。「リラックスタイム」に抱っこをする場合は、刺激を与えすぎて疲れて寝つきが悪くならないように、お話やアイコンタクトは控えめに。その代わり、赤ちゃんとの結び付きを育むための親密な時間を楽しんでください。

1年目の授乳スケジュール

産後すぐの数週間は、母乳でもミルクでも、厳密な4時間おきの授乳を続けることができる人はほとんどいません。ジーナ式のゴールは、それぞれの赤ちゃんのニーズに合った授乳パターンを定着させることです。ですから、最初のうちは3時間おきの授乳をおすすめしています。赤ちゃんが出生時の体重まで戻り、その後も順調に体重が増えていれば授乳間隔を延ばしていきます（212ページ）。ジーナ式のスケジュールに合わせて授乳して、毎回全量を飲みきっていれば2週目には出生体重に戻り、3・2キロを超えている赤ちゃんであれば授乳間隔は3〜4時間にひらくはずです。早い時期から授乳時間を管理していれば、授乳間隔は3時間おきが定着し、4時間ひらくことも1日に数回出てきます。ジーナ式を参考に授乳時間を管理すれば、授乳間隔が4時間ひらくのは10〜14時の間、もしくは19時〜翌朝7時の間にくるはずです。つまり、18時に授乳した赤ちゃんは22時まで寝て、その後午前2〜3時にもう一度授乳したあと、5〜7時まで眠るはずです。

3時間を計る際は、それぞれの授乳の開始時間から計ってください。たとえば、7時に授乳したら、次の授乳の開始時間は10時になります。けれども、次の授乳時間がくる前に本当にお腹がすいているようであれば、必ず授乳してください。ただし、ここで授乳時間の前にお腹がすいてしまう理由を突き止める必要があります。母乳の場合は両胸から、ミルクの場合は30ミリリットルほど多めにあげる必要があるかもしれません。

2〜4週目には体重が順調に増えている赤ちゃんであれば（223ページ）、1日に一度は授乳間隔が大きくひらく回があり、通常4時間半から5時間ひらきます。授乳時間を管理していれば、自然と23時から翌朝7時の間にくるはずです。

現在はディマンド・フィードで育てていて、これからジーナ式を始めようと思っている方は、赤ちゃんの実際の月齢よりも少し前のスケジュールを参考にし、今のディマンド・フィードのパターンに一番近いものを選んでください。9週目の赤ちゃんでも、2〜4週目のスケジュー

5-1 5週目の赤ちゃんをもつママの日誌

曜日	時間					
火曜	3時	7時	11時	15時	19時	23時
水曜	3時	7時	11時	15時	19時	23時
木曜	4時	8時	12時	16時	20時	24時
金曜	5時	9時	13時	17時	21時	23時
土曜	2時	6時	10時	14時	18時	22時
日曜	2時	6時	10時	14時	18時	22時

ルから始める必要があるかもしれません。そのスケジュールが定着したら、次の7～10日で2セット分ステップアップでき、12週になる頃には月齢に合ったスケジュールを使用しているはずです。夜通し眠るようになるには少し時間がかかるかもしれません。

ここで大事なのは、夜の授乳が1回になること、そして22時台の授乳のあとは数週間かけて少しずつ長く眠るようになることです。いったん夜中に長く眠るようになったら、授乳時間の管理の仕方に気を付けてください。ここで時間に厳密になりすぎると、うまくいかなくなることがあります。ジーナ式の成功の秘訣《ひけつ》は、フレキシブルであるという点なのです。体の準備が整う前に、授乳間隔を決して無理に広げようとしないようにしてください。

上の表 5-1 は、5週目の赤ちゃんをもつママの日誌です。ほぼ4時間おきに授乳していて、時間に厳密に進めようとしたせいでうまくいかなくなっているのがわかると思います。

授乳間隔が崩れていることに気付いたママは、金曜日の夜に赤ちゃんを23時に起こしてなんとか再び軌道に乗せようとしたのがわかります。しかし21時に赤ちゃんはたっぷりおっぱいを飲んでいますので、うまくいきませんでした。23時にほとんど飲まなかったために、2時に再び目を覚ましています。結果、夜中の授乳の回数が2回になっています。たとえ21時に少量の授乳でなんとか寝かしつけても、23時の授乳はうまくいかないことが多いはずです。というのも、1時間ほどしか眠っていない赤ちゃんをきちんと授乳ができるほどしっかり起こすのはとても難しいからです。

スケジュールを軌道修正する一番簡単な方法は、朝7時に赤ちゃんを起こすことです。いったん朝の5時、6時まで眠るようになったら、7時と8時の間に軽く授乳します。このやり方であれば、この後の授乳時間はもちろん、睡眠も再び軌道に乗せられます。つまり赤ちゃんは19時には眠る準備ができているようになるのです。

赤ちゃんの体の準備が整った時点で夜通し眠らせ、その後離乳食を始めて、最終的には授乳量を減らしていけるように、次項のアドバイスも参考にしてください。

授乳のリズムを理解しましょう

《朝6～7時の授乳》

◎夜中の授乳の時間にもよりますが、赤ちゃんは恐らく朝6～7時の間に目を覚まします。起きない場合も7時には起こすようにしてください。夜通し眠るようになるための大切なポイントは、1日に飲まなければいけない量を十分飲みきれるほど体が成長したら、7時から23時の間に飲みきっているという点です。

◎母乳かミルクかに関係なく、赤ちゃんの授乳リズムを整える一番の方法は1日を7時に始めることです。夜通し眠るようになると、この時間に一番お腹がすいているはずです。

◎成長期には、赤ちゃんが必要な授乳量が増加します。母乳の赤ちゃんにはいつもより長めにおっぱいをあげるようにしてください。搾乳をしている場合は、増加分を補えるように、搾乳量を30ミリリットル減らしてください。搾乳していない場合は、月齢に沿ったいつもの授乳時間におっぱいをあげてください。ただし、お昼寝の前にもう一度短めの授乳をする必要があります。1週間もすると、おっぱいの出がよくなっているはずです。

赤ちゃんがお昼寝のときによく眠って、次の授乳時間にあまりおっぱいを欲しがっていなければ、おっぱいの量が増えている証拠です。そのときはお昼寝前の授乳時間を少しずつ短くして、元の授乳リズムに戻してください。ミルク育ちの赤ちゃんで、毎回ミルクを飲みきっている場合は、量を30ミリリットル増やしてください。

◎夜中に長く眠るようになって、夜の授乳の時間が午前5～6時にずれ込むと、7～8時に飲む量が減って、次の授乳時間までもたなくなるかもしれません。その場合は、翌朝7時まで夜通し眠るようになるまで10時30分～11時の授乳を10時近くに前倒しし、さらにお昼寝の前に短めの授乳をするようにしましょう。

7カ月目までに

◎赤ちゃんがきちんとバランスのとれた朝ごはんを食べるようになっていたら、授乳の量を減らし始めてもいい頃です。離乳食をあげる前に、最低150～180ミリリットルのミルクを飲ませるようにしてください。

◎母乳の場合はまず片方のおっぱいをあげて、その後に離乳食、食後にもう片方のおっぱいをあげてください。離乳食をあげすぎて、飲む量が減りすぎないように注意してください。

◎この月齢でまだ夜中に目を覚ます場合は、午前24時以降の授乳は、朝の授乳とみなして計算してください。たとえば、5時と7時に授乳すると赤ちゃんが離乳食を食べたがらなくなりますので、5時から6時、もしくはそれ以前に授乳したら、7時には授乳せずに7時30分にまず離乳食をあげて、食後に少しだけ授乳するようにしてください。

◎この月齢の赤ちゃんは、シリアルなどの食事に使う量も含めて、最低でも1日600ミリリットルのミルクを飲む必要があります。
◎入浴のあとは両胸から授乳、またはミルクを240ミリリットル飲ませてください。

10カ月目までに

◎ミルク育ちの赤ちゃんは、この時期にトレーニングマグからミルクを飲むように促しましょう。朝ごはんの前にミルクを飲ませるのも忘れないでください。150~180ミリリットル飲み終わったらお食事をあげて、その後、残りのミルクを飲ませてください。
◎シリアルなどのミルクの必要な朝食をあげる場合は、シリアル用のミルクと飲むためのミルクを足した量が180~240ミリリットルになるようにしてください。
◎まだ母乳を続けている場合は、まずおっぱいをあげて、その後に離乳食、続けてもう片方のおっぱいをあげてください。
◎この時期の赤ちゃんは、1日に最低でも500ミリリットルのミルクが必要です。離乳食に使う分と授乳（2~3回分）で飲ませる分に振り分けて飲ませてください。

《午前10~11時の授乳》

◎最初の数週間は、朝6~7時の間に授乳した赤ちゃんは、お腹をすかせて10時ごろに目を覚ますことが多いと思います。起きない場合も、必ず10時には起こすようにしてください。スケジュールの目的は、23時から翌朝の6、7時までの間に起きるのが一度だけになるように、日中の授乳パターンを整えることだということを忘れないでください。

◎6週目ごろには、7時の授乳後のお腹のもちがよくなり、10時の授乳を少しずつ10時30分に遅らせることができるでしょう。しかし、5〜6時に目を覚まして授乳をした場合、7時30分〜8時に飲む量が減るので、10時の授乳は続ける必要があります。これは7時の授乳量が足りていないからです。その場合は、お昼寝の前にもう一度軽く授乳をしてください。

◎夜通し寝るようになったか、もしくは夜中に飲む量がほんのわずかになると、朝6〜7時の授乳量が1日で一番多くなるはずです。十分飲んでいれば、11時ごろまではおっぱいを欲しがることもありません。本当にお腹がすく前に授乳してしまうと、次の授乳で飲む量が足りず、結果、お昼寝の時間によく眠らなくなってしまいます。こうなると、なだれのようにその後の授乳やお昼寝の時間が早まって、翌朝の6時かそれより前に目を覚ますことになりますので気を付けましょう。

◎午前10時30分〜11時まで赤ちゃんのお腹がもたない場合は、早めに授乳をしても構いません。しかし、授乳時間が早まったせいでいつもより早く目を覚ますことがないように、ランチタイムのお昼寝の前に短めの授乳をしてください。

◎成長期がきたら、この時間帯の授乳量を増やしてください。

6〜7カ月目になったら

◎朝ごはんに離乳食をあげている場合は、この時間帯の授乳を遅らせて、最終的には11時30分から12時にしてください。6カ月目の終わりごろには、これが1日3回食のランチタイムになります。そのときは、ミルクの代わりにトレーニングマグなどでお水を飲ませるようにしましょう。

◎徐々にミルクを減らして離乳食の量を増やせるように、「サンドイッチ方式」（訳注：まず授乳して、次に離乳食、最後にもう一度授乳する方法）で行います。離乳食が進むにつれて、食事の前に飲むミルクの量を減らし、代わりに離乳食の量を増やします。そして離乳食のあとに再び授乳します。

◎ミルクの量をどうしても減らすことができない赤ちゃんもいます。その場合は、335ページの対処法を参考にしてください。

7カ月目になったら

◎ランチのときにたんぱく質を含むバランスのいい離乳食を食べているようであれば、この時間の授乳はお水に切り替えます。ミルクをやめてから、ランチタイムのお昼寝から目を覚ますのが早まった場合は、数週間ほどお昼寝の前に軽く授乳してください。この時間に授乳してしまうと、恐らく14時30分の授乳で飲む量が減ることに気付くと思いますが、とくに問題はありません。しかし、夕方の離乳食の時間を16時45分に早める必要があるかもしれません。15時以降に授乳をして、夕方の離乳食の量に影響が出るよりも、授乳はせず夕食の時間を少し早めたほうが得策です。

《午後14時30分の授乳》

◎生後数カ月は、17時〜18時15分の授乳で赤ちゃんがたっぷり飲めるように、この時間の授乳量は控えめにしましょう。お昼寝がうまくいかず早めに目を覚ましたために（14時30分台の授乳分から半量を一度授乳していて）、14時30分に残りの分を授乳する場合は例外です。なんらかの理由で10時の授乳がうまくいかなかった場合や、14時30分より早く授乳をする必要があった場合は、それに応じて量を増やして1日当たりの必要摂取量を確実に飲ませるようにしましょう。

◎食欲旺盛で、いつもこの時間の授乳で哺乳びんが空っぽになるまで飲んでいる赤ちゃんは、少しミルクを足してもいいでしょう。ただし、次の授乳で飲む量が減らないことが条件です。

◎母乳育ちの赤ちゃんで、次の授乳までお腹がもたずに機嫌が悪くなるときは、少し長めにおっぱいをあげてください。

8カ月目になったら

◎3回食が定着し、昼食でミルクの代わりにお水を飲んでいる場合は、1日に飲まなければいけない量をカバーできるように、この時間の授乳量を増やす必要があるかもしれません。

◎しかしそのせいで18時台の授乳量が減ってしまうようであれば、この時間の授乳量は少なめに抑えて、足りない分をシリアルや料理に使って補うようにしましょう。

◎この月齢の赤ちゃんは、料理やシリアルに使う分も含めて、母乳またはミルクを1日に500〜600ミリリットル飲む必要があります。

9〜12カ月目になったら

◎ミルク育ちの赤ちゃんは、この時期になったらミルクはトレーニングマグで飲むようにしましょう。こうすることで、自然に飲む量も減っていきます。

◎この時間に飲む量が減らず、代わりに朝と夜の授乳に興味を示さなくなったら、この時間の授乳を一気に減らすこともできます。（離乳食やシリアルに使う量を含めて）1日に500〜600ミリリットルほど飲み、バランスのとれた離乳食を食べていれば、この時間の授乳をストップしてもいいでしょう。

◎1歳になる頃には、離乳食やシリアルに使う分を入れて、母乳またはミルクを1日に最低350ミリリットル飲む必要があります。

《午後18〜19時の授乳》

◎19〜22時までぐっすり眠ってもらうには、この時間の授乳でたっぷり飲む必要があります。
◎この時間の授乳でしっかり飲むように15時15分以降は授乳をしないようにしましょう。
◎生まれてすぐの数週間は、この授乳を17時と18時15分の2回に分けてするといいでしょう。お風呂の最中に赤ちゃんがぐずらないようにするためです。赤ちゃんが2週間連続で夜通し眠るようになったら、17時の授乳はストップしても構いません。それまでは2回に分けた授乳を続けることをおすすめします。これは18時15分の授乳でたくさん飲んでしまうと、22時台の授乳で飲む量が減って、夜中早く目を覚ましてしまうからです。
◎母乳育ちで19時の寝つきが悪い赤ちゃんは、搾乳したお乳を足してください。この時間は母乳の出が悪くなることがよくあります。
私がお世話をした赤ちゃんのほとんどは、離乳食を始めるまでこの時間の授乳は2回に分けていました。17時の授乳をやめて入浴のあとに1回分すべてを飲ませていると、22時台の授乳の量が驚くほど減って、目を覚ますのが早くなることがあるからです。

4〜5カ月目になったら

◎離乳食を早めに始めた場合でも、この月齢の赤ちゃんにとって母乳やミルクはもっとも重要な栄養源ですので、食事の前に授乳するようにしてください。
◎この時期には、ほとんどの赤ちゃんが母乳またはミルクを飲みきるようになっているはずです。午前11時の授乳では、まずほとんどの量を飲ませ、そのあとに離乳食、そして最後に残りを飲ませます。離乳食が進んだら、最初にあげる母乳またはミルクの量を減らして、離乳食の量を増やしてください。最後に軽く授乳するのは続けてください。

◎夕方の離乳食は、17時に少量の授乳をしてから、その後17時30分に離乳食をあげてください。入浴の時間を18時25分に遅らせて、入浴のあとに残りを授乳をします。ミルクの場合は、調乳したてのものをあげられるように、別々に2びん用意してください。

◎5カ月を超える母乳育ちの赤ちゃんで、離乳食が始まっているのに22時30分以前に目を覚ましてしまうようになったら、この時間の授乳でおっぱいが足りていないせいかもしれません。入浴のあとに、搾乳した母乳かミルクをあげてください。離乳食をまだ始めていない赤ちゃんは、授乳を17時と18時15分の2回に分けて行います。これは離乳食を開始するまで続けてください。22時台の授乳もそのまま続けます。

6〜7カ月目になったら

◎ほとんどの赤ちゃんは、17時に夕食を食べて、入浴のあとに母乳またはミルクを飲みきっているはずです。離乳食が定着して22時30分の授乳がなくなったら、母乳の赤ちゃんは、目を覚ますのが早くなるかもしれません。その場合は、19時にすんなり寝つき、朝まで眠るように、搾乳したお乳を足すといいでしょう。

10〜12カ月目になったら

◎ミルク育ちの赤ちゃんは、1歳になる頃にはトレーニングマグで飲むようにしましょう。この時期を過ぎても哺乳びんから飲んでいると、ミルクの量が減らず、食欲に影響が出て、離乳食を進めるのに苦労することがあります。

◎1歳になるまでにはトレーニングマグでミルクを飲めるように、10カ月ごろには少しずつ練習を始めてください。

《最後（22〜23時）の授乳》

◎母乳育ちの赤ちゃんの場合、生後2週目に入る頃には、搾乳した母乳かミルクを哺乳びんから飲ませるようにアドバイスしています。こうすることで、パパやお手伝いをしてくれる人と授乳の役割を分担することができます。

◎また、のちのち赤ちゃんが哺乳びんを受け付けずに困ることもありません。

◎完全母乳で育っている3カ月未満の赤ちゃんで、深夜2〜3時になると起きてしまうことが続いている場合は、この時間の授乳のときに飲んでいる量が十分ではないせいかもしれません。搾乳した母乳かミルクを足してください。

◎搾乳した母乳かミルクのどちらかで補うことにした場合は、必ず赤ちゃんがおっぱいを飲みきったのを確認してから足すようにしてください。

◎ミルク育ちの赤ちゃんなら、この時間の授乳で十分飲んでいるかどうかを確認するのは簡単です。成長期に必ず昼間のミルクの量を増やしていれば、この時間の授乳で１８０ミリリットル以上飲みたがることはないはずです。しかし出生体重が４・５キロ以上だったときは、離乳食が軌道に乗るまでは、その量では足りないかもしれません。

◎１日に飲むべきミルクの量は、93〜95ページを参考に計算してください。

3〜4カ月目になったら

◎２週間連続で朝７時まで夜通し眠ったら、３日おきに授乳を10分ずつ早めて、22時まで繰り上げます。

◎搾乳したお乳を足しているにもかかわらず、夜中に目を覚ましてしまう完全母乳の赤ちゃんは、この時間の授乳をミルクに替えることを小児科医に相談してみてください。ミルクはお腹のもちがよく、夜中に長時間眠りやすくなります。しかし必ずそうなるわけではありませんので、ミルクを使うかどうかは慎重に考えて決めてください。ほとんどのミルク育ちの赤ちゃんは、２１０〜２４０ミリリットルを１日４〜５回飲んでいます。

◎ミルク育ちで、この月齢になっても夜通し眠っていない場合は、この時間の授乳で少し多めに飲ませる必要があるかもしれません。朝の授乳量が減っても構いませんので、30〜60ミリリットルほど多めに飲ませてみましょう。実際に朝の授乳量が減ってしまったら、しばらくの間は11時の授乳を10時に早め、ランチタイムのお昼寝の前にもう一度軽く授乳する必要があるかもしれません。

◎3～4カ月になると、この時間の授乳をどうしても嫌がる赤ちゃんもいます。早朝午前4～5時の間に目を覚まし、10分以内に眠りに戻ることができない場合は、成長期でお腹がすいているためだと判断して授乳してください。

◎または、この時間の授乳をもう一度試してみることもできます。23時30分前後に赤ちゃんを完全に起こさず、半分眠った状態ですばやく授乳します。それでも飲まないなら離乳食が完全に定着するまでは、24時から翌朝7時の間に一度、授乳が必要になるのを受け入れるしかありません。

◎一晩に2回（たとえば2時と5時）起きてしまうか、夜通し寝ても5時前には目を覚ましてしまう場合は、この時間の授乳を2回に分けます。まず21時45分に赤ちゃんを起こします。おむつを替えたり、プレイマットでキックをさせたりして、完全に目を覚まさせます。電気もつけてください。22時には授乳を始めて、その後はおむつを替えるか遊ばせながら、23時まで起こしておきます。23時に寝かしつける直前にもう一度軽く授乳します。この時間に少し長めに起こしておいて、授乳を2回に分けることで、夜中に起きるのは一度になるはずです。この方法が定着し、夜中に長く眠るようになったら、授乳の時間を22時～22時30分にゆっくり戻していきます。

4〜8カ月目になったら

◎1日の必要摂取量を6〜7時と23時の間に飲んでいれば、ほとんどの赤ちゃんはこの時間の授乳のあとに夜通し眠ることができるはずです。

◎完全母乳の場合は、離乳食が始まるまで、5時前後までしか眠らないこともあります。

◎離乳食を始めて3回食が定着したら、この時間の授乳の量は自然に減ってくるはずです。推奨されている6カ月まで待って離乳食を始めた場合は、7カ月になるまでこの時間の授乳を続ける必要があるかもしれません。日中に十分な量のミルクと離乳食を摂取していれば、7カ月を過ぎた時点でミルクの量をゆっくり減らしていき、最終的には授乳をストップしてください。

《夜中の授乳》

◎生後数週間は頻繁に少しずつ授乳をする必要がありますので、目を覚ましたらお腹がすいていると判断し必ず授乳しましょう。

◎新生児の授乳間隔は、日中は3時間、夜は4時間以上空けてはいけません。それぞれの授乳の開始時間から計ってください。

◎出生体重に戻り、体重が3・2キロを超えたら、2〜4週目のスケジュールを始めることができます。22〜23時の授乳でたっぷり飲んでいれば、2時近くまで眠ってくれるはずです。

4～6週目になったら

◎毎週順調に体重が増えている赤ちゃんのほとんどは、次の条件が整えば、夜中の授乳間隔が空いてくるはずです。

（a）7時から23時の間の5回の授乳で1日当たりの必要摂取量を飲んでいる。

（b）7時から19時の間の睡眠時間が4時間半以下である。

6～8週目になったら

◎毎週順調に体重が増えていて、22時台の授乳でしっかり飲んでいるのに、まだ2時と3時の間に目を覚ましてしまう場合は、第7章を参考にして、なぜ夜中に長く眠れないのか、考えられる理由をチェックしてください。「コア・ナイト・メソッド（338ページ）」を試してもいいでしょう。

◎コア・ナイト・メソッドがうまくいったら、恐らくもう一度5時に目を覚ましますので、しっかり授乳をしてください。その後、7～8時ごろに再び授乳します。こうすることで、その日の授乳と睡眠のパターンを軌道修正できます。

◎1週間もすると5時近くまで眠るようになり、その後徐々に睡眠時間を延ばして、最終的に7時まで眠るようになることが多いようです。（5時に目を覚ますせいで）7～8時の授乳で、全量を飲みきらず、少し飲むだけで終わってしまうと、次の授乳時間の10時45分～11時までお腹がもたないかもしれません。その場合は10時に半分の量を、10時45分〜11時に残りを与えてください。さらにランチタイムのお昼寝で早く目を覚まさないように、お昼寝の直前に軽く授乳します。

◎もしくは、23時30分に授乳する方法もあります。この方法で夜の睡眠が少し長くなるようであれば、四、五晩続けて、その後少しずつ通常の時間に戻していきます。

3〜4カ月目になったら

◎母乳でもミルクでも、6〜7時と22〜23時の間に1日に飲むべき量を全部飲んでいれば、この時期には夜中に一度は長いスパンで眠ってくれるはずです。

◎7時から19時の間の睡眠時間は3時間を超えないようにしてください。1日に3時間のお昼寝ではどうしても足りないようであれば、少し長めに寝かせるしかありませんが、お昼寝の時間が減るまでは、夜中に目を覚まし、授乳が必要になるのは避けられません。

◎母乳育ちの赤ちゃんが22時台の授乳でしっかり飲まなかったときは、夜中にお腹がすいて授乳が必要になることがあります。その場合は、22時30分の授乳で搾乳した母乳かミルクを足してください。もしくはこの時間の授乳はミルクに替えてしまってもいいでしょう。

◎体重が順調に増加していて、赤ちゃんが夜中に目を覚ますのは空腹ではなく、習慣になってしまっているせいだと確信がもてるときは、赤ちゃんが目を覚ましても15〜20分ほど様子を

5-2　**1年目の授乳スケジュール**

週・月齢	時間
2〜4週	7時、10時、11時30分〜11時45分、14時〜14時30分、17時、18時〜18時15分、22時〜22時30分、2〜3時
4〜6週	7時、10時30分、14時〜14時30分、17時、18時〜18時15分、22時〜22時30分、3〜4時
6〜8週	7時、10時45分、14時〜14時30分、17時、18時15分、22時〜22時30分、4〜5時
8〜12週	7時、10時45分〜11時、14時〜14時15分、17時、18時15分、22時〜22時30分、5〜6時
3〜4カ月	7時、11時、14時15分〜14時30分、17時、18時〜18時15分、22時〜22時30分
4〜6カ月	7時、11時、14時15分〜14時30分、17時、18時〜18時15分、22時
6〜9カ月	7時、14時30分、18時30分
9〜12カ月	7時、14時30分、18時30分

見ましょう。ぐずぐず言いながら、そのまま眠ってしまうこともあります。
◎この月齢の赤ちゃんは、体が上掛けからはみ出てしまったせいで起きてしまうこともあります。19ページの方法で、赤ちゃんの体が出てしまわないように上掛けシーツをマットレスの下に挟み込んでください。

4～5カ月目になったら

5カ月になっても夜中に目を覚ます場合は、より注意深く授乳のタイミングやお昼寝の時間を管理しながら、根気強くスケジュールを続けていく必要があります。でも大丈夫です、がっかりしないでください。他の赤ちゃんより長く夜中の授乳が必要な赤ちゃんもいるのです。

重要なのは、授乳後すぐに寝ついて、翌朝の7時近くまで眠ることです。すぐに夜通し眠るようになりますので安心してください。そのためには引き続き、睡眠の時間と授乳の量に注意してください。赤ちゃんが離乳食を始める準備ができていると感じたら、推奨されている6カ月よりも早く離乳食を始めてもいいか、小児科医に相談してください。

159ページの表 **5-2** を見れば、どの時間の授乳からやめることができるかがわかると思います。1歳になる頃には、1日3回の授乳に落ち着いていると思います。ランチタイムのお昼寝のあとの授乳を卒業する子どもも出てきます。この表は目安として参考にしてください。調整の仕方の詳細はスケジュールに詳しく書かれています。

1年目のお昼寝時間を組み立てるには？

ジーナ式スケジュールの本質は、授乳のパターンと赤ちゃんが1日に必要とする睡眠のリズムをうまく組み合わせるところにあります。日中の授乳がうまくいかなければ、お昼寝もうまくいきません。そして、夜にぐっすり眠らせるには、お昼寝の時間を管理することが不可欠なのです。お昼寝が長すぎると、夜中に目を覚ましやすくなり、お昼寝が短すぎると、疲れてぐずりやすくなるためうまく寝つけず、疲れ果てないと眠りにつけないのです。

スケジュールに書かれている時間は、あなたの赤ちゃんがお昼寝を必要とする前にどれくらいの時間起きていられるかを判断するための目安にすぎないことを覚えておいてください。

もちろん、昼間は1時間ほどしか起きていられないのに、夜になると何時間も大はしゃぎしているような赤ちゃんであれば話は別です。夜に必要以上に目を覚まさないようにするには、日中もっと長く起こしておかなければいけません。この問題の詳しい解決方法は129ページを参考にしてください。

お昼寝がいかに重要か

乳幼児の睡眠の専門家であるマーク・ワイズブルース医師が、200人以上の子どもを対象

ここが大切！

新生児期は、2時間ほどは機嫌よく起きていられる赤ちゃんがほとんどです。これは、「2時間しっかり起きていなければいけない」という意味ではなく、赤ちゃんが疲れすぎないように、「2時間以上起こしておいてはいけない」ということです。ですから、新生児期に連続で1時間、または1時間半しか起きていられなくても、夜中によく眠っている限り心配することはありません。あなたの赤ちゃんは、他の子よりも長く眠る必要があるだけなのです。

に、お昼寝の睡眠パターンについて詳細な研究を行いました。彼によると、お昼寝は良質な睡眠リズムを築くための土台となる健康的な生活習慣の一つであり、お昼寝によって赤ちゃんは刺激から逃れて休息をとり、さらなる活動のために充電することができると説明しています。イギリスのフェアリー・ディキンソン大学のチャールズ・シェーファー心理学部教授もこの説を支持し、次のように言っています。「お昼寝によって1日の流れが決まり、赤ちゃんと母親の気分も決定します。お昼寝中は、ママが唯一リラックスできる時間であり、家事をすませる時間もつくってくれます」

著名な育児の専門家たちも、お昼寝は赤ちゃんの脳の発達に欠かせないものだという意見で一致しています。幼児の睡眠に関する専門家でテキサス大学の心理学・精神医学の准教授であるジョン・ハーマン博士は、「遊びの予定を優先して昼寝の時間を削るのは間違いです。睡眠と食事は何よりも優先されなければいけません」と言っています。私もまったく同意見です。

ほとんどの赤ちゃんは、日中2～3回に分けてするお昼寝の合計時間を3時間から3時間半以下に抑えていれば、3カ月になる頃には夜に11～12時間は眠ることができるはずです（22時ごろの半分眠りながらの授乳を含めて）。19時または19時30分から、朝7時または7時30分まで眠ってもらうには、ランチタイムのお昼寝を一番長くし、さらに午前中と夕方に1回ずつ短めのお昼寝をさせるようにスケジュールを組み立てることがたいへん重要です。午前中のお昼寝を長めにさせて、午後は短めにさせたほうが都合がいいかもしれませんが、これをすると次のような問題が起きてきます。

日中の睡眠時間が自然と減る時期がくると、まず夕方のお昼寝を必要としなくなることがもっとも多い問題です。1日で一番長いお昼寝が午前中になると、夕方には赤ちゃんが疲れきって18時30分には就寝させる必要が出てきます。こうなると、朝6時には目を覚ましてしまいます。たとえなんとか夕方にお昼寝をさせることができても、そのせいで19時～19時30分にうまく寝つかなくなるという別の問題が起きることになります。

睡眠リズムを理解しましょう

夜すんなり寝ついてぐっすり眠ってもらうには、早い時期から午前中のお昼寝でよく眠る習慣を身に付けさせなければいけません。夜中の授乳のために起きなければいけないのがどれほど大変か、それでも朝7時に赤ちゃんを起こしなさいというアドバイスがどれほど理不尽か、よくわかります。しかし最初の数週間になんとか1日を7時に始められれば、毎朝違う時間に起きるよりも、ずっと早く赤ちゃんは夜長く眠るようになります。もちろん何時に起きようが夜中は長く眠る赤ちゃんがいるのもわかっていますが、少数派なのは間違いありません。

《午前中のお昼寝》

1カ月目

朝7時に起こしてしっかり授乳をすれば、次のお昼寝の時間まで、1時間〜1時間半は起きていられることが多いはずです。そして次の授乳時間の10時まで眠るはずです。8時〜8時30分には眠ってしまって、10時よりかなり前に目を覚ましてしまうときは、お腹がすいているせいでしょう。10時近くまでぐっすり眠るように、お昼寝の前に軽く授乳をしてください。10時になっても目を覚まさず起こさなければいけないようになったら、少しずつお昼寝前の授乳の量を減らして、最終的にはストップします。

1カ月目の終わりごろには、8時30分近くまで起きていられるようになり、10時近くまで眠るはずです。これは7時近くまで寝た場合ですので、7時より早く目を覚ます場合は、124ページの「朝早く目を覚ます」を参考にしてください。この時期にはまだ6時前後に起きることもあります。その場合は、その後の1日の授乳と睡眠がうまくいくように、できるだけ早く眠りに戻るように寝かしつけます。

ここが大切！

スケジュールを定着させるには、どんな状況でも、始める時間と終わる時間を設定するのが必要不可欠です。これをしないと、何週間、時には何カ月も日々スケジュールが変わり、定まることがありません。

4〜8週目

きちんとした睡眠リズムができあがるまでは、できるだけ静かな場所でお昼寝をさせてください。いったん日中のスケジュールが定着したら、お出かけの時間が重なったときに、ベビーカーでお昼寝をさせることもできます。しかし10時には起こせるように、9時45分までには家に戻ってくるといいでしょう。4週目を過ぎる頃には、だんだん長い時間目を覚ましていられるようになっているはずです。8週目には、1時間〜1時間半続けて起きていられるようになっているのが目標です。

もちろん赤ちゃんはそれぞれ違います。しかし、朝起きてすぐのこの時間はなるべく長い間起きていられるように働きかけましょう。7〜9時の間に長く起きていられる様子がなければ、次の二つのポイント、①**夜何時に目が覚めてしまっているか、②7時にどれくらい**（母乳かミルクを）**飲んでいるか**をチェックする必要があります。通常7時以降に長く起きていられない原因は次の通りです。

- 6時に目を覚まし、すぐに眠りに戻れない。その場合は、7時近くまで眠るように124ページを参考に対応してください。
- 6時に授乳をしていると、7〜8時の授乳がうまくいかない。6時に授乳したせいで7〜8時の授乳で一切飲まないか、またはほんの少ししか飲まず、朝のお昼寝がうまくいかないときはお昼寝の15分前に授乳をしてみてください。

8〜12週目

この時期には2時間近く起きていられるようになっているはずです。他の赤ちゃんより長く睡眠が必要な子は、その前に眠くなってしまうと思います。本当に長めの睡眠が必要な赤ちゃんと、単に睡眠リズムを調整する必要があるだけの赤ちゃんを混同しないようにしてください。睡眠が必要な赤ちゃんは9時前に眠りに落ちて、その後10時にママに起こされるまで眠り続けます。ランチタイムのお昼寝でもよく眠り、19時にもコトンと寝ついて、その後22時の授乳まで目を覚ましません。

生後8〜12週になって、朝7時近くまで寝るようになったのに、9時よりかなり前には眠くなって30〜40分もすると目を覚ましてしまう子は、ランチタイムのお昼寝を早める必要が出てくるため、その後のスケジュールがすべて崩れてしまいます。その場合は、12時前後にお昼寝を始められるように、午前中のお昼寝をしばらくの間2回に分けることをおすすめします（167ページ）。

3〜6カ月目

朝7時近くまで眠っていれば、この時期には9時からの45分間のお昼寝が定着していることと思います。これくらいの月齢になると、午前中のお昼寝の時間が減ってきて、9時30分には目を覚ましてしまう子もまれにいます。次のお昼寝を11時30分に始めることができればスケジュールにずれは出ませんが、できない場合は、11時15分に寝かせるか、午前中のお昼寝を2回に分けるかのどちらかを選択しなければいけません。

私は通常午前中のお昼寝を2回に分けるほうを選んでいました。こうすると、12時〜12時30分近くまで起きていられるからです。この月齢の赤ちゃんは、新生児と違って、11時15分に寝かせてしまうと、13時30分〜14時の間に目を覚ますことになります。こうなると、夕方のお昼寝を2回に分ける必要が出てきます。2回に分けるのは、夕方よりも午前中のほうが簡単です。

月齢が3カ月を超えると、ほとんどの赤ちゃんは夕方に寝かせるのがだんだん難しくなってきます。午前中のお昼寝が短いのを解消するためにどちらの方法を選んでも、この時期は一生続くわけではないということ、そして、6〜9カ月ごろには、自然と午前中はお昼寝をしなくなる赤ちゃんがほとんどだということを覚えておいてください。

【お昼寝を2回に分ける方法】

●午前中のお昼寝

午前中のお昼寝のときに、いつも9時30分に目を覚ましてしまう場合は、8時30分〜45分に20

〜30分程度の短いお昼寝をさせてみてください。そして10時30分〜11時に、10〜15分程度のお昼寝をもう一度させます。こうすることで12時から12時30分にランチタイムのお昼寝を始めることができます。その後は通常通りのスケジュールを続けてください。

●夕方のお昼寝

ランチタイムのお昼寝から13時30分〜14時までの間に目を覚ましてしまったせいで、16時30分のお昼寝まで起きていられないときは、14時30分〜15時前後に10〜15分ほどの短いお昼寝をさせてください。19時の就寝でうまく寝つくように、16時30分〜17時にも短いお昼寝をさせます。

重要なのは、お昼寝を2回に分けても、日中の睡眠時間の上限を超えないように調整することです。

6〜9カ月目

朝7時近くまで寝るのが定着したら、9時に眠くなるようなことも少なくなってきますので、起きている時間を数日おきに2分ずつ長くして、最終的にはお昼寝の時間を9時30分まで遅らせていきます。これで、ランチタイムのお昼寝が12時30分〜14時30分になり、(まだそうなっていない場合は)夕方のお昼寝をストップできるようになります。午前中のお昼寝の時間を減らしていかないと、ランチタイムのお昼寝が短くなるという問題が起きやすくなります。そうなると、就寝時間まで起きていられるように、夕方に短いお昼寝をさせなければいけません。

私の経験上、夕方になると寝るのを嫌がる子が多いため、お昼寝をさせることができず、結果、夜早く寝かせることになります。すると、朝起きるのが早くなる可能性があり、これが癖になってしまうと、午前中のお昼寝を遅らせるのが難しくなります。こうならないためにも、赤ちゃんのニーズを先読みして、早めに時間の調整を試みることが重要なのです。早起きの赤ちゃんへの対処法は124ページを参考にしてください。

9～12カ月目

この時間のお昼寝は15～20分とさらに短くなるか、まったく眠らなくなることもあります。その一方で、1歳を過ぎても午前中のお昼寝を続ける子もいます。寝つくのに時間がかかって、結局30～45分のうち10～15分しか眠っていないようであれば、この時間のお昼寝をやめてもいい証拠です。または、以前はよく眠っていたのに、ランチタイムや夜中、そして早朝に目を覚ますようになったら、この時間のお昼寝を短くするか、完全にストップしてください。午前中に眠らなくてもランチタイムのお昼寝の時間まで機嫌よく起きていられるのが2週間続いたら、この時間のお昼寝はやめてしまっても構いません。

2回していたお昼寝を1回にするのは注意が必要で、午前中のお昼寝をやめるとランチタイムのお昼寝の時間を早めなければいけなくなることが多くなります。ランチタイムのお昼寝の開始時間を早めると、当然起きる時間も早くなりますので、就寝時間にはヘトヘトになり、あっという間に深い眠りに落ちます。もしくは赤ちゃんが疲れすぎる前にベッドに連れていこうとすると、就寝時間がいつもよりかなり早くなってしまいます。

どちらの状況も赤ちゃんが朝早く目を覚ますようになる可能性が高く、結果として早起きが習慣化していきます。赤ちゃんが疲れやすくなりますので、ランチタイムのお昼寝の時間まで起きていられるように、午前中のお昼寝の時間を減らすどころか、増やさなければいけなくなります。ここで気を付けなければいけないことは、午前中のお昼寝の時間を徐々に短くしていく時期は、ランチタイムのお昼寝をいつもより少し遅めに始めて、寝る時間を短くしなければいけないという点です。この睡眠パターンに慣れたら、午前中のお昼寝を卒業し、ランチタイムのお昼寝の開始時間を元に戻してください。

月齢が9カ月を超えていて、朝早く目を覚ましたり、午前中のお昼寝を嫌がったり、ランチタイムのお昼寝の時間が短くなってきているときは（どの問題も、すぐに対処する必要があります）、早起きが大きなトラブルに発展しないように、次ページの「ここが大切！」を参考にしてください。

ここで重要なのは、早朝に目を覚ますことのない子にするには、自然になんとかなるとたかをくくらないことです。1年近くスケジュールがうまくいっていると、赤ちゃんは何もしなくてもよく眠る子で、このままうまくいくだろうと思ってしまいがちです。実際の月齢より一つ先のスケジュールを読んで、赤ちゃんの睡眠に関するニーズがどう変わっていくかを理解し、

ここが大切！

☆お昼寝の開始時間を9時30分から徐々に9時45分〜10時前後に遅らせます。この時間まで機嫌よく起きていられるようであれば、お昼寝の時間を15分に減らしていきます。ランチタイムのお昼寝を12時45分まで遅らせて、2時間以内のお昼寝をさせます。

☆9時45分から10時に眠そうにしていなくても、この時間のお昼寝をストップしてはいけません。やめるのが早すぎると、ランチタイムのお昼寝の時間を早める必要が出てきます。結果、夜の就寝時間も早めるか、スケジュール通りに起こしておいて赤ちゃんが疲れ果てるという状況になります。

☆午前中のお昼寝を11時まで遅らせて5〜10分寝かせてください。この短いお昼寝だけで、12時45分から13時のランチタイムのお昼寝までもつようになったら、午前中のお昼寝をストップし、ランチタイムのお昼寝を12時15分から12時30分前後に早めて2時間眠らせてください。

☆疲れすぎてランチをきちんと食べられないときは、体内時計が新しいお昼寝の時間に慣れるまでランチの時間を少し早めてください。食事をすると元気になって12時15分〜30分まで起きていられるようになります。

少しずつお昼寝の時間を減らすのが早起きを回避するための一番の方法です。

《ランチタイムのお昼寝》

　このお昼寝は必ず1日で一番長いものでなければいけません。この時間にぐっすり眠る習慣が付けば、赤ちゃんが疲れすぎることなく午後のアクティビティを楽しむことができますし、夜の就寝もぐずることなく落ち着いて行えます。近年の研究によると、正午（12時）と14時の間のお昼寝は、赤ちゃんの集中力が低下する時間と重なっているため、遅い時間のお昼寝よりも眠りが深くなり、良質な睡眠が得られると言われています。
疲れきってから就寝する赤ちゃんは、朝、目を覚ますのも早くなりがちですので、午後のお昼寝から夜の就寝時間までの間隔が長く空きすぎないようにするのが重要です。最初の数カ月は1日3回のお昼寝をしていますので問題ありませんが、夕方のお昼寝をストップする時期がきたときに、ランチタイムのお昼寝が短いものになってしまうと、そこで問題に発展します。お昼寝の時間を管理するのに先読みして備えるのが重要な理由は、ここにあります。

1カ月目

午前中のお昼寝でどれだけ寝たかに関係なく、その後のスケジュールを軌道に乗せるために、必ず赤ちゃんを10時に起こしてください。この時期の赤ちゃんは、1時間〜1時間半以上は起きていられません。11時15分にはどうしても眠くなってしまう赤ちゃんもいますが、ランチタイムのお昼寝は11時30分〜14時を目標に行いましょう。なんらかの理由で午前中のお昼寝が短くなった場合は、2時間半眠らせてください。

最初のうちは、この時間のお昼寝がうまくいかず早く目を覚ますこともあります。その場合は、夜の授乳と同じ方法でおっぱいまたはミルクをあげて、寝かし付けてください。もしそれでも寝つかない場合は、16時まで機嫌よく起きていることはできませんので、14時〜14時30分の授乳後に15〜30分の短いお昼寝をさせてください。そして16時30分にもう一度30分ほどお昼寝をさせます。これで疲れすぎたり機嫌が悪くなったりすることなく、19時にすんなり寝つくようにスケジュールを再び軌道に乗せることができます。

4〜8週目

この時期になると、授乳間隔が長く空いても平気なことが増えてきます。7〜9時まで起きていられることもあるはずです。午前中のお昼寝で1時間以上眠ったあと、ランチタイムのお昼寝でうまく寝つけなかったり、寝る前に授乳をしているのに1時間もすると目を覚ましてしまったりするときは、午前中の睡眠時間が長すぎるのが原因です。ランチタイムのお昼寝がうまくいかないと、午後に何度もうとうとして、結果的にずっとぐずっている状態に陥ります。この場合は、2週間ほど午前中のお昼寝を30分と15分の2回に分けてください（167ページ）。この方法で約30〜45分睡眠時間が減りますので、ランチタイムのお昼寝が改善するはずです。

この月齢のときに、ランチタイムのお昼寝で長く眠らない理由の多くは、空腹です。お腹がすいて目を覚ますことがないように、お昼寝の前に軽く授乳することをおすすめします。

2カ月目に入ったら、眠くても必ず目は覚めている状態でベッドに寝かせてください。寝るときにはベッドに行くものなのだと赤ちゃんに理解させるようにしましょう。

8～12週目

8～12週目になると、30～40分もすると目を覚まして、再び寝つくのを嫌がることがあるかと思います。これまでと同様、授乳をしてもう一度寝かしつけてください。ただし、赤ちゃんをベッドに寝かせるときに、完全に眠ってしまっていないかを確認してください。この月齢に達したら、自分で再び寝つく術を身に付けるのが非常に重要です。これができないと、2時間～2時間半続けて眠ることはできず、30～40分すると目を覚ますのが癖になってしまうからです。

腕も一緒にすべて体をくるまれている状態で眠るのに慣れている赤ちゃんは、腕を出す半ぐるみの状態で眠るのが嫌いで起きてしまうことがあります。その際は妥協して、赤ちゃんが腕を出す状態に慣れるように、片腕だけ出して包んでみてください。

3～6カ月目

まだお昼寝の時間が減っていない場合は、午前中のお昼寝を徐々に減らして45分以内に抑えてください。3～6カ月になると、2時間近く起きていられるようになりますので、ランチタイムのお昼寝の開始時間が12時前後になります。今までよく眠っていたのに、急に半分ほど寝たところで目を覚ましたり、いつもより早く起きたりすることがあります。4～6カ月のときであれば、恐らくお腹がすいているせいだと思います。授乳時間を10時30分に早めて、お昼寝の前にもう一度しっかり授乳します。

6カ月目以降

6カ月を過ぎたら、午前中のお昼寝を9時〜9時30分に徐々にずらしていきます。こうすることで、ランチタイムのお昼寝を12時30分に始めることができます。11時の授乳を少しずつ減らしながら離乳食に移行し、3回食が定着したら、お昼の離乳食を12時に始めましょう。これはお昼の離乳食をしっかり食べるように、朝とお昼ごはんの時間を十分開けるためです。

この時間のお昼寝で2時間以上寝ない場合は、7時と12時の間に30分以上寝ていないかを確認してください。寝つくのに時間がかかって、眠ったのが9時45分になっても、必ず10時には起こさなければいけません。あまり多くはありませんが、6〜12カ月目の赤ちゃんの中には、ランチタイムのお昼寝でしっかり眠らせるには、午前中のお昼寝を15〜20分まで減らす必要がある子もいます。午前中のお昼寝を短くするかストップする必要があると感じたら、171ページの「ここが大切！」を参考にしてください。

9〜12カ月目

寝かしつけに苦労し1時間〜1時間半で日を覚ましてしまうときは、午前中のお昼寝を短くするか、完全にストップしてください。

《夕方のお昼寝》

3回のお昼寝で一番短く、最初に必要なくなるのがこのお昼寝です。この時間に自由にお出かけができるように、ベビーベッド以外の場所で寝るのに慣れさせるのも重要です。

1カ月目

ランチタイムのお昼寝でぐっすり眠り、14時〜14時15分に目を覚ましたら、15時30分〜16時には眠くなるはずです。その時間まで起きていられない赤ちゃんは、15時〜15時30分には眠り始めます。その場合は、一度短めのお昼寝をさせて、起こしたあとに少し時間をおいて、その後もう一度17時近くまで短めのお昼寝をさせます。17時までそのまま寝かせておきたい衝動にかられると思いますが、それをすると夕方の睡眠時間が長すぎるために、2〜3週目に入った頃に就寝時間の寝かしつけがうまくいかなくなりますので気を付けてください。

4〜8週目

2カ月目に入ると、ランチタイムのお昼寝でしっかり眠っていれば、14時〜14時30分の授乳のあとは長い間目を覚ましていられるようになり、16時15分前後までは眠くなることもありません。16時15分より前に眠くなってしまうようであれば、短めのお昼寝を2回、合計で1時間ほどさせてください。まとめて1時間お昼寝をさせるのはおすすめしません。

たとえば、15時30分にうとうとし始めて16時30分までぐっすり眠ってしまったら、疲れすぎる前に寝かせようと思うと、就寝時間は18時15分になってしまいます。また、17時までしっかり眠らせてしまったら、夕方の睡眠時間が長すぎたために、19時の就寝でうまく寝つかなくなります。14時から17時の間は、お昼寝を2回に分けても、合計で1時間以上眠らせないようにしましょう（お昼寝を2回に分ける方法の詳細は167ページを参照）。

8〜12週目

夜しっかり眠り、月齢に合わせたお昼寝の時間も守れている赤ちゃんは、夕方のお昼寝の時間が減り始める時期で、16時30分まで起きていられるようになります。16〜17時の間にうとうとする赤ちゃんもいますが、眠らずにずっと起きていられる赤ちゃんも出てきます。

3カ月目以降

午前中とランチタイムのお昼寝でしっかり眠っている赤ちゃんは、徐々にこの時間のお昼寝が短くなって、10〜15分ほど軽く眠るだけになります。ここで重要なのは、お昼寝を16時30分から16時45分前後に始めることです。この時間のお昼寝が短くなるか早まると、19時の就寝時間まで起きていられなかったり、疲れすぎて寝つきが悪くなったりなどトラブルが起きやすくなります。お昼寝が短くなる気配がない場合も、将来的にやめられるように数日ごとに2分ずつ起きていられる時間を延ばしていくようにしましょう。私の経験上、3〜4カ月になる頃までに夕方のお昼寝をやめた子は、夜通し眠るようになるのも早いことが多いようでした。

ランチタイムのお昼寝でしっかり眠っていないと、夕方のお昼寝はやめることができませんので、まずランチタイムのお昼寝の問題を解決する必要があります。

スケジュールを調整するには

0〜6カ月目の場合

長年さまざまなスケジュールを試してきましたが、生後間もない赤ちゃんにも、もっと月齢の高い赤ちゃんにも、例外なく一番合っていたのが、午前7時に起きて午後19時に寝るスケジュールでした。赤ちゃんの自然な睡眠リズムと、少量を頻繁に授乳しなければいけないという授乳のパターンにぴったりだからです。可能であれば、ジーナ式の時間をできるだけ守るようにしてください。1日の授乳回数が4回になって、お昼寝の時間も減ってきたら、赤ちゃんが生まれもつ睡眠と授乳のリズムに合わせてスケジュールを調整することができるようになります。6カ月未満の場合は、次のポイントを念頭に置いてスケジュールを調整しましょう。

● 夜中に二度以上起きないように、最初の数週間は、深夜24時前に少なくとも5回の授乳を組み込む必要があります。そのためには、スケジュールを6時か7時に開始しなければいけません。

●生後すぐの数週間は、8時起床、20時就寝のスケジュールでは、深夜から朝7時の間に2回授乳することになります。さらに8時から20時のスケジュールのもう一つの問題点は、新生児期は深夜24時に授乳をしてもしなくても、高い確率で6~7時の間に目を覚まし、再び寝かしつけるのに授乳をしなければいけないという点です。

6カ月目以降の場合

6カ月になると離乳食が始まり、22時台の授乳も卒業しているため、スケジュールの調整が楽になります。ほぼ毎日朝7時まで夜通し寝ていれば、7時30分や8時のスタートにして、残りのスケジュールを同様に遅らすこともできます。もちろん就寝時間も遅くしてください。朝の起床時間を遅らせたい場合は、次の方法を試してください。

●12時~12時30分にはランチタイムのお昼寝を始められるように、午前中のお昼寝時間を一気に減らしてください。

●ランチタイムのお昼寝は2時間以内に抑え、夕方のお昼寝はストップします。

保育園に通うための調整法

保育園は事情によってさまざまな月齢で始めることになりますが、次のアドバイスは6カ月の赤ちゃん用のものです。

睡眠について

最初の数週間は、保育園でどんなによく眠っていても、家に帰ってくると疲れ果てているはずです。新しい環境や人など、さまざまな変化に対応するのは、赤ちゃんにとって大仕事です。いつもの就寝時間に寝かせたい気持ちはよくわかりますが、赤ちゃんが新しい環境に慣れるまでは、早めに寝かせる必要があるかもしれません。保育園に毎日行くのでなければ、その日の状況に合わせて就寝時間を調整してください。家にいる日や週末は、都合がよければ、今まで通りのスケジュールで進めてください。保育園に慣れたら、いつものスケジュールに戻れるはずです。ただし、ランチタイムのお昼寝は少し短くなります。

保育園にいると、ランチのあとに長時間お昼寝するのは難しく、1時間、もしくはそれ以下しか眠れません。この短いお昼寝時間に慣れるまで、最初のうちは苦労するかもしれません。その場合は、午前中に長めのお昼寝をさせるように保育園にお願いしてみましょう。こうすることで、睡眠量は少なくても、ランチタイムのお昼寝の時間を遅らせることができますので、就寝時間の疲れすぎを防ぐことができます。

保育園では、午前中に短いお昼寝をして午後に長いお昼寝をするという睡眠パターンとは違って、午前と午後に同じ長さのお昼寝をさせているかもしれません。家にいる日は、通常のスケジュールに戻し、午前中に短めのお昼寝をさせ、午後に長めのお昼寝をさせても大丈夫でしょう。時間がたつと、家とは違う保育園のスケジュールに慣れる赤ちゃんがほとんどです。

午前中のお昼寝で長く眠らず、結果、短いお昼寝を2回している場合は、お迎えのときに10分ほど長めに運転して、車の中で軽くお昼寝をさせてみてください。早く赤ちゃんを連れて家に帰りたいときは面倒に思えるかもしれませんが、就寝時間に疲れすぎてぐずるのを防ぐためにも、実践する価値が十分あると私は思います。

これも赤ちゃんが保育園の短いお昼寝に慣れて、最後のお昼寝から就寝時間まで起きていられるようになるまでの短い間のことです。月齢に合わせて決められた日中の睡眠時間の上限を超えないように注意してください。

授乳について

ほとんどの保育園はランチの時間が11時30分で、おやつの時間が15時30分です（イギリスの場合）。この2食を保育園でしっかり食べていれば、家でもう1食出したときに、全部食べられなくても無理はありません。けれども、15時30分～16時のあと朝まで何も食べずにいるとお腹がすいてしまいますので、家に帰ってきたときに、就寝時間までお腹がもつように軽い食事をあげてください。

ただし、ミルクをしっかり飲んでもらうためにも、17時45分以降は離乳食をあげないようにしましょう。この時期は、就寝前のミルクもまだまだ重要ですので、飲む量が減らないように離乳食の量は控えめにしてください。赤ちゃんは恐らく疲れていますし、時間もあまりありませんので、食事は早めに行います。手早く食べられて簡単なものを用意します。

お出かけのための調整法

赤ちゃんにとっても、ママやパパにとっても、外に出て新鮮な空気を吸い、友達に会ったり、楽しい場所にお出かけしたりするのはとても重要です。生後すぐの大変な時期は、親となり、生活が大きく変わる時期でもありますので、友達や家族に会うのは大きな気持ちの支えとなります。ジーナ式はハッピーな赤ちゃんとの時間を楽しみながら、同時に自分の自由な時間を作りだすためのものです。

もちろん、できる限りスケジュール通りに進めるのが理想ですが、お出かけの予定があるときには難しいのはわかります。公園にお散歩に行ったり、友達とカフェに行ったりなどの短時間の外出の場合は、出かける時間をお昼寝のタイミングに合わせるだけで簡単にスケジュールを調整できるはずです。しかし、赤ちゃんの月齢が低い時期は、ベビーカーに乗せた途端に居眠りし始めると思いますので、なかなかうまくいきません。日中に眠りすぎることがないように、お出かけをお昼寝の時間に合わせてください。

出かける時間が長い場合は、スケジュールを多少変更する必要があります。しかし心配しないでください。今までスケジュールを定着させるために頑張ってきた努力が無駄になるようなことはありません。これから紹介するアドバイスは指針として参考にしてください。あなたの赤ちゃんのことは親であるあなたが一番よくわかっています。必要があればさらなる変更も遠慮なく行ってください。

ランチの時間にお出かけする場合

ランチタイムのお昼寝の時間に、ベビーカーで2時間しっかり眠れる子であれば、そのままスケジュールを進めてください。スケジュールをそれほど変更する必要なく、いつものお昼寝と授乳の時間を守ることができます。ベビーカーでは45分以上眠れない子もたくさんいますので、その場合は、次のように調整してください。

● 例外的に、朝のお昼寝で（赤ちゃんが眠り続けているときは）1時間半眠らせたままにしてください。こうすることで、ランチが終わるまではぐずることもないはずです。ランチ後は、ベビーカーや車の中で45〜60分のお昼寝をさせます。午前中に30〜40分以上眠らなかったときも、心配しないでください。ランチタイムのお昼寝のときに、30〜40分で目を覚ますことになっても、気にせずお出かけを楽しんでください。起きた時点で、授乳の時間ではなくても、構わず授乳します。スケジュール通りに進めることにこだわりすぎて、レストランや友達の家で赤ちゃんが大泣きすることがないようにするのが重要です。13時に半分ほど飲ませ、その後に14時〜14時30分にもう一度授乳し、ベビーカーで再びお昼寝をさせてください。45分以上眠ることはあまりありませんので、夕方にもう一度短いお昼寝をさせる必要が出てきます。お出かけの日は、1日に30〜45分の短いお昼寝が3回になってしまっても、気にしないようにしましょう。

●目的地まで1時間ほどかかる場合は、午前中のお昼寝を車でさせましょう。赤ちゃんが疲れすぎてぐずり始めないように、通常眠り始める時間の10分ほど前に家を出ます。そして、ランチタイムのお昼寝は折りたたみ式のポータブルベビーベッドでさせます。月齢や、車の中でどれくらい長く起きていられるかによりますが、1日のお昼寝の時間の上限を超えることがないように、ランチタイムのお昼寝の時間を少し減らして、帰り道に車の中で寝かせることもできます。

●なんらかの理由でプラン通りに進まず、17時〜18時の間に眠ってしまっても心配ありません。単に19時に寝つくのが難しいというだけですので、よく赤ちゃんを見て、眠そうになり始める19時30分から20時の間に寝かしつけます。寝る時間がいつもより遅くなっても、次の日は必ずいつも通りの時間にスタートします。

友人宅で夜まで過ごす場合

友達の家で1日中過ごすことになっている日は、就寝準備を家にいるときと同じ要領で行いましょう。友達に家での流れを説明して、お風呂に入れてもいいか聞いてみます。ミルクを飲ませて、19時にはパジャマを着せてスリーピングバッグに入った状態で車に乗せて帰路につくことができます。遊び疲れていなければ、いつもと違う場所でお風呂に入るのも喜んでくれるでしょう。家に着いたところで、運がよければ眠っている赤ちゃんをそのままベビーベッドに寝かせることもできるはずです。目を覚まして寝つかない場合は軽く授乳しましょう。次の日の朝の授乳で飲む量が減ることもありますが、1日を通して十分な量を飲んでいれば問題ありません。

なんらかの理由でお風呂に入れられなくても心配しないでください。代わりに、次の日の朝に入れてください。

新鮮な空気と運動を

どこに出かける場合でも、赤ちゃんには新鮮な空気を吸わせて運動させてあげてください。友人や家族の家で1日中過ごすときも、プレイマットでのびのび体を動かすことができるはずです。新鮮な空気を吸うために、外にお散歩に行くのもとても重要です。たいてい、新鮮な空気を吸うと赤ちゃんはよく眠るようになりますので、車の中で寝てしまっても新鮮な空気を吸って多少体を動かしていれば、就寝時間にコトンと寝つくはずです。

月齢の低い赤ちゃんとお出かけするときは、代わる代わる赤ちゃんを抱っこして、いつも誰かの腕で抱かれているという状態にならないようにしましょう。家族や友人が抱っこしたいの

ここが大切！

お出かけの計画を立てているときに覚えておかなければいけない大事なポイントは、多少スケジュールが狂っても気にしないことです。私の経験上、赤ちゃんがハッピーであれば、変化にもうまく適応します。

はわかりますが、赤ちゃんも少しのびのび体を動かす時間が必要だと説明してください。

お出かけの次の日

お出かけが好きな赤ちゃんもいれば、せわしなく出歩くのが苦手な赤ちゃんもいます。後者であれば、1日お出かけしたあとはとても疲れているはずです。忙しい1日のあと赤ちゃんが疲れているように見えたら、前日の疲れを癒してのんびり過ごせるように、次の日はゆったりといつも通りのスケジュールで過ごしてください。これは、赤ちゃんの様子をよく見て判断しましょう。のんびり家で過ごしたり公園にお散歩に行ったりするのは、ママにとってはつまらないかもしれませんが、自分のペースで外の世界に慣れていく必要がある赤ちゃんにとっては、いつもと同じ1日は心の休まる時間でもあります。

夜のお出かけのための調整法

夜の外出に赤ちゃんを連れて行くのを躊躇《ちゅうちょ》するのはよくわかります。

とくにスケジュールがやっと軌道に乗ってきた場合はなおさらです。しかし、アジアや中東、イタリアなどでは、夜に赤ちゃんを家族の集まりに連れて行くのが一般的で、そのような国々で働いた経験からも、必要であれば外出のためにスケジュールを調整することは不可能ではありません。この方法を学ぶのが早ければ早いほど、のちのち夜に招待されることがあっても無理なくお出かけすることができるようになります。

赤ちゃんの月齢にもよりますが、パーティーに連れて行くのには二つの方法があります。月齢が6カ月以上で、スケジュールがしっかり定着している場合は、少し早めに到着して就寝の準備をパーティーの主催者宅で行えるかどうかを聞いてみてください。この方法であれば、他のゲストが到着する間、2階の寝室でポータブルベビーベッドに寝かせることができます。しかしいつも通り寝つかない場合は（恐らくいつもとは違う状況だと赤ちゃんも気付くでしょう）、気にせず状況を受け入れて、月齢の低い赤ちゃん用の方法を試してください。

レストランに出かける場合など、出先でいつも通りの就寝準備ができなくてもお出かけは可能です。その一晩だけは次の通りにスケジュールを変更するだけです。大事なポイントは、お出かけの間は、赤ちゃんの授乳と睡眠を、夜ではなく昼間と同じ方法で行うということです。いつもの就寝準備も省きます。

次のガイドラインを読めば、状況に合わせてスケジュールを調整し、自信をもってお出かけができるようになります。外出先でも赤ちゃんは機嫌よくいてくれて、スケジュールを続けていくことは可能ですので安心してください。

赤ちゃんとのお出かけを成功させる方法

●お出かけの日の午後にお散歩に連れて行きます。新鮮な空気を吸うと、赤ちゃんの寝つきがよくなりますし、ママもお出かけ前に英気を養えます。

●離乳食が始まっている場合は、いつもの時間に夕食を食べさせます。または、少し早めに食べさせてお出かけの準備をしましょう。

●出かける前に授乳します。就寝前に飲ませる分を昼間の授乳方法であげてください。ここで就寝時間だと赤ちゃんに思わせないことが重要です。

●着替え、ブランケット、お気に入りのおもちゃを準備します。ミルクを使用している場合は、2回分の授乳に必要なものも忘れずに。

●お出かけ先に到着したら、友人たちが赤ちゃんのもとに集まってくることでしょう。たくさんの人にたらい回しに抱っこされないように、赤ちゃんはベビーカーやカーシートに寝かせたままにしてください。通常この時間は寝ているため、あまり刺激を与えすぎると疲れてぐずりだし、早めに帰宅しなければいけなくなるということを説明しましょう。

●車の中で短時間でも寝ていると、元気になって1～2時間は機嫌よく起きていられるはずです。車の中で眠らなかった場合は、赤ちゃんをこまめにチェックして、疲れすぎる前に、できるだけ寝かせるようにしてください。眠らせるために軽く授乳する必要があるかもしれません。静かな場所を探しましょう。授乳のあとはベビーカーに寝かせて、ベビーベッドと同じ方法で、ブランケットをかけてマットレスの下に挟み込み、静かな場所に連れて行きます。

●赤ちゃんがいつもとは違う環境にいるのを感じ取ることもあるでしょう。赤ちゃんが寝つきやすいように、ベビーカーを軽く揺らしてください。寝ついたら、信頼できる友人数人と順番で15分おきに赤ちゃんの様子を見に行きます。こうすることで常に赤ちゃんのことを心配する必要なく、おしゃべりを楽しむことができます。

●赤ちゃんがどれくらい眠るかは、大きな期待をしないようにしましょう。数時間眠ってくれれば上出来ですが、30～40分しか眠らないこともあります。その場合は、ベビーカーを軽く揺らしてもう一度寝かしつけてください。それでも眠らなければ、その後1～2時間は起きていることになりますが、仕方ありません。機嫌が悪ければ、もう一度軽く授乳をしてから抱っこで安心させてください。

帰宅後にどうやって赤ちゃんを寝かしつけるかは、外出中にどれくらい目を覚ましていたか、または家に着いたときに目が冴えてしまったかどうかで決まります。車の中で寝ついて眠たそうにしているときは、素早くおむつを替えてパジャマに着替えさせてからベッドに連れて行きます。半分眠っていても、ベッドで寝ているのがわかるように寝かせてください。少し休んで目が冴えている場合は、いつもの入浴→授乳という一連の流れで寝かしつけてください。

大事なことは心配しないことです。お出かけ先で何があっても、いったん帰宅して、いつもの環境に戻ったらとくに問題なく再びスケジュールに戻るはずです。毎晩パーティーに行けと言っているわけではありませんが、赤ちゃんが生まれたばかりのママやパパが、外出先で今まで通りに友人たちと楽しい時間を過ごすのは非常に大事なことです。赤ちゃんのせいで家に縛り付けられていると感じて、ストレスをため込まないようにしましょう。

旅行のための調整法

私が一番よく聞かれる質問の一つが、旅行中のスケジュールの進め方です。のんびり楽しい時間を過ごそうとしているときに、ランチタイムのお昼寝や就寝時間に遅れないように部屋に戻れるか心配していてはリラックスできません。旅行中、毎日お手伝いの人がいるのであれば別ですが、そうでなければランチやディナーに出かけられるように、スケジュールを調整することをおすすめします。

私のクライアントの多くは、長時間のフライトや何時間もの時差がある旅行に頻繁に出かけていました。旅行中は、いつもの7時から19時のスケジュールを、9時または10時に始めて21時または22時に終えるようアドバイスしていました。つまり、朝の短いお昼寝が11時から12時の間にくることになり、しっかり眠って元気が回復した時点で、13〜14時のランチの時間にお出かけすることができるからです。離乳食の始まっていない月齢の低い赤ちゃんであれば、ベビーカーに座って賑《にぎ》やかなレストランの様子をお行儀よく眺めていることが多いと思います。もう少し月齢の高い赤ちゃんであれば、ママたちと一緒にお食事を楽しめるでしょう。

この方法のほうがお昼寝中にランチをすませるよりも簡単だと思います。赤ちゃんが疲れすぎてランチの時間によく眠らないことがあるからです。ランチタイムのお昼寝の時間はさらにあとにきますので、お出かけ中にベビーカーでさせることもできます。昼食後、ベビーカーで2時間丸々眠ることはあまりありませんが、夕方にもう一度お昼寝がありますので問題ありません。どの月齢のスケジュールかにもよりますが、18〜19時前後の夕食の時間には再び元気になっているはずです。6カ月未満の赤ちゃんであれば、夕食中やレストランからの帰宅途中にベビーカーでうとうとして、ホテルや滞在先についた途端に目を覚ますこともあるかと思います。その場合は、少し遊ばせてからいつも通りお風呂や就寝の準備をしてください。

たとえ寝る時間が遅くなっても私は気にしていませんでした。次の日にいつもより遅い時間まで寝るのがわかっていたからです。ホテルに戻った頃にはぐっすり眠っていて起こすことができないこともありました。その場合は、すばやくパジャマに着替えさせて授乳をしてから寝かしつけました。たとえ短時間でもお風呂に入れて、いつも通り就寝の準備をしたほうが、長く眠ることが多いようでした。この一連の流れで、「今は就寝時間で、長く眠る時間なのだ」と赤ちゃんにサインを送っているせいだと思います。19〜20時の間に起きてしまうこともあり

ここが大切！

大事なのは、到着後すぐに現地時間で行動することです。最初の夜は就寝時間を少し遅らせますが、時差を気にする必要はありません。193ページからの旅程を参考にして、スケジュールを調整してください。

ますが、その場合は21〜22時まで眠るように、もう一度軽く授乳をして寝かしつけていました。

時差ぼけの解消方法

1歳未満の赤ちゃんは1日に1〜3回のお昼寝をしていますので、大人と同じように時差ボケに悩まされることはないと思います。長距離便で旅行をする場合はフライト中のほとんどの時間を寝て過ごしてくれるように、可能であれば夜に出発する便を予約するようにアドバイスしています。昼のフライトしかとれない場合、旅行中はいつものスケジュールには固執せず、赤ちゃんが眠そうであれば無理に起こしておくのはやめましょう。私は旅行中は赤ちゃんが寝たいときに眠らせていました。

しかし長距離のフライトの場合は、しっかり食事や授乳をすませられるように、着陸の最低1時間前には起こしていました。世界のどこにいて、時差が何時間であっても夜中に何時間も目を覚ましていることがないように、現地時間で夜の21時から22時近くまで起こしておくことが重要です。現地時間の何時に到着するかにもよりますが、昼間の赤ちゃんの睡眠時間を調整して、18〜19時の間に1〜2時間程度眠らせるようにしてください。

その後赤ちゃんを起こして、いつもは17〜19時の間にしている夕食、プレイタイム、入浴、授乳、読み聞かせの一連の流れを21〜22時の間に行います。1日目、2日目の夜には目を覚ますこともありますが、その際はできるだけ時間をかけず授乳をして、すぐに眠りに戻らせるのがベストです。次の日は、前日の夜の睡眠時間に関係なく、9〜10時の間に起こして旅行用に調整したスケジュールをスタートします。

帰国したときにも同じ方法で最初の夜を過ごします。夕方過ぎに軽くお昼寝をさせて、就寝時間を遅らせます。3日ほどかけて少しずつ朝起こす時間と就寝時間を早めて、最終的には7時から19時のスケジュールに戻していきます。

《長距離便で旅行した場合のスケジュール》

16時40分

- 出発前に授乳と軽食をすませる。家できちんとした食事をさせるには時間が足りない上、時差を考えると、もう少し後で食事をさせたほうが都合がいい。

17時30分

- 空港に出発する。19時30分の食事の時間に疲れすぎていないように、移動中か空港で短くてもできるだけお昼寝をさせる。

18時30分

●空港に到着。

19時〜19時30分

●きちんとした食事をとらせる。水かミルクも少量飲ませる。まとまった授乳は搭乗後に。

20時30分

●搭乗する。

21時05分

●離陸（12時間のフライト）。搭乗を待っている間に眠ってしまったら、授乳のために起こさないこと。フライト中に必ず目を覚ますので、そのときにたっぷり授乳する。目を覚ましてぐずり始めたら、すぐに授乳するか、おやつ（適齢であれば）を食べさせる。

●飛行機を降りる前に授乳と朝食の時間が十分もてるように、着陸の最低1時間前には起こす。

8時55分（現地時間）

●到着。

9時45分

●ホテルまで車移動（45分）。ホテル到着までお昼寝。しなかった場合は、到着後すぐにお昼寝をさせる（30〜40分程度）。フライトで長時間目を覚ましていた場合は、2時間ほど寝かせる。現地時間で行動すること。

10時30分

●ホテルに到着。車でしばらく眠ったのなら、いつも通りのスケジュールに近付けられるはず。12時前後にランチを食べさせ、その後長めのお昼寝をさせる。いつもより午前中のお昼寝時間が長かったときは、13時ごろに短いお昼寝をするだけかもしれない。これまでの睡眠状況に関係なく、なるべく14時30分には起こして授乳をする。これで現地時間に合わせたスケジュールが軌道に乗り始める。

17時

●離乳食を始めている場合は、この時間にお水やミルクと一緒に離乳食を食べさせる。

18時〜18時30分

●ここがいつものスケジュールと違う重要ポイント。この時間に1時間〜1時間半のお昼寝をさせる。どんなに疲れているように見えても、夜中に目を覚ます可能性があるため、この時間には就寝させない。短いお昼寝をさせるために、ベビーカーで外にお散歩に行くといい。

19時〜19時30分

●1時間から1時間半のお昼寝をしたら、軽く食事をとらせ、その後2時間起こしておく。1時間ほどたったところでいつもと同じ要領で入浴など就寝の準備を始める。いつお風呂に入れるかは、赤ちゃんの疲れ具合を見て決める。入浴後はたっぷり授乳をして、21時30分までには就寝。

●夜、目を覚ましたら、素早く授乳してすぐに眠りに戻らせる。夜に飲んだ分は朝一番の授乳分として計算する。離乳食をすでに始めている場合は、続いて食べさせて、その後軽く授乳する。

●翌日は、現地時間の午前8時までには赤ちゃんを起こし、スケジュールを調整する。午前中のお昼寝を短くして通常のスケジュールに近付ける。すべて現地時間で行う。19時30分前後には眠そうな様子を見せるはず。スケジュールを9時に始めて21時就寝とする場合は、9時まで寝かせておく。

気を付けること

近年、The Lullaby Trustや英保健省は、乳幼児突然死症候群のリスクを軽減するために、赤ちゃんが6カ月になるまでは昼夜を問わず、常に親と一緒の部屋で寝るようにアドバイスしています。ベビーベッドやクーハンが一番安全な場所として推奨され、寝ているときは定期的に赤ちゃんの様子を見るようにすすめています。ベッドの中には、おもちゃやベビーモスリンなど不要なものを置かないようにしてください。月齢の低い赤ちゃんをカーシートで眠らせることも推奨されていません。車中で長時間座ることになるときもチェックを怠らないようにしてください。新鮮な空気を吸ったり授乳をしたりするために、定期的に休憩をとりましょう。

これらのガイドラインは月齢6カ月未満の赤ちゃんのためのものです。6カ月以降はお昼寝や夜の就寝は、赤ちゃんの部屋でさせることもできます。6カ月になるまでは、入浴後の一連

5-3　1年目に必要な睡眠時間

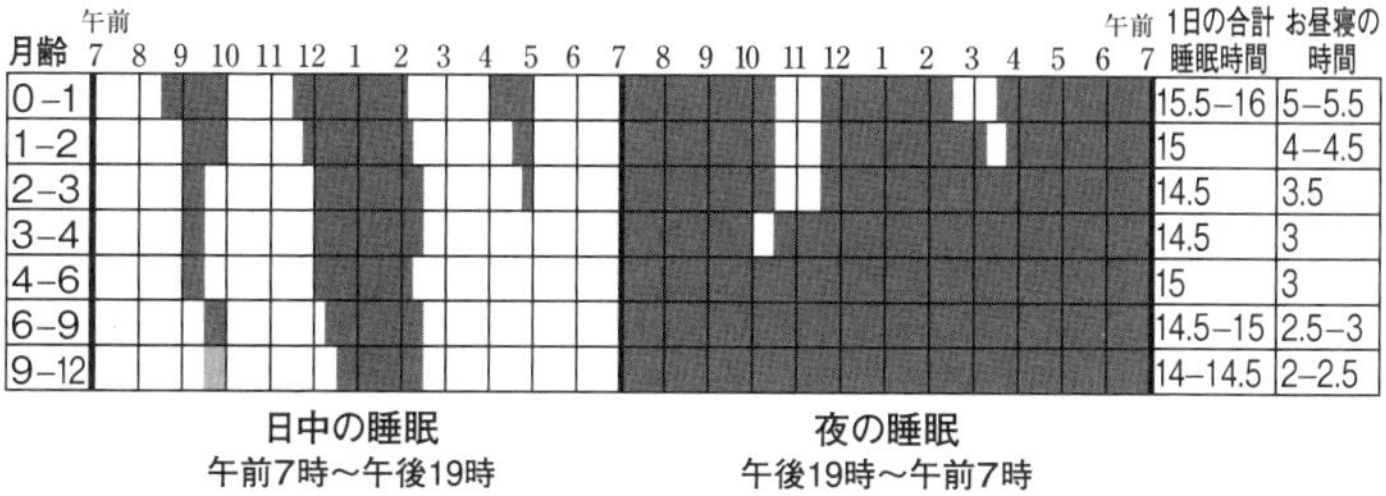

の就寝準備は、夜、赤ちゃんが眠ることになる部屋ですませてください。赤ちゃんの部屋で行うときと同じように、静かにゆったりとした環境で行ってください。リビングにベビーベッドを置くのは現実的ではありませんので、The Lullaby Trust がすすめるように、ベビーカーのキャリーコットに適切なマットレスを敷いて使用するのも一つの手です（本書では、6カ月未満の赤ちゃんのスケジュールで、眠る場所を「ベッド」としていますが、これはキャリーコット、またはベビーベッドを意味します）。

　キャリーコットで寝かせる場合も、ベビーベッドと同じ方法で寝かしつけるのが重要です。キャリーコットの足側に赤ちゃんを寝かせ、頭側に体が上がっていかないように、シーツや上掛けをしっかりマットレスの下に挟み込みましょう。19ページを参考にしてください。The Lullaby Trust も赤ちゃんが寝ているときに、親が短時間部屋を出なければいけないことがあるのは容認しており、長時間に及ばなければ許容範囲だとしています。

　この新しいガイドラインに沿ってスケジュールを進めて定着

させるのは、以前より少し時間がかかるかもしれません。しかし、赤ちゃんは必ず正しい睡眠習慣を身に付けて夜通し眠るようになりますので、どうか安心してください。

第6章　ジーナ式スケジュール・実践編

スケジュールを始める前に

まず次の項目を読んで、3時間おきの授乳から「1〜2週目のスケジュール」に移行できるかどうかをチェックしてください。

□ 出生体重まで戻った。
□ 授乳間隔が3時間空いても平気（3時間はそれぞれの授乳の開始時間から計る。つまり、授乳に1時間かかった場合は、そこから次の授乳までは2時間ということになる）。
□ 授乳間隔が空いても大丈夫な兆候がある――授乳のために起こさなければいけないことが多い。
□ 授乳後しばらくの間は機嫌よく目を覚ましていられる。

赤ちゃんが右のチェックリストをすべてクリアしている場合は、自信をもって1〜2週目のスケジュールに進んでください。3時間おきの授乳とあまり違いはありませんが、唯一異なる部分は、お昼寝の時間（とくにランチタイムのお昼寝）をきちんと管理するという点です。また、入浴→授乳→就寝といった一連の就寝準備も始まります。入浴後、まとまった睡眠時間をとり始めるのもこの時期です。1日のうち何度かはまだ3時間おきの授乳が必要ですが、1～2週目のスケジュールでは午前10時～11時15分の授乳を2回に分けています。こうすることで、ランチタイム後のお昼寝がスムーズにいきます。また、19～22時に長く眠るように、17時～18時15分の授乳も2回に分けられています。

次のスケジュールに進んだら、何もしなくても書かれた授乳と睡眠の時間通りに赤ちゃんが飲んで、寝るわけではないということは覚えていてください。授乳と睡眠のリズムが嚙み合わず、それぞれ別々のスケジュールが必要になる時期もあります。

低出生体重児の場合

低出生体重児は、退院する頃には定期的に授乳をする習慣が定着していることが多いようです。これは、低出生体重児の場合、授乳間隔を空けるのは厳禁で、体重が2・7キロ～3・2キロになるまで、1日中3時間おきの授乳を続けるように指導されるからです。この体重まで達したら、22時ごろの授乳のあとは授乳間隔を空けることが許されます。夜中の授乳のために赤ちゃんを起こすのをやめるタイミングは、医師など、専門家のアドバイスに従ってください。

私は、授乳のあとすぐに眠くならず、きちんと起きていられるようになるまでは、1週目のスケジュールを使い続けるようにアドバイスしています。

授乳後に1時間ぐらい目を覚ましていられるようになったら、「2〜4週目のスケジュール」に移ってください。日中長い間起きていられるようになる頃に、夜中の授乳中もあまり眠たがらずにすますことができるようになります。低出生体重児の赤ちゃんの授乳で一番重要なポイントは、回数を急に減らさないことです。適正体重で生まれた赤ちゃんが目安とする毎週の体重増加量よりも多く増えるように十分な量を授乳していれば、3〜4カ月目には適正体重に追い付いて、月齢に合ったスケジュールを始められるようになっています。

出産後しばらくたってからスケジュールを始める場合

出産後しばらくしてから始める場合は、赤ちゃんの月齢に近いスケジュールをいくつか確認して、その中から今の毎日のリズムに一番近いものを選んでください。実際の月齢より数週間前のものを使うことになるかもしれませんが、問題はありません。スケジュールが定着し、夜中の睡眠が改善したら、すぐに月齢に合わせたスケジュールにステップアップできます。

ディマンド・フィードで育ち、抱っこなどで寝かしつけられることに慣れてしまっていると、スケジュールで決められた時間に寝るのを嫌がることがあるかもしれません。自分で寝つくのに慣れていないからです。その場合は、354ページの「寝つきをよくするメソッド」を使ってください。寝るときに自分で寝つく習慣を身に付けるのに大変効果があります。

【1～2週目のスケジュール】

7時

◎朝7時までには赤ちゃんを起こし、おむつを替えて授乳を始めましょう。

◎張っている胸から20～30分授乳し、次にもう一方の胸から90ミリリットル搾乳したあと、10～15分飲ませます。

◎5時から6時の間に授乳した場合は、2番目に授乳した胸から90ミリリットル搾乳したあと、さらに15～20分飲ませてください。

◎次の授乳に影響が出ますので、8時以降の授乳は控えてください。

◎最長1時間半は、赤ちゃんに起きていてもらいましょう。

◎8時前には自分の朝食を食べてください。その間、赤ちゃんにはプレイマットの上でのびのび手足を動かして遊んでもらいましょう。

8時15分

◎赤ちゃんが少し眠くなってくる時間です。眠そうな気配がなくても疲れてくる頃ですので、おむつをチェックし、寝る準備に入ります。

6-1 **1〜2週目のスケジュール（目安）**

授乳を始める時間	**7時〜19時のお昼寝時間**
7時（**搾乳** 7時30分）	8時15分/30分〜10時
10時（**搾乳** 10時45分）	11時30分〜14時/14時30分
11時〜11時15分	
14時〜14時30分	15時30分〜17時
17時	
18時〜18時15分	
22時	※**お昼寝時間の上限** 5〜6時間

◎体を拭いて着替えさせ、首の下や手首などのくびれた部分にクリームを塗ります。

8時15〜30分

◎赤ちゃんがうとうとしてきたら、8時30分までにはおくるみで包み（43ページ）、ベッドに連れて行って寝かしつけます。

◎哺乳びんや搾乳用の道具を洗って消毒します。

9時45分

◎おくるみを外して、赤ちゃんが自然に目を覚ますのを待ちましょう。

◎顔と体を拭くための準備をしておきます。

10時

◎赤ちゃんは眠った長さにかかわらず、10時には完全に目を覚ましていなければいけません。

◎前回の授乳で最後に飲んだ胸から20〜30分授乳します。ママはその間に大きめのコップ1杯分のお水を飲みましょう。
◎搾乳の準備をする間、のびのびと手足を動かして遊べるようにプレイマットに寝かせます。

10時45分

◎前回授乳しなかった胸から、60ミリリットル搾乳してください。

11時〜11時15分

◎赤ちゃんが少し眠くなってくる時間です。眠そうな気配がなくても、疲れてくる頃ですので、おむつを替えて寝る準備に入ります。
◎先ほど搾乳した胸から15〜20分授乳します。
◎赤ちゃんがうとうとしてきたら、11時30分まではおくるみで包み、ベッドに連れて行き寝かしつけます。
◎10分以内に寝つかなければ、張っている胸からもう10分授乳します。話しかけず、目を合わせないようにして行ってください。

11時30分〜14時

◎最長で2時間半から3時間のお昼寝が必要です。
◎45分ほどで目を覚ましてしまった場合は、おくるみから体が出ていないか確認しましょう。話しかけたり目を合わせたりするのは控えめにしてください。
◎10分ほど様子を見て、赤ちゃんが自分で寝つくのを待ちましょう。それでも寝つかないときは、次の授乳分の半量を飲ませて、14時30分まで眠るように寝かしつけてください。

12時

◎搾乳用の道具を洗って消毒し、自分のランチを食べて次の授乳まで休息をとってください。

14時〜14時30分

◎どれくらい眠ったかに関係なく、14時30分までには赤ちゃんを起こして授乳を始めましょう。
◎おくるみを外して、赤ちゃんが自然に目を覚ますのを待ちましょう。おむつも交換します。
◎前回最後に飲んだ胸から20〜30分授乳します。まだお腹がすいているようであれば、もう片方の胸から10〜15分授乳します。その間にママはお水を1杯飲んでください。
◎次の授乳に影響が出ますので、15時15分以降は授乳しないようにしましょう。
◎19時の就寝がうまくいくように、15時30分まではできるだけ寝かさないようにしましょう。
午前中に赤ちゃんの目が冴えてよく動いていれば、この時間に少し眠くなってしまうかもしれません。あまり厚着をさせないようにしてください。必要以上に暖かいと、赤ちゃんの眠気を誘ってしまいます。

15時30分

◎おむつを替えます。

◎最長1時間半のお昼寝をさせてください。次の授乳と入浴の前に、新鮮な空気を吸って赤ちゃんが気持ちよく眠れるように、お散歩に連れ出すのもいいでしょう。

◎19時にすんなり寝つくように、17時以降は赤ちゃんを眠らせないようにしてください。

17時

◎17時までに赤ちゃんを起こして授乳を始めてください。

◎前回最後に飲んだ胸から20〜30分授乳します。ママはお水を1杯飲みましょう。

◎この時間の授乳で、うとうとせずに、しっかり目を覚ましておっぱいやミルクを飲んでいなければいけません。もう片方の胸はお風呂から出るまであげないようにしましょう。

17時45分

◎昼間、ずっと赤ちゃんの目が冴えていた、または15時30分〜17時のお昼寝でよく眠らなかった場合は、入浴と次の授乳の時間を早める必要があるかもしれません。18時30分までにはベッドに連れて行きましょう。

◎入浴と就寝に必要なものを準備する間、赤ちゃんのおむつを外してのびのびキックをさせてあげましょう。

◎17時45分までにはお風呂に入れます。18時～18時15分までにマッサージをしてパジャマに着替えさせます。

18時～18時15分

◎18時15分までには授乳を始めましょう。薄暗く静かな部屋で行います。話しかけたり目を合わせたりするのは極力控えましょう。

◎17時の授乳のときのおっぱいを飲みきっていない場合は、同じ胸からさらに5～10分授乳します。その後もう片方の胸から15～20分授乳します。

◎目を覚ましてから2時間たった時点でベッドに連れて行くのが重要なポイントです。18時30分にはベッドに入っていなければいけない赤ちゃんもいます。

18時30分～19時

◎赤ちゃんがうとうとしてきたら、19時までにはおくるみで包み、ベッドに連れて行きます。

◎うまく寝つかなければ、張っている胸からさらに10分ほど授乳します。赤ちゃんが興奮しないように、話しかけたり目を合わせたりするのは極力控えます。

20時

◎ママは次の授乳時間までにおいしい夕食を食べて、体を休めてください。

21時45分

◎赤ちゃんが自然に目を覚ますように、電気をつけておくるみを外します。しっかりおっぱいやミルクが飲めるように、完全に目を覚ますまで少なくとも10分は待ちましょう。

◎おむつ替えに必要なものを準備します。夜中に必要になる場合にそなえて、予備のシーツ、ベビーモスリン、おくるみを用意しておきます。

22時

◎最後に飲んでいた胸から20～30分授乳します。ミルクの場合は、指定された量のほとんどをあげてください。おむつを替えて、赤ちゃんをおくるみで包みます。

◎ここで部屋を暗くし、もう片方の胸から15～30分、ミルクの場合は残りをすべて飲ませます。話しかけたり目を合わせたりしないようにします。

◎この時点で、目を覚ましてから1時間たっていることが重要です。

夜中の授乳

◎母乳育ちの赤ちゃんは、この週は夜中の授乳間隔が空きすぎないように気を付けてください。

◎出生体重が３２００グラム未満の赤ちゃんは2時30分に、３２００～３６００グラムの赤ちゃんは3時30分前には起こして授乳する必要があります。

◎ミルク育ちで３６００グラムを超えている赤ちゃん、もしくは出生体重が３６００グラム以上で、日中十分飲んでいる赤ちゃんは、授乳間隔がもう少し長く空くことがあります。しかし5時間以上は空けないようにしてください。

◎夜中の授乳間隔に関して疑問がある場合は、小児科医や保健師に相談してください。

1～2週目に変えること

睡眠について

22時台の授乳のあと、赤ちゃんがどのくらい眠るかによって次の選択肢から選んでください。

●22時の授乳後はすんなり寝つき、夜中の2時まで眠り続け、たっぷり飲んだあとは再び朝6時近くまで寝る場合は、そのままスケジュール通りに進めてください。22時の授乳の際に起こしておく時間は、1時間で大丈夫です。

●1時間しっかり目を覚ましておっぱいまたはミルクを飲み、その後はすぐに寝ついたにもかかわらず、2時前には目を覚まし、その後もう一度、朝6時前に起きてしまう場合は、夜中に目を覚ますのが2回にならないように、22時の授乳を2回に分けるようにアドバイスしています。この2回に分けた授乳が定着するには1週間以上かかりますので、すぐに効果が表れなくてもがっかりしないでください。成功させるには、21時45分に赤ちゃんを起こし始め、22時に授乳を開始します。赤ちゃんが欲しがるだけ飲ませてください。その後プレイマットで少し遊ばせます。23時近くなったら寝室に連れて行っておむつを替え、2回目の授乳を始めます。ミルク育ちであれば、ミルクは別々に2回分作ってください。

新生児期は、2時間前後は機嫌よく起きていられる赤ちゃんがほとんどです。これは「2時間しっかり起きていなければいけない」という意味ではなく、赤ちゃんが疲れすぎないように「2時間以上起こしておいてはいけない」ということです。ですから、新生児期に連続で1時間、または1時間半しか起きていられなくても、夜中によく眠っている場合は、心配することはありません。あなたの赤ちゃんは、他の子よりも長めの睡眠時間が必要な子だということです。そして成長するにつれて、自然と長く起きていられるようになります。

授乳について

夜中に赤ちゃんが目を覚ましたら、朝6〜7時までぐっすり眠るのに十分な量のおっぱいを飲ませることが大変重要です。この段階で飲む量を制限してはいけません。お腹をすかせて早朝5時にもう一度目を覚ますことになります。ここで目標としているのは、十分な量を飲ませて、23時から翌朝6〜7時までの間に目を覚ますのを一度にすることなのです。

●夜中の授乳の時間にもよりますが、恐らく赤ちゃんは6〜7時に目を覚ますと思います。どんな状況でも、必ず7時には赤ちゃんを起こしてください。6時に起きてしまった場合は、朝7時の分をほとんど飲ませて（夜の授乳方法で行ってください）、その後7〜8時の間にもう一度授乳します。そして午前中のお昼寝の前にもう一度軽く授乳してください。

●このスケジュールを使っている間は、必ず11時〜11時15分に授乳をしてください。もしくは、ランチタイムのお昼寝の時間の直前にあげてください。こうすることで、長いお昼寝の途中にお腹をすかせて目を覚ますことはなくなります。14時前に目を覚ましたら、お腹がすいているせいだと判断して、授乳をしてから14時30分まで眠るように寝かしつけてください。どうしても寝つかないときは、そのまま起こして、14時30分ごろと16時〜16時30分の2回、短いお昼寝をさせます。

2〜4週目のスケジュールへのステップアップ

2週目の終わりには、2〜4週目のスケジュールへ進むことができるかもしれません。

ステップアップの時期がきているかどうかは、次のポイントを参考にして決めてください。

●体重が3・2キロを超えている。また、出生体重まで回復し、順調に体重が増えている。
●お昼寝の時間によく眠り、授乳のために起こさなければいけないことが多い。
●おっぱいを飲むのが上手で、25〜30分以内に飲みきってしまうことが多い。
●以前よりも目を覚ましている時間が延びて、一度に1時間半は無理なく起きていられる。

授乳間隔が空くのは大丈夫でも、2〜4週目のスケジュールでは睡眠時間が足りない場合は、授乳は2〜4週目のスケジュールを使い、睡眠は1〜2週目のスケジュールを使ってください。より長い睡眠が必要な赤ちゃんは、日中はもちろん夜もよく眠る場合が多いということを覚えておいてください。しかし、日中はよく眠っているのに、夜になると目が冴えていることが多い場合は、昼間に起こしておく時間を増やさなければいけません。1日に数分ずつお昼寝の時間を遅らせて、赤ちゃんが疲れすぎることがないように配慮しながら、起きている時間を少しずつ長くしていきましょう。

【2〜4週目のスケジュール】

7時

◎朝7時までには赤ちゃんを起こし、おむつを替えて授乳を始めましょう。

6-2　2〜4週目のスケジュール（目安）

授乳を始める時間	7時〜19時のお昼寝時間
7時（**搾乳** 7時30分）	8時30分〜10時
10時（**搾乳** 10時30分）	
11時30分〜11時45分	11時30分/12時〜14時/14時30分
14時〜14時30分	16〜17時
17時	
18時〜18時15分	
（**搾乳** 21時30分）	
22時〜22時30分	**※お昼寝時間の上限** 5時間

◎早朝5時前に授乳した場合は、張っている胸から15〜25分授乳してください。次にもう一方の胸から60〜90ミリリットル搾乳したあとに10〜15分飲ませます。

◎5時か6時に授乳した場合は、2番目に授乳した胸から90ミリリットル搾乳したあと、さらに20〜25分飲ませてください。

◎次の授乳に影響が出ますので、8時以降の授乳は控えてください。

◎赤ちゃんには最長2時間起きていてもらいましょう。

◎8時前には自分の朝食を食べてください。その間、赤ちゃんにはプレイマットの上でのびのび手足を動かして遊んでもらいましょう。

◎体を拭いて着替えさせ、首の下や手首などのくびれた部分にクリームを塗ります。

8時30分

◎赤ちゃんが少し眠くなってくる時間です。眠そうな気配がなくても疲れてくる頃ですので、おむつをチェックし、寝る準備に入ります。

◎赤ちゃんがうとうとしてきたら、9時までにはおくるみで包んでベッドに連れて行き寝かしつけます。最長で1時間半のお昼寝をさせてください。

◎哺乳びんや搾乳用の道具を洗って消毒しておきます。

9時45分

◎おくるみを外して、赤ちゃんが自然に目を覚ますのを待ちましょう。

◎顔と体を拭いて着替えるための準備をしておきます。

10時

◎赤ちゃんは眠った時間の長さに関係なく、10時には完全に目を覚ましていなければいけません。

◎前回最後に飲んだ胸から20〜25分授乳します。ママはその間に大きめのコップ1杯分のお水を飲みましょう。

10時30分

◎のびのび手足を動かし遊べるように赤ちゃんをプレイマットに寝かせます。ママは授乳しなかった胸から60ミリリットル搾乳してください。

11時30分

◎2時間目を覚ましていたら、11時15分には疲れてくるはずです。11時30分までには寝室に連れて行きましょう。

◎お昼寝の直前に、先ほど搾乳した胸から15分授乳します。

11時45分

◎この時間にはお昼寝の準備に入ります。

◎シーツをチェックし、おむつを替えます。

◎赤ちゃんがうとうとしてきたら12時までにはおくるみで包み、ベッドに連れて行き寝かしつけます。

12～14時

◎最長2時間半のお昼寝が必要です。

◎午前中のお昼寝で1時間半寝た場合、この時間のお昼寝は2時間までにしてください。

◎30〜45分で目を覚ましてしまったときは、おくるみから体が出ていないか確認しましょう。話しかけたり目を合わせたりするのは控えめにしてください。

◎10分ほど様子を見て、赤ちゃんが自分で寝つくのを待ちましょう。それでも寝つかないときは、次の授乳分の半量を飲ませて、14時30分まで眠るように寝かしつけてください。

12時〜12時30分

◎搾乳用の道具を洗って消毒し、ママはランチを食べて次の授乳まで休息をとってください。

14時〜14時30分

◎眠った時間の長さに関係なく、14時30分までには赤ちゃんを起こして授乳を始めましょう。

◎おくるみを外して、赤ちゃんが自然に目を覚ますのを待ちましょう。おむつも交換します。

◎前回最後に飲んだ胸から20〜30分授乳します。まだお腹がすいているようであれば、もう片方の胸から10〜15分授乳します。その間にママはお水を1杯飲んでください。

◎次の授乳に影響が出ますので、15時15分以降は授乳しないようにしましょう。

◎ランチタイムのお昼寝で何度も目を覚ましてしっかり眠れなかった場合は、この時間の授乳の直後に20分ほどの短いお昼寝をさせてください。そしてそのあと16時30分にもう一度お昼寝をさせます。お昼寝を2回に分けることで、午後に眠りすぎて19時にうまく寝つかないという状況を回避できます。

◎ランチタイムのお昼寝でしっかり眠った場合は、19時の就寝がうまくいくように16時までは寝かさないようにしてください。午前中に赤ちゃんの目が冴えてよく動いていれば、この時間に少し眠くなるかもしれません。あまり厚着をさせないようにしてください。必要以上に暖かいと赤ちゃんの眠気を誘ってしまいます。

◎のびのび手足を動かし遊べるように、赤ちゃんをプレイマットに寝かせます。

15時45分〜16時

◎おむつを替えます。

◎次の授乳と入浴の前に、新鮮な空気を吸って赤ちゃんが気持ちよく眠れるようにお散歩に連れ出すのもいいでしょう。

◎19時にすんなり寝つくように、17時以降は赤ちゃんを眠らせないようにしてください。

17時

◎17時までに赤ちゃんを起こして授乳を始めてください。

◎前回最後に飲んだ胸から20分授乳します。ママはお水を1杯飲んでください。

◎もう片方の胸はお風呂から出るまであげないようにしましょう。

17時45分

◎昼間はずっと赤ちゃんの目が冴えていた、または16〜17時の間のお昼寝でよく眠らなかった場合、入浴と次の授乳の時間を早める必要があるかもしれません。

◎入浴と就寝に必要なものを準備する間、赤ちゃんのおむつを外してのびのびキックをさせてあげましょう。

◎18時までにお風呂に入れます。18時15分までにマッサージをして、パジャマに着替えさせます。

18時〜18時15分

◎18時15分までには授乳を始めましょう。薄暗く静かな部屋で行います。話しかけたり目を合わせたりするのは極力控えましょう。

◎17時の授乳のときのおっぱいを飲みきっていない場合は、そちらの胸からさらに5〜10分授乳します。その後もう片方の胸から20〜25分授乳します。

◎目を覚ましてから2時間たった時点でベッドに連れて行くのが重要なポイントです。

18時30分〜19時

◎赤ちゃんがうとうとしてきたら、19時までにはおくるみで包み、ベッドに連れて行き寝かしつけます。

◎うまく寝つかなければ、張っている胸からさらに10〜15分授乳します。赤ちゃんが興奮しないように、話しかけたり目を合わせたりするのは極力控えます。

20時

◎次の授乳と搾乳の前に、ママはおいしい夕食を食べて体を休めてください。

21時30分

◎22時の授乳で哺乳びんを使うことにした場合は、この時間に両胸から搾乳してください。

22時〜22時30分

◎赤ちゃんが自然に目を覚ますように、電気をつけておくるみを外します。しっかりおっぱいやミルクが飲めるように、完全に目を覚ますまで少なくとも10分は待ちましょう。

◎おむつ替えに必要なものを準備します。夜中に必要になる場合にそなえて、予備のシーツ、ベビーモスリン、おくるみを用意しておきます。

◎最後に飲んでいた胸から20分授乳します。ミルクの場合は、指定された量のほとんどをあげてください。おむつを替えて、赤ちゃんをおくるみで包みます。

◎ここで部屋を暗くし、もう片方の胸から20分、ミルクの場合は残りをすべて飲ませます。話しかけたり目を合わせたりしないように。
◎授乳が終わった時点で、目を覚ましてから1時間たっていることが重要です。

夜中の授乳

◎2～4時の間に目を覚ましたら、翌朝7時まで眠るのに十分な量を飲ませることが重要です。片方の胸を飲んだ時点で寝入ってしまうと、早朝5時にもう一度目を覚ますことになりますので、両胸をきちんと飲み干すまでしっかり起きていてもらいましょう。
◎4～5時の間に目を覚ましたら、片方の胸から授乳します。7時の授乳は、張っている胸から行ってください。
◎6時に目を覚ましたら、片方の胸から授乳し、もう片方の胸は7時30分に搾乳したあとにあげてください。
◎アイコンタクトやお話は最小限に控え、部屋は薄暗くしてください。おむつは、どうしても必要なときや、授乳中に居眠りして飲むのをやめてしまったときのみ替えてください。

2～4週目に変えること

2～4週目のスケジュールは、通常赤ちゃんの成長期と重なります。成長期は赤ちゃんがイライラしたり、ぐずったりすることが増えますので、パパがすでに育休から仕事に復帰している場合は、就寝の準備を手伝ってもらえるように、可能であれば少し早めに帰宅してもらいましょう。17時前後になるとぐずり始める赤ちゃんが多く、恐らく1日で一番大変な時間帯です。そのため、この時間に物事がうまく進まなくても、あなたのせいではありません。

睡眠について

3〜4週目になると、赤ちゃんは次第に起きていられる時間が長くなってきます。夜中の睡眠に影響が出ないように、目を覚ましている時間は、夜ではなく日中にくるように管理しなければいけません。授乳中はしっかり目を覚ましていることを確認してください。この時期の赤ちゃんが眠たいのに寝るのを嫌がったり、お昼寝自体を嫌がったりするようになるのは、おっぱいを吸いながらうとうとしているせいなのです。

●4週目には、ランチタイムのお昼寝でよく眠るように、午前中のお昼寝は1時間以内に抑えます。朝、起きている時間を少しずつ延ばして、お昼寝の開始時間を9時にします。8時30分に眠り始めて、9時15分〜30分に起きていては、残りのスケジュールがすべて狂ってしまいます。その場合は、ランチタイムのお昼寝でスケジュールが再び軌道に乗るように、お昼寝を2回に分ける方法が167ページに書かれていますので参考にしてください。

●夕方のお昼寝は1時間を超えないように気を付けましょう。16〜17時の間にうたた寝程度の短いお昼寝を2回に分けてすることもあります。４週目までには午前中と夕方のお昼寝時は、体全体ではなく脇の下まで包んで腕は出す「半ぐるみ」（44ページ）にしてください。４週目ごろになると、浅い眠りのサイクルがはっきりしてきます。サイクルは通常45分おきですが、30分おきの赤ちゃんもいます。お腹がすいていなければ、ほとんどの赤ちゃんは自然と再び眠りに戻ります。しかし、泣いた途端に大慌てで赤ちゃんのもとに駆けつけてゆらゆら抱っこをして寝かしつけようとすると、赤ちゃんはそれを「ねんねのサイン」と結び付けて、それがないと眠れなくなるという長期的な問題に発展する可能性があります。夜中の授乳が必要のない時期になっても、赤ちゃんの眠りが浅くなるたびに寝かしつけが必要になり、一晩に何度も起きなければいけなくなります。

●お昼寝の寝つきが悪くて毎回困っているときは、空腹が原因で泣いているということがないように、数日間お昼寝の前に毎回授乳をしてください。これで寝つきが改善し、よく眠るようになったら、原因は恐らくお腹がすいているせいです。母乳の場合は、これを４～５日続ければ母乳の出も改善します。お昼寝前の授乳が完全に必要なくなるまで、徐々に時間を短くしていきます。お昼寝前の授乳をストップしたら寝つきが再び悪くなったということがないように、スケジュールで決められた時間の授乳でいつもより多めに飲ませてください。

●ミルクの場合は、お昼寝の前に30～60ミリリットル授乳してみてください。寝つきが改善したら、スケジュールの授乳の時間に少しずつ戻し、１時間以内になるまで近付けていきます。

授乳について

3週目ごろにはほとんどの赤ちゃんが成長期を迎えます。この時期には、7時30分の搾乳を30ミリリットル減らし、4週目の終わりには10時30分の搾乳も30ミリリットル減らしてください。こうすることで、赤ちゃんの食欲の増加分をすぐに補うことができます。

●搾乳してこなかった場合は、必要な量を補えるように、授乳の回数を増やして、長めにあげるようにしてください。この時期は、赤ちゃんが欲しがる量が増えたせいでママに疲れがたまって、ますます母乳の出が悪くなるという悪循環に陥らないように、いつもより体を休めるようにしてください。

●夕方、母乳の出が悪くなり困っているときは、睡眠リズムを崩さずに母乳の出をよくするためのスケジュール（328ページ）を試してみましょう。おっぱいがよく出るようになってきたら、赤ちゃんの月齢に合ったスケジュールに戻しても大丈夫です。10時台の授乳を2回に分けて、ランチタイムのお昼寝の直前にもう一度授乳するのを続ければ、赤ちゃんの睡眠も改善するはずです。

●母乳育児を続けながら1日に一度だけ哺乳びんを使うことに決めた場合は、この時期にスタートするといいでしょう。この月齢よりも遅くなると、赤ちゃんが哺乳びんから飲むのを拒否する可能性が高くなります。とくに仕事に復帰する予定であれば、のちのち大きな問題に発展しますので気を付けましょう。

●22時台の授乳を哺乳びんですることに決めた場合は、搾乳を21時30分から22時の間に行うのが理想的です。母乳の出を安定させるためにも、両胸からすべて搾乳してください。ここで搾乳したおっぱいは22時台の授乳にも使えますし、冷凍して他の人に赤ちゃんを預けるときにも使うことができます。この時間の授乳で搾乳したおっぱいを哺乳びんであげることにすれば、パパも子育てに参加でき、ママはいつもより早くベッドに入ることができます。産後の数週間に何より必要な睡眠をいつもより長くとることができるのです。6週間以上母乳を続けるつもりであれば、保健師や小児科医のアドバイスがない限り、この時間の授乳以外で粉ミルクを使うのは避けましょう。

●ミルク育ちの赤ちゃんは、成長期の間は朝7時、午前10時、そして夜22時の授乳量を増やしてください。乳首の穴の大きさを新生児用のものから一段階大きめのものに替える必要がある赤ちゃんもいます（次項目を参照）。

●体重の増加が鈍い母乳育ちの赤ちゃんは、お乳の出が悪いか、抱き方が悪く乳首をきちんと吸えていないのが原因のことが多いようです。この二つの原因は、往々にして密接に関連しています。328ページのスケジュールをぜひ試してください。赤ちゃんの乳首への吸い付き方が正しいかどうか、母乳育児のカウンセラーにチェックしてもらうのもおすすめです。ミルク育ちで体重の増え方が十分でない場合は、穴が一つの新生児用の乳首から、穴が二つのものに替えてみてください。赤ちゃんの体重が増えず心配なときは、必ず保健師か小児科医に相談しましょう。

●赤ちゃんがいまだに深夜2時と早朝5時の2回、目を覚ましているときは、22時の授乳を2回に分けるのをおすすめします。22時にはしっかり目が覚めているように、21時45分に赤ちゃんを起こし始めましょう。必要量のほとんどを飲ませて、指定されている1時間よりも少し長めに起こしておきましょう。23時15分におむつを替えて、明かりを落とし、残りを授乳します。授乳を2回に分けて、少し長めに起こしておくことで、体がおくるみから飛び出してしまわない限り、3時過ぎまでぐっすり眠るはずです。

●4週目に入ると、授乳間隔が少し空いても大丈夫になってくるはずです。体重が順調に増えていれば、4～6週目のスケジュールにステップアップすることができるでしょう。体重の増加が十分でない場合は、改善するまで2～4週目のスケジュールを続けてください。

●私の経験上、生後数カ月間、定期的に週170～226グラムずつ体重が増えている赤ちゃんは、週140グラム以下しか増えていない赤ちゃんよりも、よく眠って機嫌がいいことが多いようです。とはいっても、私がお世話をした赤ちゃんの中には、週に110～140グラムしか増えていなくてもハッピーですくすく育っていた子もいました。ただし、授乳のあとでも機嫌がいつも悪く夜になってもよく眠らず、体重が週に170グラム以下しか増えていない場合は、授乳の量が足りていないせいかもしれません。体重増加が正常か、保健師や医師に相談してください。

【4～6週目のスケジュール】

7時

◎7時までには赤ちゃんを起こし、おむつを替えて授乳を始めましょう。

◎5時前に授乳した場合は、張っている胸から20～25分授乳してください。まだお腹がすいているようであれば、もう一方の胸から60ミリリットル搾乳したあと、10～15分授乳します。

◎5時か6時に授乳した場合は、2番目の胸から60ミリリットル搾乳したあと、20～25分飲ませてください。

◎次の授乳に影響が出ますので8時以降の授乳は控えてください。

◎赤ちゃんには、最長2時間起きていてもらいましょう。その間、赤ちゃんにはプレイマットの上でのびのび手足を動かして遊んでもらいましょう。

◎8時前には自分の朝食を食べてください。

◎体を拭いて着替えさせて、首の下や手首などのくびれた部分にクリームを塗ります。

8時45分～9時

◎赤ちゃんが少し眠くなってくる時間です。眠そうな気配がなくても疲れてくる頃ですので、

6-3 **4〜6週目のスケジュール（目安）**

授乳を始める時間	7時〜19時のお昼寝時間
7時（**搾乳** 7時30分）	9〜10時
10時30分（**搾乳** 10時30分）	11時30分/12時〜14時/14時30分
14時〜14時30分	16時15分〜17時
17時	
18時〜18時15分	
（**搾乳** 21時30分）	
22時〜22時30分	※**お昼寝時間の上限** 4時間45分

おむつをチェックして寝る準備に入ります。

◎赤ちゃんがうとうとしてきたら、9時までにはおくるみで包み（全くるみか半ぐるみで。43ページ）、ベッドに連れて行き寝かしつけます。最長1時間のお昼寝をさせてください。

◎哺乳びんや搾乳用の道具を洗って消毒しておきます。

9時45分

◎おくるみを外して、赤ちゃんが自然に目を覚ますのを待ちましょう。

◎顔と体を拭いて着替えるための準備をしておきます。

10時

◎赤ちゃんは眠った時間の長さに関係なく、10時には完全に目を覚ましていなければいけません。

10時30分

◎前回最後に飲んだ胸から20～25分授乳します。ママはその間に大きめのコップ1杯分のお水を飲みましょう。

◎のびのび手足を動かし遊べるように、赤ちゃんをプレイマットに寝かせます。その間、ママは授乳しなかった胸から30ミリリットル搾乳してください。その後、同じ胸からもう一度10～15分授乳します。

11時30分

◎2時間目を覚ましていたら、11時30分には疲れてくるはずです。11時45分までには寝室に連れて行きましょう。

11時45分

◎この時間にはお昼寝の準備に入ります。

◎シーツをチェックし、おむつを替えます。

◎赤ちゃんがうとうとしてきたら、12時までにはおくるみで包んでベッドに連れて行き寝かしつけます。

12時～14時／14時30分

◎最長2時間半のお昼寝が必要です。

◎45分で目を覚ましてしまったときは、おくるみから体が出ていないか確認しましょう。話しかけたり目を合わせたりするのは控えめにしてください。

◎10～20分ほど様子を見て、赤ちゃんが自分で寝つくのを待ちましょう。それでも寝つかないときは、次の授乳分の半量を飲ませて、14時まで眠るように寝かしつけてください。

◎どうしても眠りに戻らないときは、夕方のお昼寝の時間までもつように、14時の授乳のあとに、短めのお昼寝をさせる必要があります。

12時

◎搾乳用の道具を洗って消毒し、ランチを食べて次の授乳まで休息をとってください。

14時～14時30分

◎眠った時間の長さに関係なく、14時30分までには赤ちゃんを起こして授乳を始めましょう。

◎おくるみを外して、赤ちゃんが自然に目を覚ますのを待ちましょう。おむつも交換します。

◎前回最後に飲んだ胸から20～25分授乳します。まだお腹がすいているようであれば、もう片方の胸から10～15分授乳します。その間にママはお水を1杯飲んでください。

◎次の授乳に影響が出ますので、15時15分以降は授乳しないようにしましょう。
◎19時の就寝がうまくいくように、16時15分までは寝かさないようにしてください。午前中に赤ちゃんの目が冴えてよく動いていれば、この時間に少し眠くなるかもしれません。あまり厚着をさせないようにしてください。必要以上に暖かいと、赤ちゃんの眠気を誘います。
◎のびのび手足を動かし遊べるように、赤ちゃんをプレイマットに寝かせます。

16時～16時15分

◎おむつを替えます。
◎次の授乳と入浴の前に、新鮮な空気を吸って赤ちゃんが気持ちよく眠れるように、お散歩に連れ出すのもいいでしょう。この時間に眠らなくなったり、うとうとする程度になったりする赤ちゃんもいます。
◎19時にすんなり寝つくように、17時以降は赤ちゃんを眠らせないようにしてください。

17時

◎17時までに赤ちゃんを起こして授乳を始めてください。
◎前回最後に飲んだ胸から20分授乳します。ママはお水を1杯飲んでください。
◎もう片方の胸はお風呂から出るまであげないようにしましょう。

17時45分

◎昼間、ずっと赤ちゃんの目が冴えていた、または、16時15分から17時の間のお昼寝でよく眠らなかった場合は、お風呂と次の授乳の時間を早める必要があるかもしれません。

◎入浴と就寝に必要なものを準備する間、赤ちゃんのおむつを外してのびのびキックをさせてあげましょう。

18時

◎18時までにお風呂に入れます。18時15分までにマッサージをしてパジャマに着替えさせます。

18時15分

◎18時15分までには授乳を始めましょう。薄暗く静かな部屋で行います。話しかけたり目を合わせたりするのは極力控えましょう。

◎17時の授乳のときのおっぱいを飲みきっていない場合は、そちらの胸からさらに5～10分授乳します。その後もう片方の胸から20～25分授乳します。

◎目を覚ましてから2時間たった時点で、ベッドに連れて行くのが重要なポイントです。

19時

◎赤ちゃんがうとうとしてきたら、19時までにはおくるみで包み、ベッドに連れて行き寝かしつけます。

◎うまく寝つかなければ、張っている胸から10分授乳します。赤ちゃんが興奮しないように、話しかけたり目を合わせたりするのは極力控えます。

20時

◎次の授乳または搾乳の前に、ママはおいしい夕食を食べて、体を休めてください。

21時30分

◎22時の授乳で哺乳びんを使うことにした場合は、この時間に両胸から搾乳してください。

22時〜22時30分

◎赤ちゃんが自然に目を覚ますように、電気をつけておくるみを外します。しっかりおっぱいやミルクが飲めるように、完全に目を覚ますまで少なくとも10分は待ちましょう。

◎おむつ替えに必要なものを準備します。夜中に必要になる場合に備えて、予備のシーツ、ベビーモスリン、おくるみを用意しておきます。

◎最後に飲んでいた胸から20分授乳します。ミルクの場合は、指定された量のほとんどをあげてください。おむつを替えて、赤ちゃんをおくるみで包みます。

◎ここで部屋を暗くし、もう片方の胸から20分、ミルクの場合は残りをすべて飲ませます。話しかけたり目を合わせたりしないように。

◎授乳が終わった時点で、目を覚ましてから1時間たっていることが重要です。

夜中の授乳

◎4時前に目を覚ましたら、しっかり全量授乳しましょう。

◎4〜5時の間に目を覚ましたら、片方の胸から授乳します。7時の授乳は、張っている胸から行ってください。

◎6時に目を覚ましたら、片方の胸から授乳し、もう片方の胸は7時30分に搾乳したあとにあげてください。

◎アイコンタクトやお話は最小限に控え、部屋は薄暗くしてください。おむつは、どうしても必要なときや、授乳中に眠ってしまっておっぱいを飲みきらないときのみ替えてください。

4〜6週目に変えること

睡眠について

6週目には、私がお世話をした赤ちゃんの大多数は夜中に長く眠るようになり、朝7時近くまで夜通し眠る子がほとんどでした。夜なかなか長く眠らない赤ちゃんをもつ親から、どうすればそうなるのかよく聞かれますが、私はいつも、「スケジュールを守っていれば、自然と長く眠るようになります」と答えています。私のウェブサイトの掲示板を読んでも、たいてい自然とそうなるのは確かです。そして、ここ数年に書き込まれた何千ものコメントから、6週を超えても夜に長時間眠らない赤ちゃんは、私がこの月齢で指定しているお昼寝の時間よりもずいぶん長く眠っている場合が多いということがわかったのです。これは、親が自分の赤ちゃんは他の子よりも長くお昼寝が必要だと思い込んでいるせいです。実際そのようなケースもありますが、私の経験では、本当に長めの睡眠が必要な赤ちゃんは、夜も長く眠ります。

- 夜に長く眠る兆しが見えなければ、お昼寝の時間を細かくチェックして、少しずつ時間を短くしていきましょう。まず、朝のお昼寝を3〜4日おきに数分ずつ遅らせていきます。疲れすぎて寝つきが悪くなることなく、お昼寝の時間を減らすことができます。
- この時期は、7時から19時の間に4時間半以上お昼寝をさせないでください。朝のお昼寝は1時間以内に、夕方のお昼寝は16時15分から17時の間の30分に抑えます。8時30分ごろになると、うとうとして10時近くまで寝る赤ちゃんがいますが、これをするとお昼寝の時間が長くなりすぎ、夜やランチタイムのお昼寝に影響が出てきます。

●8時30分になると眠くなって寝てしまう場合は、短期間、午前中のお昼寝を2回に分けることをおすすめします。こうすることで、午前中ぐずることなくランチタイムのお昼寝まで起きていられる上、お昼寝の時間が長くなりすぎることもありません。午前中のお昼寝を2回に分けるには、まず9時まで20～30分のお昼寝をさせて、その後10時30分から11時の間に10～15分程度の短いお昼寝をさせます。11時には完全に目を覚ましているようにしてください。これで午前中のお昼寝の時間を1時間以内にキープできますし、10～15分程度のお昼寝であれば、ランチタイムのお昼寝に影響が出ることもありません。

●6週目が終わる頃には、9時と19時の睡眠のときに、両腕を覆わず脇の下から体を包む半ぐるみに慣れてもらうのが重要です。乳幼児突然死症候群は、生後2カ月から4カ月の間にピークを迎え、暖めすぎが主な原因だと考えられています。

●半ぐるみを始めたら、体がはみ出ないように上掛けをきちんとマットレスの下に挟み込んでください。スケジュールの時間よりも早く目を覚ますときは、蹴って上掛けが外れてしまっていないか確認しましょう。この月齢になると赤ちゃんは身体機能が発達して活発に動くようになり、上掛けが原因で朝早く目を覚ますことがあります。これを防ぐために19ページのベッドメーキングの方法を参考にしてください。

●この頃には、以前よりも寝かしつけにかかる時間は短くなっているはずです。眠るまでの抱っこの時間を少しずつ減らして、目が開いているうちにベッドに寝かせてひとりで寝つくのに慣れさせるのに最適な時期です。優しいメロディに合わせて天井に画像を投影できるプロジェクターライトなどを10分ほど使うと寝つきやすくなります。

●夜中に長めに眠り始めるのにもう一つ重要なポイントは、6〜7時と23時30分の間に、1日に必要な授乳量をほとんど飲んでいることです。十分な量を飲んでいるかを計るには、体重の増加状況をみてください。一定して増えていれば合格です。体重の増加に関しては、224〜225ページを参考にしてください。

幾晩か連続で長時間眠ったら、たとえまた早く目を覚ますようになっても、授乳をするのはなるべく控えましょう。22時台の授乳後の時間は、「コア・ナイト」と呼ばれることがあります（338ページの「コア・ナイト・メソッド」を参照）。この時間に目を覚ましたときは、数分様子を見て、もう一度自分で寝つくのを待ちます。うまくいかなければ、授乳以外の手段で寝かしつけましょう。

私はまず抱っこを試します。ママがそばにいるのを知らせて安心させる必要がありますが、赤ちゃんへの働きかけは最小限にとどめてください。このメソッドを通して、赤ちゃんは睡眠に関するもっとも重要なスキルの一つを学ぶことができます。それは「ノンレム睡眠」（深い眠り）から覚めてしまったときに、再び自分で眠りに戻る方法です。もちろんそれでも赤ちゃんが寝つかないときは、授乳しなければいけません。

このメソッドは、夜中同じ時間に目を覚ます癖が付いてしまった月齢の高い赤ちゃんの睡眠時間を延ばすのにも使うことができます。この方法を使う前に、次のポイントをよく読んで、赤ちゃんが本当に夜中に長時間眠る準備ができているかどうかを確かめてください。

- 月齢の低い赤ちゃんや体重が増えていない赤ちゃんには使わないでください。
- ①順調に体重が増加していて、②22時台の最後の授乳で、夜中に長い時間眠るのに十分な量を飲んでいる、という条件を満たしている場合にのみ使ってください。
- 夜中の授乳の量を減らす準備ができているかどうかを見極めるための主なポイントは、①体重が順調に増加している、②夜中の授乳で少量しか飲まない、③朝7時近くまで眠っている、以上の3点です。
- この方法は、22時の授乳から赤ちゃんが眠る時間を少しずつ延ばしていくためのもので、一気に夜の授乳をストップするためのものではありません。3～4晩連続で夜中に長時間眠れそうな兆しが見えたら試してください。しかしここで非常に大事なのは、この方法は、夜中の授乳のあと、寝つくのに時間がかかる赤ちゃんには使ってはいけないという点です。夜、3～4回試しても変化がなければ、この方法はストップして授乳するようにしてください。この方法を無理に続けても赤ちゃんがすんなり寝つかないときは、夜起きているのが習慣となり、かえって何週間にも及ぶ睡眠トラブルに発展します。

授乳について

夜中3~4時の間に授乳をすると、7時まで目を覚まさない日が最低10日続き、朝一番の授乳もそれほど飲まない場合は、時間をかけて夜の授乳量を少しずつ減らしていきましょう。こうすることで日中の授乳量が増えて夜の授乳量が徐々に減っていき、最終的には夜中の授乳を完全にストップすることができます。ここで授乳量を急激に減らしすぎないように気を付けましょう。23時から翌朝の6~7時まで夜通し眠るようになるのが目標ですので、授乳量が足りずお腹をすかせて7時より早く目を覚ますことになっては本末転倒です。

●6週目前後に再び成長期が訪れますので、朝一番の搾乳の量を30ミリリットル減らして、10時30分の搾乳をストップします。3時から4時の間に目を覚ましてしっかり飲んだあと、7時まで寝て、朝一番の授乳でもたっぷり飲んでいれば、その後はぐずることなく長時間目を覚ましていられるはずです。

●10時の授乳を少しずつ10時30分に遅らせていきます。例外は、早朝の5時前後まで目を覚まさず、7~8時の間に授乳をしている場合です。7時30分に軽く授乳をしているだけでは、10時30分までもたない赤ちゃんが多いため、7時前後に授乳できるようになるまで、そのまま10時の授乳を続けてください。

●成長期の間は、いつもより長めにおっぱいを飲ませる必要があります。とくに指定された時間に搾乳をしてこなかった場合は長めの授乳が必要ですので、いつもより時間をかけておっぱいをあげてください。必要な場合はさらに母乳やミルクを追加してください。軌道に乗っていたスケジュールが後退しているように感じるかもしれませんが、日中の授乳時間が増えるのは短期間のことです。こうすることで、授乳量が足りないせいで朝早く目を覚ましたり、夜中に起きる回数が増えたりするのを防ぐことができます。母乳の出をよくするには、328ページのスケジュールを参考にしてください。

●ミルク育ちの赤ちゃんは、成長期はまず7時、10時30分、18時15分の授乳量を増やしてください。けれども18時15分の授乳量は増やしすぎないように気を付けましょう。22時の授乳で、赤ちゃんがあまり飲まなくなる可能性があります。22時台の授乳の量を増やす必要がある赤ちゃんもいます。

●いつもは10時30分の授乳時間まで機嫌のいい赤ちゃんが、成長期がくるとランチタイムのお昼寝のときに目を覚ましたり、早く起きたりするようになることがあります。その場合は、お昼寝の前に軽く授乳するようにしてください。1週間ほど、ランチタイムのお昼寝のときに目を覚ますことなく寝ることができたら、少しずつお昼寝の前の授乳の量を減らして、最終的には完全にストップしてください。けれども、お昼寝の前に授乳をしないとどうしても目を覚ましてしまうときは、そのまま続けても構いません。この時期に大事なのは、ランチタイムのお昼寝でぐっすり眠る習慣を付けることです。

●3時前に目を覚ますときは、22時台の授乳を2回に分けてください（132ページ）。夜中の授乳が改善するはずです。

【6～8週目のスケジュール】

7時

◎7時までには赤ちゃんを起こし、おむつを替えて授乳を始めましょう。
◎5時前に授乳した場合は、張っている胸から15～20分授乳してください。まだお腹がすいているようであれば、さらにもう一方の胸から30～60ミリリットル搾乳したあと、10～15分授乳します。
◎6時に授乳した場合は、2番目の胸から30～60ミリリットル搾乳したあと、15～20分飲ませてください。
◎次の授乳に影響が出ますので、8時以降の授乳は控えてください。
◎赤ちゃんには最長で2時間起きていてもらいましょう。
◎8時前には自分の朝食を食べましょう。その間、赤ちゃんにはプレイマットの上でのびのび手足を動かして遊んでもらいます。
◎体を拭いて着替えさせ、首の下や手首などのくびれた部分にクリームを塗ります。

6-4　6〜8週目のスケジュール（目安）

授乳を始める時間	7時〜19時のお昼寝時間
7時（**搾乳** 7時30分）	9時〜9時45分
10時45分	11時45分/12時〜14時/14時30分
14時〜14時30分	16時30分〜17時
17時	
18時15分	
（**搾乳**　21時30分）	
22時〜22時30分	**※お昼寝時間の上限**　4時間

8時50分

◎おむつをチェックし、寝る準備に入ります。

9時

◎9時までには赤ちゃんを半ぐるみで包み、ベッドに連れて行き寝かしつけます。最長で45分間のお昼寝をさせてください。

◎哺乳びんや搾乳用の道具を洗って消毒します。

9時45分

◎おくるみを外して、赤ちゃんが自然に目を覚ますのを待ちましょう。

10時

◎赤ちゃんは眠った時間の長さに関係なく、10時には完全に目を覚ましていなければいけません。

◎7時の授乳でしっかり飲んでいれば、10時45分の授乳時間までお腹はもつはずです。7時前におっぱいをあげて、その後7時と8時の間に軽く授乳をしているときは、授乳時間を少し早める必要があります。

◎のびのび手足を動かし遊べるように、赤ちゃんをプレイマットに寝かせます。

10時45分

◎前回最後に飲んだ胸から20〜25分、そして2番目の胸から10〜15分授乳します。ママはその間に大きめのコップ1杯分のお水を飲みましょう。

11時30分

◎2時間目を覚ましていたら、11時30分には疲れてくるはずです。11時45分までには寝室に連れて行きましょう。

11時45分

◎この時間にはお昼寝の準備に入ります。

◎シーツをチェックし、おむつを替えます。

◎12時までには赤ちゃんをおくるみで包み、ベッドに連れて行き寝かしつけます。

12時～14時／14時30分

◎最長で2時間半のお昼寝が必要です。

◎45分で目を覚ましてしまったときは、おくるみから体が出ていないか確認しましょう。話しかけたり目を合わせたりするのは控えめにしてください。

◎10～20分ほど様子を見て、赤ちゃんが自分で寝つくのを待ちましょう。それでも寝つかないときは、次の授乳分の半量を飲ませて、14時まで眠るように寝かしつけてください。

◎どうしても眠りに戻らないときは、夕方のお昼寝の時間までもつように、14時の授乳のあとに短めのお昼寝をさせる必要があります。

12時

◎搾乳用の道具を洗って消毒し、ランチを食べて次の授乳まで休息をとってください。

14時～14時30分

◎眠った時間の長さに関係なく、14時30分までには赤ちゃんを起こして授乳を始めましょう。

◎おくるみを外して、赤ちゃんが自然に目を覚ますのを待ちましょう。おむつも交換します。

◎前回最後に飲んだ胸から15～20分授乳します。まだお腹がすいているようであれば、もう片方の胸から10～15分授乳します。その間にママはお水を1杯飲んでください。

◎次の授乳に影響が出ますので、15時15分以降は授乳しないようにしましょう。
◎ランチタイムのお昼寝で何度も目を覚まして、しっかり眠れなかったときは、この時間の授乳のすぐあとに20分ほどの短いお昼寝をさせてください。そのあと16時30分ごろにもう一度お昼寝をさせます。お昼寝を2回に分けることで、午後に眠りすぎて19時にうまく寝つかないという状況を回避することができます。
◎19時の就寝がうまくいくように、16時30分までは寝かさないようにしてください。午前中に赤ちゃんの目が冴えてよく動いていれば、この時間に少し眠くなるかもしれません。あまり厚着をさせないようにしてください。必要以上に暖かいと、赤ちゃんの眠気を誘ってしまいます。
◎のびのび手足を動かし遊べるように赤ちゃんをプレイマットに寝かせます。

16時15分〜16時30分

◎おむつを替えます。
◎次の授乳と入浴の前に、新鮮な空気を吸って赤ちゃんが気持ちよく眠れるように、お散歩に連れ出すのもいいでしょう。
◎19時にすんなり寝つくように、17時以降は赤ちゃんを眠らせないようにしてください。

17時

◎17時までに赤ちゃんを起こして授乳を始めてください。

◎前回最後に飲んだ胸から20分授乳します。ママはお水を1杯飲みましょう。

◎もう片方の胸はお風呂から出るまであげないようにしましょう。

17時45分

◎日中に赤ちゃんの目が冴えていたり、16時30分から17時の間のお昼寝でよく眠らなかったりした場合は、入浴と次の授乳の時間を早める必要があるかもしれません。

◎お風呂と就寝に必要なものを準備する間、赤ちゃんのおむつを外してのびのびキックをさせてあげましょう。

18時

◎18時までにお風呂に入れます。18時15分までにマッサージをしてパジャマに着替えさせます。

18時15分

◎18時15分までには授乳を始めましょう。薄暗く静かな部屋で行います。話しかけたり目を合わせたりするのは極力控えましょう。

◎17時の授乳のときにおっぱいを飲みきっていない場合は、そちらの胸からさらに5〜10分授乳します。その後もう片方の胸から授乳します。

◎目を覚ましてから2時間たった時点でベッドに連れて行くのが重要なポイントです。

18時45分〜19時

◎19時までには赤ちゃんを半ぐるみで包み、ベッドに連れて行き寝かしつけます。

20時

◎次の授乳または搾乳の前に、おいしい夕食を食べて体を休めてください。

21時30分

◎22時の授乳で哺乳びんを使うことにした場合は、この時間に両胸から搾乳してください。

22時〜22時30分

◎赤ちゃんが自然に目を覚ますように、電気をつけておくるみを外します。しっかりおっぱいやミルクが飲めるように、完全に目を覚ますまで少なくとも10分は待ちましょう。

◎おむつ替えに必要なものを準備します。夜中に必要になる場合にそなえて、予備のシーツ、ベビーモスリン、おくるみを用意しておきます。

◎最後に飲んでいた胸から20分授乳します。ミルクの場合は、指定された量のほとんどをあげてください。おむつを替えて、赤ちゃんをおくるみで包みます。

◎ここで部屋を暗くし、もう片方の胸から20分、ミルクの場合は残りをすべて飲ませます。話しかけたり目を合わせたりしないように。

◎授乳が終わった時点で目を覚ましてから1時間たっていることが重要です。

夜中の授乳

◎夜中に長い時間眠り始める頃です。いまだに3時前に目を覚まして授乳しなければ寝つかない場合は、日中の授乳と睡眠状況をチェックしましょう。

◎まずは22時台の授乳量を増やします。たくさん飲むのを嫌がるときは、授乳を2回に分けてください。これを数夜続けて様子を見ます。21時45分に起こしたら22時に飲む量と同じだけ飲ませて、23時15分の授乳まで起こしておきます。この時間に長めに起こしておき、いつもより多く授乳することで、たいてい夜中の睡眠時間が延びるはずです。効果が表れるのに4～5日かかるかもしれません。効果がなければ、起きている時間は以前と同じ長さに戻してください。

◎お腹がすいているせいではなく、習慣になってしまったせいで、毎晩同じ時間に起きてしまう赤ちゃんがいます。その場合は、「コア・ナイト・メソッド（338ページ）」を試して、抱っこやおしゃぶりで寝かしつけてください。20分以内に寝ついて1時間ほど眠った場合は、数日続けてみましょう。しかしもう一度目を覚ましてしまったときは、すぐに授乳してください。抱っこやおしゃぶりでの寝かしつけに慣れてしまうと、自分で寝つくことができなくなり、夜中に2回起きるのが癖になることがあるからです。最初に目を覚ましたときに授乳をせずに寝かしつけることで、夜の授乳を減らす効果はありますが、20分以内に寝つかないときは、授乳するのがベストです。夜中に長時間目を覚ましている状況は、一番避けなければいけません。

◎4時から5時の間に目を覚ましたときは、片方の胸から授乳し、7時の授乳は張っている胸から行います。ミルクの場合は、7時の授乳分の半量を飲ませます。その後、7時30分から8時の間に、残りの半分に30ミリリットル追加して飲ませます。

◎6時に目を覚ましたときは片方の胸から授乳し、もう片方の胸は7時30分に搾乳したあとにあげてください。ミルクの場合は、7時の授乳分から飲みたいだけ飲ませて、その後7時30分から8時の間にもう一度軽く授乳してください。

◎アイコンタクトやお話は最小限に控え、部屋は薄暗くしてください。おむつは、どうしても必要なときや、授乳中に眠ってしまっておっぱいを飲みきらないときのみ替えてください。

6〜8週目に変えること

睡眠について

体重が4キロを超えている赤ちゃんであれば、この時期になると長時間眠ることが多いはずです。そのためには、6、7時から23時までの間の授乳で1日に必要な量の大半を摂取し、7時から19時の間の睡眠時間が合計4時間以内でなければいけません。幾晩か連続で長時間眠ったら、一番長く眠った時間よりも早く目を覚ましても授乳をしないようにしましょう。

午前中のお昼寝は45分以内、ランチタイムのお昼寝は2時間15分から2時間半、夕方のお昼寝は30分以内に抑えましょう。夕方は、うたた寝程度ですんでしまう赤ちゃんやまったく寝ない赤ちゃんも出てきます。19時前に眠くなってしまうようであれば、夕方のお昼寝は続けてください。翌朝7時まで眠ってもらうには、就寝時間は19時前後でなければいけません。6〜8週目になったら、午前中のお昼寝は必ず45分以内に抑えます。これ以上長く寝かせると、ランチタイムのお昼寝で長く眠らないことがあるからです。ランチタイムの寝つきが悪く、お昼寝の直前に授乳をしても改善しなければ、午前中のお昼寝を30分にしてください。そのせいでランチタイムのお昼寝が少し早まっても構いません。

ランチタイムのお昼寝

6週目を超えたら、午前中のお昼寝で45分しっかり眠ったときは、ランチタイムのお昼寝は2時間15分にしてください。なんらかの理由で午前中のお昼寝が短かった場合は2時間半寝かせてください。

●8週目ごろになると、ランチタイムのお昼寝がうまくいかなくなることがあります。眠り始めても30~40分もすると目を覚まして、その後もう一度寝つくことができないのです。これは、この時期に睡眠サイクルが大人のものに近づいて、ごく浅い眠りから夢を見る「レム睡眠」といわれるサイクルに入り、そのあと深い眠りに入っていくようになるためです。

浅い眠りのサイクルに入っても、もぞもぞするだけですんでしまう赤ちゃんもいれば、そのまま完全に目を覚ましてしまう赤ちゃんもいます。いつも寝かしつけられているせいで、自分で眠りに戻る方法を身に付けていないと、大きな問題に発展します。ランチタイムのお昼寝で目を覚ますときは（そして寝かしつける前にすでに授乳をしている場合）、自分で眠りに戻ることができるか10~20分ほど様子を見てください。それでも眠りに戻ることができない場合、または、様子を見ている間に激しく泣き始めたら、すぐに赤ちゃんのもとに戻って14時の授乳分の半分を飲ませてください（夜の授乳と同じ方法で行います）。そのあと赤ちゃんをベッドに寝かせます。それでも寝つかないときは、そのまま起こしてください。

●もちろん、ランチタイムのお昼寝が短くなってしまったときは、13~16時まで機嫌よく起きていることはできません。この状況に対処するための最良の方法は、14時〜14時半の授乳のあとと、16時30分に短いお昼寝をさせることです。こうすることで疲れすぎて機嫌が悪くなるのを防ぎ、19時の就寝がうまくいくようにスケジュールを再び軌道に乗せることができます。この問題への対処法は351〜353ページに詳細が書かれていますので参考にしてください。

●この時期になったら、午前中のお昼寝と19時の睡眠時は、脇から下を包む半ぐるみにしてください。8週目の終わりごろは、23時から翌朝7時の就寝時も半ぐるみで包むようにします。

授乳について

成長期がきたら、赤ちゃんの食欲の増加分を補えるように、30ミリリットル搾乳する量を減らしてください。

●搾乳をしていなかった場合も、これまで通り月齢に合ったスケジュールを続けてください。しかしお昼寝前に軽く授乳する必要が出てくるかもしれません。1週間それを続ければ、母乳の出もよくなります。出がよくなったかどうかは、お昼寝のときによく眠っているか、また次の授乳にあまり興味を示さないかどうかでわかります。よく眠るようになったら、お昼寝前の授乳時間を少しずつ短くして、もとのスケジュールに戻していきます。

●ミルク育ちで、いつも全量飲みきっている授乳時間は、通常より30ミリリットル多くあげてください。22時台の授乳は、その他のすべての授乳で30ミリリットル多く飲ませても足りず、夜中に長時間眠らない場合のみ量を増やしてください。この時期に穴が三つの乳首にサイズアップする必要が出てくるかもしれません。

●6～8週目の頃には、体重が順調に増えていて、4キロを超えている赤ちゃんは、22時台の授乳の後、5～6時間は続けて眠るはずです。それには日中の授乳でしっかり飲んで、お昼寝の長さが決められた時間以内に収まっていなければいけません。

●しっかり飲んでいるにもかかわらず2～3時の間にまだ赤ちゃんが起きるときは、授乳を22時と23時15分の2回に分けてあげてください。飲む量が増えて、起きている時間が長くなりますので、夜中に寝る時間が延びるはずです。成功させるには、22時にはしっかり目を覚まして授乳ができるように、赤ちゃんを遅くとも21時45分には起こし始めてください。好きなだけ飲ませて、プレイマットの上でたくさん体を動かしてもらいましょう。23時にはベッドに連れて行き、おむつを替えて、再び残りを授乳します。ミルク育ちの場合は、2回目の授乳用に新しくミルクを作るようにしてください。

●それでも夜中に目を覚ます場合は、上掛けを蹴って外してしまっていないか確認しましょう。この月齢になると、これが原因で目を覚ましてしまうことがあります。19ページのベッドメーキングの方法を参考にして、上掛けから体がはみ出ないようにきちんとマットレスの下に挟み込んでください。それでもまだ目を覚ますときは、抱っこやおしゃぶりを使って寝かしつけてみてください（338ページの「コア・ナイト・メソッド」を参照）。

●なかなか寝つかないときは、授乳をしなければいけません。しかし夜中に長く眠らない理由を第4章と第7章を読んで突き止めることが重要です。たとえ寝ついても、恐らくもう一度、午前5時前後に目を覚ますと思いますので、しっかり授乳をしてください。その後7時30分〜8時ごろに再び授乳します。こうすると、その日の授乳と睡眠のパターンを軌道修正できます。

●夜ではなく、日中の授乳量を増やし続けてください。7時の授乳後はほとんどの赤ちゃんが次の授乳まで機嫌よく起きていられるはずなので、10時45分まで時間を少しずつ遅らせていきます。

●この時期に、7〜8時の授乳で全量ではなく追加分を飲んでいるだけでは、10時45分〜11時の授乳時間までお腹がもたないかもしれません。その場合は10時〜10時15分にまず半分の量を授乳し、そのあと残りをランチタイムのお昼寝の直前に飲ませます。お昼寝から早く目を覚まさないようにするためです。再び早く目を覚ますようになっても、赤ちゃんのもとに大急ぎで駆け付ける前に10分ほど様子を見るようにしてください。なかなか眠りに戻らないようであれば、抱っこやおしゃぶりで寝かしつけてみてください。

それでもすぐに寝つかなければ14時〜14時30分の授乳分の半分を飲ませて寝かしつけてください。それもうまくいかなければ、起こしておくのが得策です。夕方のお昼寝まで起きていられるように、14時〜14時30分の授乳で残りを飲ませたあとに、短いお昼寝をさせてください。

【8〜12週目のスケジュール】

7時

◎7時までには赤ちゃんを起こし、おむつを替えて授乳を始めましょう。

◎最初の胸から最長20分飲ませ、その後、次の胸から10〜15分飲ませます。

◎次の授乳に影響が出ますので、7時45分以降の授乳は控えてください。

◎最長2時間起きていてもらいましょう。

◎8時前には自分の朝食を食べましょう。その間、赤ちゃんにはプレイマットの上でのびのび手足を動かして遊んでもらいます。

◎体を拭いて着替えさせ、首の下や手首などのくびれた部分にクリームを塗ります。

8時50分

◎おむつをチェックし、寝る準備に入ります。

9時

◎9時までには赤ちゃんを半ぐるみで包み、ベッドに連れて行き寝かしつけます。最長で45分

6-5　**8〜12週目のスケジュール（目安）**

授乳を始める時間	7時〜19時のお昼寝時間
7時	9時〜9時45分
10時45分〜11時	12時〜14時/14時15分
14時〜14時15分	16時45分〜17時
17時	
18時15分	
（**搾乳** 21時30分）	
22時〜22時30分	**※お昼寝時間の上限** 3時間30分

間のお昼寝をさせてください。

◎哺乳びんや搾乳用の道具を洗って消毒します。

9時45分

◎おくるみを外して、赤ちゃんが自然に目を覚ますのを待ちましょう。

10時

◎赤ちゃんは眠った時間の長さに関係なく、10時には完全に目を覚ましていなければいけません。

◎のびのび手足を動かし遊べるように赤ちゃんをプレイマットに寝かせます。

10時45分〜11時

◎前回最後に飲んだ胸から20分、もう片方の胸から10〜15分授乳します。ママはその間に大きめのコップ1杯分のお水を飲みましょう。

11時45分

◎この時間には寝る準備に入ります。

◎シーツをチェックし、おむつを替えます。

◎12時までには赤ちゃんを半ぐるみで包み、ベッドに連れて行き寝かしつけます。

12時〜14時／14時15分

◎最長2時間15分のお昼寝が必要です。

◎45分で目を覚ましてしまったときは、10〜20分ほど様子を見て赤ちゃんが自分で寝つくのを待ちましょう。それでも寝つかない場合は、次の授乳分の半量を飲ませて、14時〜14時15分まで眠るように寝かしつけてください。

◎どうしても寝つかないときは、夕方のお昼寝の時間までもつように、14時台の授乳のあとに短めのお昼寝をさせる必要があります。

◎哺乳びんと搾乳用の道具を洗って消毒し、自分のランチを食べて次の授乳まで休息をとってください。

14時〜14時15分

◎眠った時間の長さに関係なく、14時30分までには赤ちゃんを起こして授乳を始めましょう。

◎おくるみを外して、赤ちゃんが自然に目を覚ますのを待ちましょう。おむつも交換します。

◎前回最後に飲んだ胸から20分授乳します。まだお腹がすいているようであれば、もう片方の胸から10～15分授乳します。その間にママはお水を1杯飲んでください。

◎次の授乳に影響が出ますので、15時15分以降は授乳しないようにしましょう。

◎ランチタイムのお昼寝で何度も目を覚ましてしっかり眠れなかった場合は、この時間の授乳のすぐあとに20分ほどの短いお昼寝をさせてください。そして、そのあと16時半ごろにもう一度お昼寝をさせます。お昼寝を2回に分けることで、午後に眠りすぎて19時にうまく寝つかないという状況を避けることができます。

◎19時の就寝がうまくいくように、16時45分まではしっかり起きておいてもらいましょう。

16時15分

◎おむつを替えて、16時30分までには湯冷ましを飲ませてください。

◎16時45分から17時まで短いお昼寝をするかもしれません。

◎19時にすんなり寝つくように、17時以降は赤ちゃんを眠らせないようにしてください。

17時

◎17時までに赤ちゃんを起こし授乳を始めてください。

◎前回最後に飲んだ胸から15分授乳します。ママはお水を1杯飲みましょう。

17時45分

◎日中に赤ちゃんの目が冴えていたり、16時45分〜17時のお昼寝でよく眠らなかったりした場合は、入浴と次の授乳の時間を早める必要があるかもしれません。

◎入浴と就寝に必要なものを準備する間、赤ちゃんのおむつを外してのびのびキックをさせてあげましょう。

18時

◎18時までにお風呂に入れます。18時15分までにマッサージをしてパジャマに着替えさせます。

18時15分

◎18時15分までには授乳を始めましょう。薄暗く静かな部屋で行います。話しかけたり目を合わせたりするのは極力控えましょう。

◎17時の授乳でおっぱいを飲みきっていない場合は、そちらの胸からさらに5〜10分授乳します。その後もう片方の胸から最長で20分授乳します。

◎目を覚ましてから2時間たった時点でベッドに連れて行くのが重要なポイントです。

19時

◎19時までには赤ちゃんを半ぐるみで包み、ベッドに連れて行き寝かしつけます。

20時

◎次の授乳または搾乳の前に、ママはおいしい夕食を食べて、体を休めてください。

21時30分

◎22時の授乳で哺乳びんを使うことにした場合は、この時間に両胸から搾乳してください。

22時〜22時30分

◎赤ちゃんが自然に目を覚ますように、電気をつけておくるみを外します。しっかりおっぱいやミルクが飲めるように、完全に目を覚ますまで少なくとも10分は待ちましょう。

◎おむつ替えに必要なものを準備します。夜中に必要になる場合に備えて、予備のシーツ、ベビーモスリン、おくるみを用意しておきます。

◎最初の胸から20分授乳します。ミルクの場合は、指定された量のほとんどをあげてください。おむつを替えて、もう一度半ぐるみで包みます。

◎ここで部屋を暗くし、もう片方の胸から20分、ミルクの場合は残りをすべて飲ませます。話しかけたり目を合わせたりしないように。

夜中の授乳

◎赤ちゃんが早朝5時前に目を覚まして、たっぷりおっぱいを飲み、7時の授乳を飲みたがらないときは「コア・ナイト・メソッド」（338ページ）を試してみてください。7時から19時の間に、1日の必要摂取量をすべて飲ませるのが目標なのを忘れないようにしましょう。

◎5時に目を覚ましたときは、片方の胸から授乳し、必要であればもう片方の胸から5～10分授乳します。ミルクの場合は、7時の授乳分の半量を飲ませます。その後、7時～8時の間に、残りの半分に30ミリリットル追加して飲ませます。

◎6時に目を覚ましたときは、片方の胸から授乳し、もう片方の胸は7時30分に飲ませてください。ミルクの場合は、7時の授乳で飲む量から好きなだけ飲ませ、その後7時30分～8時の間にもう一度軽く授乳してください。

◎アイコンタクトやお話は最小限に控え、部屋は薄暗くしてください。おむつはどうしても必要な場合や、授乳中に眠ってしまっておっぱいを飲みきらない場合だけ替えてください。

8～12週目に変えること

睡眠について

体重が5・4キロを超えている赤ちゃんのほとんどは、この時期になると22時30分の授乳のあとは朝まで夜通し眠ることができるはずです。それには、朝6〜7時と23時の間の授乳で1日の必要摂取量を飲み、7時から19時の睡眠時間が合計3時間半以内でなければいけません。完全母乳の赤ちゃんは、この時期でも夜に一度は目を覚ますかもしれませんが、6〜7時近くまで眠ってくれることもあるでしょう。

- お昼寝の時間をさらに30分減らして、合計で3時間半になるようにしてください。ランチタイムのお昼寝でよく眠るように、午前中のお昼寝は45分以内に抑えましょう。
- ランチタイムのお昼寝は2時間15分を超えないようにしてください。この時期は、ランチタイムのお昼寝がうまくいかないこともあります。寝ついたあと30〜45分すると眠りが浅くなり、完全に目を覚ましてしまう赤ちゃんがいるからです。目を覚ますのが癖にならないように、自分で眠りに戻る方法を身に付けさせるのが重要です。この問題への対処法は338ページの「コア・ナイト・メソッド」を参考にしてください。ほとんどの赤ちゃんは夕方のお昼寝をやめる時期です。まだ眠くなってしまう赤ちゃんも、15分以上は寝かさないようにしてください。なんらかの理由でランチタイムにあまり眠らなかったときは、もう少し長く寝かせても構いません。
- この時期は半ぐるみで包んで、上からかけたカバーをマットの下にきちんと挟み込んでください。この月齢の赤ちゃんは、カバーを蹴ってベビーベッドの中で動き回るせいで目を覚ますことが多いため、軽量の夏仕様のスリーパーを購入することをおすすめします。非常に軽いため、その上からシーツをかけてマットの下に挟むこともできます。暖めすぎを心配する必要もありません（ベビーベッドや寝具の詳細は16〜20ページを参照）。

授乳について

この時期には、1日（22時台は除く）の授乳回数が5回で定着していることと思います。完全母乳の赤ちゃんが朝早く目を覚ますようになったら、22時30分の授乳のあとに搾乳したお乳かミルクを足してみてください。定期的に朝7時まで眠るようになったら、3日おきに5分ずつ時間を早めて、22時に授乳を始めるようにしてください。7時まで夜通し眠り続け、朝一番の授乳でもしっかり飲むようであれば、10時45分の授乳を11時まで遅らせていきます。

●夜通し眠るのが2週間続き、赤ちゃんが17時の授乳であまりお腹がすいていないように見えたら、この時間の授乳をストップすることができます。2回に分けた授乳をやめるのは、このような状況になるまでおすすめしません。18時15分に飲む量が多くなると、22時台の授乳で飲む量が減って、朝早く目を覚ますようになるかもしれないからです。

●私がお世話をしていた赤ちゃんはほとんどの場合、日中に十分な量の母乳やミルクを摂取できるように、離乳食を始めるまでは、就寝前の授乳を2回に分けていました。17時の授乳をやめて、入浴後の授乳で1回分を飲ませると、22時の授乳量が驚くほど減ることが多く、そのせいで朝早く目を覚ますようになるからです。離乳食が完全に軌道に乗り、7時まで夜通し眠るのが定着するまでは、もう一度授乳を17時と18時15分の2回に分けることをおすすめします。

●母乳育児で、哺乳びんでの授乳をもう1回分増やすことを検討している場合、導入するのに一番いい時間は23時の授乳です。毎日2～3分ずつおっぱいを飲ませる時間を減らしていき、最後にミルクを足すようにします。1週間たったところで、ミルクの量が150～180ミリリットルまで増えていれば、おっぱいが張りすぎて痛むことなく、母乳での授乳をストップすることができるはずです。ミルク育ちの赤ちゃんは、9週目のあたりにくる次の成長期の間は、まず7時、11時、そして18時15分のミルクの量を増やすようにしてください。量は、赤ちゃんが欲しがるだけ増やして構いません。

3～4カ月目のスケジュールへのステップアップ

お昼寝の時間が指定された時間を超えず、夜も8～12週目のスケジュール通りに進んでいる場合は、次に移行してください。しかし、すべてのアドバイスに従っているにもかかわらず、まだ夜中に長く眠らない場合は、8～12週目のスケジュールを続けて、まずは夜の睡眠状況を改善しましょう。19時以降に長く眠る時間をつくるために、22時台の授乳を24時近くまで遅らせるのも一つの手です。もしくは短期間、この時間の授乳を完全にやめてもいいでしょう。

19時以降に長く眠るようになったら、22時台の授乳を再びスタートし、長く眠る時間が23時から6～7時の間にくるようにします。深夜の授乳を2～3日おきに10分ずつ早めていき、最終的に22時～22時30分の間に戻します。これで23時から6～7時に長時間眠るのが定着したら、3～4カ月目のスケジュールにステップアップしてください。

【3～4カ月目のスケジュール】

7時

◎7時までには赤ちゃんを起こし、おむつを替えて授乳を始めましょう。

◎母乳の場合は両胸から、ミルクの場合は全量飲ませます。

この時期はおっぱいを飲むのにあまり時間がかからなくなる赤ちゃんが多いと思いますが、飲ませる時間は赤ちゃんをよく見て判断しましょう。次の授乳まで機嫌がよければ、十分な量を飲めているはずです。

◎2時間前後は起きていられるはずです。

8時

◎8時前には自分の朝食を食べましょう。その間、赤ちゃんにはプレイマットの上でのびのび

6-6 3～4カ月目のスケジュール（目安）

授乳を始める時間	7時～19時のお昼寝時間
7時	9時～9時45分
11時	12時～14時/14時15分
14時15分～14時30分	
17時	
18時～18時15分	
（**搾乳** 21時30分）	
22時～22時30分	**※お昼寝時間の上限** 3時間

手足を動かして遊んでもらいます。
◎体を拭いて着替えさせ、首の下や手首などのくびれた部分や乾燥しているところにクリームを塗ります。

9時
◎9時までには赤ちゃんを半ぐるみで包み、ベッドに連れて行きます。最長で45分間のお昼寝をさせてください。
◎哺乳びんや搾乳用の道具を洗って消毒します。

9時45分
◎おくるみを外して、赤ちゃんが自然に目を覚ますのを待ちましょう。

10時
◎赤ちゃんは眠った時間の長さに関係なく、10時には完全に起きていなければいけません。

◎のびのび手足を動かし遊べるように赤ちゃんをプレイマットに寝かせるか、お散歩に連れて行きましょう。

11時

◎母乳の場合は両胸から、ミルクの場合は全量飲ませます。

11時50分

◎シーツをチェックして、おむつを替えます。

◎12時までには赤ちゃんをおくるみで包み、ベッドに連れて行きます。

12時～14時／14時15分

◎最長で2時間15分のお昼寝が必要です。

◎哺乳びんと搾乳用の道具を洗って消毒し、ママは昼食をとって次の授乳まで休んでください。

14時～14時15分

◎眠った時間の長さに関係なく、14時30分までには赤ちゃんを起こして授乳を始めましょう。

◎おくるみを外して、赤ちゃんが自然に目を覚ますのを待ちましょう。おむつも交換します。
◎母乳の場合は両胸から、ミルクの場合は全量飲ませます。
◎次の授乳に影響が出ますので、15時15分以降は授乳しないようにしましょう。
◎ランチタイムのお昼寝で何度も目を覚まして、しっかり眠れなかったときは、この時間の授乳のすぐあとに20分ほどの短いお昼寝をさせてください。その後、16時30分ごろにもう一度お昼寝をさせます。お昼寝を2回に分けることで、午後に眠りすぎて19時にうまく寝つかないという状況を避けることができます。
◎午前中とランチタイムのお昼寝でよく眠れたら、就寝時間まで睡眠は必要ないはずです。

16時〜16時15分

◎おむつを替えて、16時30分までには一度湯冷ましを飲ませてください。
◎ランチタイムのお昼寝がうまくいかなかったときは、この時間から17時の間に短いお昼寝が必要かもしれません。
◎19時にすんなり寝つくように、17時以降は赤ちゃんを眠らせないようにしてください。

17時

◎前回最後に飲んだ胸から15分授乳します。ミルクの場合は、半量飲ませてください。

17時45分

◎入浴と就寝に必要なものを準備する間、赤ちゃんのおむつを外してのびのびキックをさせてあげましょう。

18時

◎18時までにお風呂に入れます。18時15分までにマッサージをしてパジャマに着替えさせます。

18時15分

◎18時15分までには授乳を始めましょう。

◎17時の授乳のときにおっぱいを飲みきっていない場合は、そちらの胸からさらに5〜10分授乳します。その後もう片方の胸から最長で20分授乳するか、ミルクをあげてください。

◎ミルクの赤ちゃんは、残りの半分の量に30ミリリットルを追加して飲ませます。

◎10分ほど片付けをする間、部屋を暗くし、赤ちゃんをベビーチェアに座らせておきます。

19時

◎19時までには赤ちゃんを半ぐるみで包み、ベッドに連れて行きます。

20時

◎次の授乳または搾乳の前に、ママはおいしい夕食を食べて、体を休めてください。

21時30分

◎22時の授乳で哺乳びんを使うことにした場合は、この時間に両胸から搾乳してください。

22時～22時30分

◎赤ちゃんが自然に目を覚ますように、電気をつけておくるみを外します。

◎母乳もミルクも、指定された量のほとんどを飲ませてください。おむつを替えて、もう一度半ぐるみで包みます。

◎ここで部屋を暗くし、残りをすべて飲ませます。話しかけたり目を合わせたりしないように。

3～4カ月目に変えること

睡眠について

私のスケジュールに沿って授乳やお昼寝の時間を管理していれば、1日の最後の授乳から朝の6～7時まで夜通し眠るようになっているはずです。朝早く目を覚ますようになったら、原因はお腹がすいているせいだと判断して、22時台の授乳の量を増やし、必要であればこの時間の授乳を2回に分けてください。4カ月になる頃には、7～19時のお昼寝時間は3時間を超えないようにしてください。これより短い睡眠時間でも大丈夫な赤ちゃんもいます。その場合は午前中のお昼寝を30分、ランチタイムのお昼寝を2時間にし、合計2時間半とします。

●スケジュールがしっかり定着していれば、夕方のお昼寝の時間が減り始める頃です。お昼寝なしで夕方を乗りきることができる日もあると思いますが、その場合はいつもより5～10分早めに就寝させる必要があるかもしれません。

●ランチタイムに2時間寝ることができなかったときは、16～17時の間に15～30分以下の短めのお昼寝をさせてください。何分寝かせるかは、ランチタイムにどれくらい眠ったかによって決めましょう。このお昼寝をさせないと、就寝時間に疲れすぎて寝つきが悪くなります。

●朝7時まで夜通し眠る日が2週間以上続いた場合は、22時30分の授乳の時間を徐々に減らして30分にしてください。夜中の授乳と同じように、できるだけ静かに行います。3日おきに10分ずつ時間を早めて22時に開始し、赤ちゃんを完全に起こさず半分眠った状態で授乳し、短時間で終わらせましょう。

●すべてのアドバイスに従っているにもかかわらず、夜中にまだ目を覚ますときは、23時45分まで赤ちゃんを寝かせておいて、完全に起こさず半分眠った状態で授乳します。これを数日間続けて、長く眠るようになるか様子を見ましょう。

●数日試しても、まだ早朝5～6時の間に目を覚ますときは、授乳を2回に分けて最低でも1時間は起こしておく方法を試してみてください。

●たとえおくるみから体が飛び出てしまうようなことがなくても、まだ使用していない場合は、綿100パーセントの軽量スリーパーに慣れさせるのにいい時期です。赤ちゃんが暑くなりすぎないように、軽量のものを購入するのが重要です。カバーを蹴ってしまうことがないように、室温に応じて、シーツとさらにもう1枚上掛けをかけてマットの下にきちんと挟み込んでください。

授乳について

月齢3～4カ月で、7時まで夜通し眠ることが2週間以上続いていても、成長期を迎えて増える食欲を日中の授乳で補わなければ、夜中に再び目を覚ますことになるので気を付けましょう。

●完全母乳で、22時の授乳で搾乳したお乳を足しているにもかかわらず、まだ夜中に目を覚ます赤ちゃんは、この時間の授乳量を増やす必要があるかもしれません。日中に余分に搾乳する時間がなければ、少しだけミルクを足すと効果がありますが、保健師に相談をして慎重に決めてください。ミルク育ちで、1日に4回、210～240ミリリットルずつ飲んでいる場合は、22時台は120～180ミリリットル程度で十分なはずです。しかし、この月齢で夜通し眠っていない場合は、少し余分に飲ませる必要があります。朝一番の授乳量が減ることになっても、幾晩か210～240ミリリットル飲ませて、夜長く眠るようになるか様子を見ましょう。

●22時台に多めに飲ませることで翌朝7時まで眠るようになり、朝の授乳量が減った場合は、22時の授乳量を減らすよりも、朝まで眠るほうが重要ですので、しばらくの間はこのまま進めましょう。7時の授乳量が少ないときは11時の授乳を少し早めて、ランチタイムのお昼寝前にもう一度軽く授乳する必要があります。

●3～4カ月になると、22時台の授乳を嫌がる赤ちゃんも出てきます。しかし再び早く目を覚ますようになって10分以内に寝つかないときは、お腹がすいているせいだと判断して授乳してください。離乳食を始めて定着するまでは、22時台の授乳を復活させることも考えましょう。

●いまだに早朝4～5時前に目を覚まし、授乳をしないと寝つかない場合は、単に起きるのが癖になっているせいか、本当にお腹がすいているのかを判断するために、授乳の量とお昼寝の時間を細かく記録しましょう。

●体重の増加が順調で、目を覚ますのは習慣になっているからだと確信がもてる場合は、赤ちゃんのもとに駆け付ける前に15～20分待ちましょう。自分で自然と眠りに戻る赤ちゃんもいます。この月齢だと、上掛けから体が出ると目を覚ましてしまう赤ちゃんもいますので、きちんとマットの下に挟み込んでください（19ページ参照）。

●7～23時の間に995～1130ミリリットル飲んでいるミルク育ちの赤ちゃんは、夜の授乳はとくに必要ありません。しかしこの時期に体重がすでに6・8キロを超えている大きめの赤ちゃんは、6カ月になって離乳食が始まるまでは、5～6時と7時～7時30分に授乳する必要があるかもしれません。

●完全母乳の赤ちゃんは、22時台の授乳で十分飲んでいないと、5〜6時前後に授乳する必要があるかもしれません。母乳でもミルクでも、夜中の授乳をストップする準備が整っているかを判断するための材料になるのは、7時〜7時30分の授乳のときの飲み方です。必死に飲んでいるようであれば、5〜6時ごろに本当にお腹をすかせて目を覚ましていることになります。機嫌が悪くイライラして、飲むのを嫌がるようであれば、起きてしまう理由は空腹ではなく、習慣になっているせいです。その場合は抱っこで寝かしつけてください。

●22時台の授乳時間を30分に減らしても翌朝7時まで眠り、朝一番に飲む量も減っているようであれば、22時台の授乳の量を少しずつ減らしていきましょう。それでも7時までぐっすり眠るようであれば、そのまま減らし続けます。しかし6〜7カ月になって離乳食が軌道に乗るまでは、完全にストップするのはおすすめできません。成長期がくる前や離乳食を始める前に22時台の授乳をやめてしまうと、夜中の授乳が復活する可能性があるからです。

●完全母乳で体重が6・3キロ以上の赤ちゃんは、離乳食が始まるまでは、成長期にどうしても夜中の授乳が復活してしまうことがあります。母乳の出が足りていないと感じたら、326ページからの母乳の出をよくするためのアドバイスを参考にしてください。

●この月齢になると、22時台の授乳なしでは12時間眠れないにもかかわらず、飲むのを完全に拒否する赤ちゃんもいます。その場合は、離乳食が始まるまでは、早朝4〜6時の間にどうしても一度授乳が必要になります。この時間に目を覚ましたら、授乳をせずに無理やり押し通そうとしてはいけません。寝たり起きたりを繰り返す癖がついて、朝早く目を覚ますのが常習化する長期的な問題に発展します。19時から翌4～6時まで眠ってくれれば上出来ですので、目を覚ましたら授乳をして、速やかに寝かしつけましょう。

【4～6カ月目のスケジュール】

7時

◎7時までには赤ちゃんを起こし、おむつを替えて授乳を始めましょう。
◎母乳の場合は両胸から、ミルクの場合は全量飲ませます。
◎赤ちゃんは2時間前後は起きていられるはずです。

8時

◎プレイマットの上で手足を動かしたり、月齢に合ったおもちゃで遊んだりしている間に、自分の朝食を食べましょう。
◎体を拭いて着替えさせ、首の下や手首などのくびれた部分や乾燥しているところにクリームを塗ります。

6-7 **4〜6カ月目のスケジュール（目安）**

授乳を始める時間	7時〜19時のお昼寝時間
7時	9時〜9時45分
11時	12時〜14時/14時15分
14時15分〜14時30分	
18時〜18時15分	
（**搾乳** 21時30分）	
22時	**※お昼寝時間の上限** 3時間

9時〜9時15分

◎赤ちゃんにスリーパーを着せ、シーツを上からかけてマットの下に挟み込みます。30〜45分間のお昼寝をさせてください。

9時45分

◎おくるみを外して、赤ちゃんが自然に目を覚ますのを待ちましょう。

10時

◎眠った時間の長さに関係なく、10時には完全に目を覚ましていなければいけません。

◎のびのび手足を動かし遊べるように赤ちゃんをプレイマットに寝かせるか、お散歩に連れて行きましょう。

11時

◎母乳の場合は両胸から、ミルクの場合は全量飲ませます。離乳食を早めに始めるようにアドバイスを受けた場合は、授乳の後に離乳食を食べさせてください。

◎食事の片付けをする間、赤ちゃんをベビーチェアに座らせてください。

11時50分

◎シーツをチェックして、おむつを替えます。

◎12時までにはスリーパーを着せ、シーツを上からかけてマットの下に挟み込みます。

12時〜14時／14時15分

◎最長2時間15分のお昼寝が必要です。

14時〜14時15分

◎眠った長さに関係なく、14時30分までには赤ちゃんを起こして授乳を始めましょう。

◎おくるみを外して、赤ちゃんが自然に目を覚ますのを待ちましょう。おむつも交換します。

◎母乳の場合は両胸から、ミルクの場合は全量飲ませます。

◎次の授乳に影響が出ますので、15時15分以降は授乳しないようにしましょう。

◎午前中とランチタイムのお昼寝でよく眠れたら、就寝時間まで睡眠は必要ないはずです。

16時15分

◎ランチタイムのお昼寝がうまくいかなかったときは、この時間から17時の間に短いお昼寝が必要かもしれません。

◎19時にすんなり寝つくように、17時以降は赤ちゃんを眠らせないようにしてください。

17時

◎入浴がすむまで授乳をしなくても大丈夫な赤ちゃんもいます。そうでなければ、前回最後に飲んだ胸から10～15分授乳します。ミルクの場合は、半量飲ませてください。

◎早めに離乳食を始めるようにアドバイスを受けた場合は、授乳量が急激に減らないように、離乳食をあげる前にまず母乳またはミルクを半量飲ませます。

17時30分

◎入浴と就寝に必要なものを準備する間、赤ちゃんのおむつを外してのびのびキックをさせてあげましょう。

17時45分

◎17時45分までにはお風呂に入れます。18時〜18時15分までにマッサージをしてパジャマに着替えさせます。

18時〜18時15分

◎18時〜18時15分の間に授乳を始めます。赤ちゃんの疲れ具合で開始時間を決めてください。

◎離乳食を食べた赤ちゃんは、18時15分〜30分まで飲みたがらないかもしれません。

◎母乳の場合は両胸から、ミルクの場合は全量飲ませます。

◎17時に授乳し、おっぱいを飲みきらなかった場合は、そちらの胸からさらに5〜10分授乳します。その後もう片方の胸から最長で20分授乳してください。ミルクの場合は、通常の半量に30ミリリットルを足して飲ませます。

◎10分ほど片付けをする間、部屋を暗くして赤ちゃんをベビーチェアに座らせておきます。

19時

◎19時までにはスリーパーを着せ、シーツをかけてマットの下に挟み込みます。

◎次の授乳または搾乳の前に、ママはおいしい夕食を食べて、体を休めてください。

21時30分

◎22時の授乳で哺乳びんを使うことにした場合は、この時間に両胸から搾乳してください。

22時

◎電気をつけて、授乳ができるように赤ちゃんの目をしっかり覚ましてください。
◎スリーパーを脱がせて、指定された量のほとんどを飲ませてください。おむつを替えて、再びスリーパーを着せます。
◎ここで部屋を暗くし、残りをすべて飲ませます。話しかけたり目を合わせたりしないように。飲みたがらない場合は、無理強《じ》いしないでください。この時間の授乳量が減り始める時期です。
◎この授乳には30分以上かけないようにしてください。
◎スリーパーの上から薄いシーツをかけて、しっかりマットの下に挟み込みましょう。

4〜6カ月目に変えること

睡眠について

日中の4回分の母乳またはミルクを全部飲んで、7時から19時の間のお昼寝が計3時間を超えていなければ、生後4〜6カ月ごろには、ほとんどの赤ちゃんが22時ごろの授乳のあとは翌朝の6～7時まで夜通し眠るようになっています。母乳の赤ちゃんは、22時に飲む量が十分でないと、5時ごろに授乳する必要があるかもしれません。

●まだ夜中に目を覚まし、理由が空腹のせいではないと確信がもてる場合は、338ページに紹介されている「コア・ナイト・メソッド」を試してみてください。それでもうまくいかない場合は、あなたの赤ちゃんは、平均よりも必要な睡眠時間が短い赤ちゃんかもしれません。2～3日おきに2分ずつお昼寝時間を短くして、1日計10～15分減るまで続けてください。

●2週間ほど続けても状況が改善しない場合は、19時の就寝後にどれくらい長く眠れるかを見極めるために、22時の授乳をストップしてみてください。目を覚ます時間によって、22時の授乳を続けるかどうかを判断します。たとえば3～5時の間に目を覚まして、授乳後、朝の7時まで眠るようであれば、19時から7時の間に少なくとも一度は長く眠っていることになります。このほうが22時台に授乳し、そのあと再び5時に授乳をするより望ましいのではないでしょうか。

●けれども、22時台の授乳をやめたら、夜中の1時に目を覚まし、そのあと再び5時に目を覚ますようであれば、24時と5時の間に2回起きて授乳をすることになりますので、22時台の授乳を続けることをおすすめします。

●体重が6・8キロ以上の赤ちゃんは、空腹が理由で夜中に目を覚ますことがあります。完全母乳の赤ちゃんはとくにそうなりがちですが、これも離乳食が始まる6カ月までのことと割り切って対処しましょう。

●赤ちゃんが離乳食を始める準備ができていると感じたら、推奨されている6カ月より早く離乳食を始めてもいいかを保健師や医師に相談してください。夜中の授乳を続ける場合も、できるだけ時間をかけず静かに行い、速やかに寝かしつけて朝7時までぐっすり眠らせるのが大変重要です。

●スリーパーをまだ使用していない場合は、この時期に使い始めることをおすすめします。この月齢よりも遅くなると、スリーパーを着せられるのを嫌がる赤ちゃんも出てきます。

●ハイハイを始めて、ベビーベッドの中で動き回れるようになるまでは、仰向けに寝かせてしっかり上掛けのシーツを固定する必要があります。非常に暑い日は、おむつの上に直接スリーパーを着せて、薄手の綿のシーツをかけて端をマットの下に挟み込みます。シーツを蹴って外してしまわないように、少なくとも15センチは挟み込んでください。

●寝返りを打ってうつ伏せの姿勢ができるようになったら、シーツは体に絡まることがありますので外してください。しばらくの間、赤ちゃんがベビーベッドの隅で不自然な姿勢のまま動けなくなって、夜中に目を覚ますことがあるかもしれません。この時期は、うつ伏せから仰向けに、またその逆の動きができるように昼間に赤ちゃんと一緒に寝返りの練習をしましょう。

●ランチタイムのお昼寝で2時間しっかり眠らないときは、午前中のお昼寝の開始時間を少しずつ遅らせて、寝る時間を10〜15分短くしてください。11時の授乳は10時30分に早めて、その後ランチタイムのお昼寝の直前にもう一度軽く授乳をしてください。

授乳について

離乳食が定着するまでは、22時の授乳を続けるようにしてください。離乳食の開始月齢は、以前は4カ月でしたが、現在は6カ月が推奨されています。4〜6カ月の間に成長期も訪れますので、赤ちゃんが必要な栄養をしっかり摂取できるように注意を払ってください。私の経験では、1日4回の授乳だけでは足りなくなる場合がほとんどです。

●22時台の授乳をやめたら朝早く目を覚ますようになり、すぐに眠りに戻らないときは、空腹が理由と判断して授乳をしてください。離乳食を始めるまでは、22時台の授乳を再開する必要があるかもしれません。

●22時台の授乳を嫌がるのにお腹をすかせて早朝5時に目を覚ましてしまう場合は、起きたときに授乳をして7時まで寝かせて、そのあと8時にもう一度軽く授乳してください。その場合は、10時〜10時半の間にいつもより早めに授乳する必要が出てくるかもしれません。また、ランチタイムのお昼寝でよく眠るように、寝かしつける前にもう一度授乳します。

●成長期がくると1日5回の授乳では足りないことがありますので、午前中の授乳を2回に分けて（211ページ）、17時の授乳を再開する必要があるかもしれません。量を増やしても授乳と授乳の間に赤ちゃんがぐずるようであれば、離乳食を始める必要があるかもしれません。保健師や医師に相談してください。

●6カ月より前に離乳食を始めるようにすすめられた場合は、慎重にスタートしてください。この時期の離乳食は、「食べ物の味を経験させるためのもの」にすぎず、あくまでも母乳やミルクが主役で、代わりになるものではありません。

●11時の授乳後に、母乳かミルクを混ぜた少量のベビーライス（訳注：イギリスで売られている離乳食用の粉状のライス。お湯やミルクを足しておかゆをつくることができる）から始めます。喜んで食べたら、この離乳食の時間を17時の授乳のあとに移動します。11時の授乳のあとには、離乳食に適した新しい食品を試してみましょう。

●夕方に離乳食をあげるときは、17時の授乳で半量飲ませ、そのあと離乳食を与えます。そして、入浴後に残りの半分を飲ませてください。

●その後2カ月かけて徐々に17時の授乳量を減らし、離乳食の量を増やしていきます。入浴のあとに、しっかり全量授乳してください。

●ミルクは授乳のたびに毎回新しいものを作ってください。この時間に離乳食を食べるようになり、量が増えてくると22時台の授乳量は自然と減っていきます。

●22時の授乳で、おっぱいを飲んでいる時間が短くなり、ミルクであれば60ミリリットル程度しか飲まなくても7時までぐっすり眠るようであれば、この時間の授乳を卒業しても赤ちゃんが朝早く目を覚ますことはないはずです。

●月齢が5カ月を超えていて、離乳食を始めているのに、22時より前に目を覚ます母乳育ちの赤ちゃんは、就寝前の授乳で十分な量を飲んでいない可能性があります。両胸から授乳したあと、搾乳したお乳かミルクを足すようにしてください。

●離乳食を始めていない赤ちゃんは、開始するまで就寝前の授乳は2回（17時と18時15分）のままで進めてください。

●ミルクは1回240ミリリットル飲ませます。2回に分けるときは、1回のときより時間がかかりますので、30ミリリットル多めにあげることもできます。たとえば最初に150ミリリットル、次に120ミリリットル（もしくはその逆）、と配分することができます。

【6〜9カ月目のスケジュール】

7時

◎7時までには赤ちゃんを起こし、おむつを替えて授乳を始めましょう。

◎離乳食を始めている場合は、母乳でもミルクでもほぼ飲み終わったあとに、朝食を食べさせてください。そのあと、残りの母乳またはミルクを飲ませます。ママは赤ちゃんと同じ時間に朝食をとってください。小さな頃から一緒に食べることで、健全な食習慣を育むことができます。

◎2時間〜2時間半は起きていられるはずです。

6-8　6〜9カ月目のスケジュール（目安）

授乳（離乳食）を始める時間	7時〜19時のお昼寝時間
7時	9時15分/9時30分〜10時
11時30分	12時30分〜14時30分
14時30分	
17時	
18時30分	※お昼寝時間の上限 2時間30分〜45分

8時

◎月齢に合ったおもちゃで遊んでいる間、必要な家事を終わらせます。

◎体を拭いて着替えさせ、首の下や手首などのくびれた部分や乾燥しているところにクリームを塗ります。

9時15分〜9時30分

◎9時30分まではスリーパーを着せて、カーテンを閉めます。ドアも閉めて部屋は暗くしてください。30〜45分間のお昼寝をさせてください。

9時55分

◎カーテンを開けて、スリーパーを脱がし、赤ちゃんが自然に目を覚ますのを待ちましょう。

◎眠った時間の長さに関係なく、赤ちゃんは10時には完全に目を覚ましていなければいけません。

◎赤ちゃんにたくさん体を動かしてもらいましょう。家の中で遊ばせたり、プレイエリアに連れて行ったりします。

11時30分

◎7カ月を超える頃は、まず離乳食を食べさせてください。食事がほぼ終わったところでトレーニングマグからお水を飲ませます。そのあとは、残りの離乳食と水を繰り返し交互にあげてください。

◎ベビーチェアに座らせ、手づかみで食べられるものを用意しましょう。ママも一緒に食事をしてください。

◎ランチの時間を少しずつ遅らせて、正午12時まで近付けていきます。

◎食事と一緒に飲み物を60〜90ミリリットル飲むようになるまでは、ランチタイムのお昼寝の前に母乳またはミルクを少量あげることもできます。

12時20分

◎シーツをチェックして、おむつを替えます。

◎12時30分までにはスリーパーを着せて、カーテンを閉めます。ドアも閉めて部屋は暗くしてください。

12時30分〜14時30分

◎最長2時間のお昼寝が必要です。

14時30分

◎眠った時間の長さに関係なく、14時30分までには赤ちゃんを起こして授乳を始めましょう。
◎お昼寝の前に授乳していたら、飲む量は少ないはずです。
◎カーテンを開けて、スリーパーを脱がし、赤ちゃんが自然に目を覚ますのを待ちましょう。おむつも交換します。
◎両胸から授乳します。ミルクの場合は、トレーニングマグを使って飲ませてください。
◎次の授乳に影響が出ますので、15時15分以降は授乳しないようにしましょう。

16時15分

◎おむつを替えます。

17時

◎離乳食を食べさせてください。食事がほぼ終わったところでトレーニングマグからお水を飲ませます。ベッドに入る前にたっぷり母乳またはミルクを飲むように、この時間に飲ませる水の量は最小限に抑えてください。

18時

◎18時までにお風呂に入れます。18時30分までにマッサージをしてパジャマに着替えさせます。

18時30分

◎18時30分までに授乳を始めます。母乳の場合は両胸から、ミルクの場合は全量飲ませます。

◎部屋を少し暗くして、絵本を読んであげてください。

19時

◎19時までにスリーパーを着せ、カーテンを閉めます。ドアも閉めて部屋は暗くしてください。

6〜9カ月目に変えること

睡眠について

1日3回の離乳食が定着したら、19時から翌朝7時まで夜通し眠ることができるはずです。

近年のガイドラインに従って6カ月目に離乳食を始めた場合は、7カ月近くなって離乳食が完全に軌道に乗るまでは、22時台に少量授乳する必要があるかもしれません。6カ月になる前に離乳食を始めるように指導され、6カ月の時点ですでに離乳食がしっかり軌道に乗っている場合は、22時の授乳を早めに卒業することができるはずです。

●6カ月を過ぎたら、午前中のお昼寝を徐々に9時30分まで遅らせていきます。こうすると、ランチタイムのお昼寝の開始時間を12時30分に近付けることができますので、離乳食が定着して1日3回食になったときに、ランチの時間を11時45分〜12時にすることができます。

●3回食が定着すると、朝遅くまで眠っている赤ちゃんも出てきます。8時近くまで起きないようであれば、午前中のお昼寝は必要ありません。しかし12時30分のお昼寝の時間までは起きていられないかもしれませんので、12時15分にお昼寝をスタートできるように、ランチを11時30分前後に始める必要があるかもしれません（366ページ参照）。

●6〜9カ月になると、寝返りを始める赤ちゃんが多いため、シーツやブランケットが体にからまってしまわないように外す必要があります。ブランケットを使用しない分、冬の時期は薄手のスリーパーを厚めのものと交換してください。寝返りが上手にできるようになるまでは、しばらくの間、うつ伏せの状態から仰向けに戻るお手伝いをする必要があります。夜中に目を覚ますのを最小限にするためにも、日中たくさん練習させてください。

●ママが復職して赤ちゃんが保育園に通い始めると、最初の頃はなかなかランチタイムのお昼寝で長く眠ることができません。そのせいで帰宅後にぐずりやすく、疲れきっていることが多いため、就寝時間を早める必要が出てきます。家と保育園の距離にもよりますが、家に帰るまでの時間に赤ちゃんがお昼寝をすることができると、たいてい問題は解消されます。車での移動時間が短い場合は、ある程度の長さのお昼寝ができるように少し遠回りして家に帰ってもいいでしょう。数週間もすると、ほとんどの赤ちゃんの睡眠パターンは改善します。しかしそのためには、必ず保育園に、午前中ではなくランチのあとに、長めのお昼寝をさせるように伝えなければいけません。

授乳について

離乳食の開始を6カ月まで待った場合は、なるべく短期間でいろいろな種類の食品を食べさせるようにしましょう。量は2日おきに増やしていきますが、赤ちゃんがもっと欲しがるようであれば、その時点で増やしても構いません。まずは11時にベビーライスから始めます。そして2日ごとに新しい食品を試していきます。ランチと夕食である程度食べるようになったら、朝食にも離乳食を取り入れます。

●6〜7カ月の間に、離乳食の量が増えるにつれて、11時台の授乳量が徐々に減っていきます。たんぱく質を食べるようになったら、母乳やミルクはストップし、トレーニングマグからお水を飲ませるようにしてください。しかし赤ちゃんがあまりお水を飲まないようであれば、慣れてたくさん飲めるようになるまで、ランチタイムのお昼寝の前に少量授乳する必要があるかもしれません。

●6カ月の終わりごろには、ベビーチェアに座ってお食事をすることができるはずです。しっかりとベルトを締めて、決して目を離さないようにしましょう。

●6〜7カ月になったら、ランチのときにトレーニングマグを使わせるようにしてください。また、「サンドイッチ方式」で、離乳食と飲み物を交互にあげてください。ランチタイムに飲むミルクの量が60ミリリットル程度になったら、代わりにトレーニングマグからお水を飲ませるようにしてください。ランチタイムのお昼寝のときに早く目を覚ますようになったら、寝る前に軽く授乳してください。これによって14時30分の授乳で飲む量が減るかもしれませんが、お昼寝から早く目を覚ますよりもいいはずです。

●ランチタイムに母乳やミルクを飲まなくなると、14時30分の授乳の量を増やす必要があるかもしれません。ただこの時間に飲みすぎるせいで就寝前の授乳の量が減るようであれば、以前の量に戻してください。この時間の授乳はトレーニングマグを使用してください。

●6〜7カ月になったら夕方の授乳は卒業し、17時に離乳食のみ与えてください。トレーニングマグでお水も少量飲ませます。18時30分に母乳やミルクを欲しがるだけあげましょう。

●ミルク育ちの赤ちゃんは、9カ月ごろにはお水もミルクもすべてトレーニングマグから飲ませましょう。

●最初の歯が生えてきたら、すぐに歯磨きを始めるのが大変重要です。ガーゼを指に巻いて赤ちゃん専用の歯磨き粉をつけ、歯茎や歯の周りをマッサージするように磨く方法が一番簡単です。もっと歯が生えてきたら、柔らかい赤ちゃん用の歯ブラシを使うようにしてください。

●離乳食が軌道に乗ってもまだ22時台の授乳の量が減らないときは、月齢と体重に合った量を食べていない、または18時30分の授乳で十分な量を飲んでいないせいかもしれません。母乳の場合はこれまでの量より少し多めに授乳し、ミルクの場合は210〜240ミリリットル飲ませるようにしてください。飲む量が減らない理由を特定するために、4日分の食事と飲み物をすべて詳細に記録してください。

●日中の食事と飲み物の量は十分で、22時台の授乳の量が減らないのは、お腹がすいているからではなく、習慣になっているのが原因だと確信できたら少しずつ量を減らしていきましょう。3〜4日おきに30ミリリットルずつ減らしていき、そのせいで早く目を覚ますことがなければ、最終的に60ミリリットルになるまで減らし続けてください。60ミリリットルまで減ったら、授乳をストップすることができます。これで19時から翌朝7時まで眠るようになるはずです。

【9〜12カ月目のスケジュール】

7時

◎7時までには赤ちゃんを起こし、おむつを替えて授乳を始めましょう。

◎ほぼ飲み終わったところで、朝食を食べさせてください。続けて残りの母乳やミルクを飲ませます。ママは赤ちゃんと同じ時間に朝食を食べてください。小さな頃から一緒に食べるこ

6-9　**9～12カ月目のスケジュール（目安）**

授乳（離乳食）を始める時間	7時～19時のお昼寝時間
7時	9時30分～10時
11時45分～12時	12時30分～14時30分
14時30分	
17時	
18時30分	※**お昼寝時間の上限** 2時間～2時間30分

とで、健全な食習慣を育むことができます。
◎2時間半は起きていられるはずです。

8時

◎月齢に合ったおもちゃで遊ばせましょう。
◎体を拭いて着替えさせ、首の下や手首などのくびれた部分や乾燥しているところにクリームを塗ります。

9時30分

◎9時30分までにはスリーパーを着せて、カーテンを閉めます。ドアも閉めて部屋は暗くしてください。15～30分間のお昼寝をさせてください。

9時55分

◎カーテンを開けて、スリーパーを脱がし、赤ちゃんが自然に目を覚ますのを待ちましょう。
◎眠った長さに関係なく、10時には完全に目を覚ましていなければいけません。

◎赤ちゃんにたくさん体を動かしてもらいましょう。家の中で遊ばせたり、プレイエリアに連れて行ったりします。

11時45分〜12時

◎離乳食を食べさせてください。食事がほぼ終わったところでお水をトレーニングマグから飲ませます。そのあとは、残りの離乳食と水を繰り返し交互にあげてください。

◎ベビーチェアに座らせ、手づかみで食べられるものを用意しましょう。ママも一緒に食事をしてください。

12時20分

◎シーツをチェックし、おむつを替えます。

◎12時30分までにはスリーパーを着せ、カーテンを閉めます。ドアも閉めて部屋は暗くしてください。

◎最長2時間のお昼寝が必要です。

◎午前中のお昼寝の開始時間が10時30分よりかなり遅くなってしまった場合は、ランチタイムのお昼寝の寝つきが悪くならないように、10〜15分以上寝かせないようにしましょう。これより長く眠らせると、13時近くまでランチタイムのお昼寝に入ることができなくなります。そうなってしまったときは、19時にすんなり寝つくようにお昼寝の時間を1時間45分にしてください。まるまる2時間も寝かせると、赤ちゃんは19時30分近くまで寝つくことができません。

14時30分

◎12時30分に寝始めたら、19時の就寝がうまくいくように14時30分までに必ず起こします。

◎午前中のお昼寝の時間が遅れたせいでランチタイムのお昼寝の開始時間が遅くなったときは、14時45分〜15時まで寝かせてください。

◎カーテンを開けて、スリーパーを脱がし、赤ちゃんが自然に目を覚ますのを待ちましょう。おむつも交換します。

◎両胸から授乳します。ミルクの場合は、トレーニングマグを使って飲ませてください。ミルクの代わりにお水をあげるか、もうミルクを飲んでいないならおやつをあげることもできます。

◎夕食をしっかり食べるように、15時15分以降は何もあげないようにしてください。

16時15分

◎おむつを替えます。

17時

◎離乳食を食べさせてください。食事がほぼ終わったところで、お水かミルクをトレーニングマグから飲ませます。ベッドに入る前に母乳またはミルクをたっぷり飲んでもらうために、この時間の水分量は最小限に抑えてください。

18時15分〜18時30分

◎18時30分までにはお風呂に入れます。

◎歯が数本生えている場合は、ミルクのあとに時間をかけて歯を磨かなければいけません。そのため、授乳のほとんどを入浴の前にすますというのも手です。

18時30分

◎両胸から授乳します。ミルクの場合は、210〜240ミリリットルあげてください。1歳になった時点でトレーニングマグを使い始めると、飲む量が180ミリリットル程度まで減ることもあります。7時まで夜通し眠っていれば、量は減っても構いません。

◎入浴後は磨き残しのないよう歯磨きをしてください。

◎絵本を読みながら、残りの母乳またはミルクを飲ませます。ベッドに連れて行く直前にお水で口をすすいでください。

19時

◎19時までにスリーパーを着せ、カーテンを閉めます。ドアも閉めて部屋は暗くしてください。

9〜12カ月目に変えること

睡眠について

この月齢になると、お昼寝の時間がかなり短くなる赤ちゃんがほとんどです。夜中に目を覚ましたり、朝早く起きたりするようになったら、お昼寝の時間を確認してください。必要な睡眠時間が短くなった分は、夜や早朝ではなく日中のお昼寝を減らすことで調整してください。

●最初に短くするのは、午前中のお昼寝です。30分眠っていた場合は、10〜15分まで減らしてください。ランチタイムのお昼寝が1時間半になる赤ちゃんもいますが、そうなると夕方には疲れてぐずり始めると思います。その場合は午前中のお昼寝を少し遅らせて、時間も10〜15分に減らしてください。12時30分のお昼寝の時間まで起きていられないようであれば、しばらくの間ランチの時間を少し早めてください。

●10時30分〜45分まで寝つかないときは、ランチタイムのお昼寝を12時30分に始められるように、午前中のお昼寝の時間は5〜10分に抑えてください。

●5〜10分以上寝てしまうと、12時45分〜13時まで眠くならないこともあります。その場合は19時には就寝できるように、14時45分までには赤ちゃんを起こしてください。15時まで寝かせてしまうと、就寝時間が19時15分～30分までずれ込むことがあります。

●午前中のお昼寝をまったくしなくなったら、ランチタイムのお昼寝の時間を少し早めてください。

●ベビーベッドでつかまり立ちを始める赤ちゃんも出てきます。しかし、もう一度座ることができずに癇癪《かんしゃく》を起こすこともありますので、赤ちゃんを寝かせるときにベッドにつかまり立ちをさせて、自分で横になれるように練習をさせてください。上手に立ったり座ったりできるようになるまでは、もう一度寝転がるお手伝いをする必要があるかもしれません。その場合も、騒がずお話は最小限にとどめてください。

●何度も夜中に目を覚ましてつかまり立ちをしているようであれば、日中の睡眠時間の合計をチェックしましょう。お昼寝の時間が長すぎるせいで目を覚ましている可能性があります。その場合は、午前中のお昼寝の時間を減らすか、完全にストップすることで改善できます。

●1歳を過ぎると急に睡眠パターンが変わる赤ちゃんもいます。これまで通りに夜通し12時間眠るように、お昼寝の時間を2時間に減らす必要があるかもしれません。

午前中のお昼寝を卒業する

ランチタイムのお昼寝と夜にしっかり眠ってもらうには、9～12カ月の間に午前中のお昼寝の時間を減らし始めるのが非常に重要です。自然とこの時間の睡眠が減り始める子もいます。

午前中のお昼寝の開始時間を、9時30分から9時45分、さらに10時まで少しずつ遅らせていきます。その時間まで機嫌よく起きていられるようになったら、睡眠時間を徐々に短くして15分まで減らしてください。ランチタイムのお昼寝を12時45分に始めることができるようになります。最長2時間のお昼寝をさせてください。

●9時45分〜10時に眠そうにしていなくても、お昼寝をさせないのは間違いです。この時間のお昼寝がなくなるのが早すぎると、ランチタイムのお昼寝の開始時間が早まって、結果、就寝時間が早まるか、疲れすぎでうまく寝つけなくなります。

●開始時間を徐々に11時〜11時15分まで遅らせて、5〜10分のお昼寝をさせます。これで12時45分〜13時のランチタイムのお昼寝まで起きていられるようになったら、午前中のお昼寝は卒業し、ランチタイムのお昼寝を12時15分〜30分に早めて2時間眠らせます。

●疲れすぎてランチがきちんと食べられないときは、新しいお昼寝時間に体が慣れるまで、ランチの時間を少し早めましょう。お食事をするとほとんどの赤ちゃんはまた元気になって、12時15分〜30分まで起きていられるようになります。

授乳について

3回食がきちんと定着し、自分で食べられるものも増えてきている頃でしょう。きちんと噛んで食事ができるように、食べ物はみじん切り、薄切り、さいの目切りにしてください。1歳になる頃には、細かく切ったお肉も食べられるようになっているはずです。まだ食べさせていなければ、9〜12カ月の間に、生野菜やサラダも試してみましょう。毎回手づかみで食べられるものをいくつか用意してください。この時期に自分で食事ができるように練習させるのが非常に重要です。

スプーンは二つ用意してください。スプーンに食べ物をのせて赤ちゃんに持たせたら、赤ちゃんの手首を持ってスプーンを一緒に口に運んでください。もう一つのスプーンで、ママも赤ちゃんに食べさせてください。ここで大事なのは赤ちゃんが食べるのを楽しむことですので、たとえ食べ物が床に落ちてしまっても、赤ちゃんのやる気を応援してあげてください。

●9カ月になったら、朝食時と14時30分のミルクやお水は、トレーニングマグから飲ませるようにしてください。1歳になる頃には、就寝時のミルクも含めたすべての飲み物をトレーニングマグから飲ませましょう。

第7章　1年目によくあるトラブル

この本に出ているアドバイスは、何百人もの赤ちゃんのお世話に携わってきた私自身の経験に基づいて書いています。しかし赤ちゃんは一人ひとり異なりますので、トラブルはどうしても起こります。コンサルタントとして何千もの相談を受けてきた中から、最初の1年に一番よくあるトラブルの代表例を集めました。この章でほとんどの問題はカバーできているはずです。ただし、心配事があるときは、どんなに小さなことのように思えても、保健師か小児科医に相談してください。神経質な親と思われるかも……と気にすることはありません。心配は抱え込まず、かけがえのない赤ちゃんとの最初の1年を存分に楽しんでください。

ここでは項目を「一般的なトラブル」「授乳・食事に関するトラブル」「睡眠に関するトラブル」の三つに分けましたが、内容が重複している部分もあります。とくに睡眠と授乳の問題は密接に関係していますので、章全体を通して読むことをおすすめします。

一般的なトラブル

げっぷ

授乳中、いつ飲ませるのをやめて、いつげっぷをさせるかは、赤ちゃんのペースに合わせてください。授乳を何度も中断してげっぷをさせようとすると、赤ちゃんがイライラして泣き始めるため、よけいに空気が入ってしまいます。授乳をストップして、赤ちゃんの背中を絶えずさすってげっぷをさせようと必死になっているママを何度も見てきましたが、ほとんどの赤ちゃんは、授乳中に一度、そして授乳後に一度げっぷをすれば十分です。

母乳育ちの赤ちゃんはげっぷをしたいときは、おっぱいから口を離します。片方の胸を飲み終わったところでまだげっぷをしていない場合は、もう片方のおっぱいを飲ませる前にげっぷをさせてください。ミルクの赤ちゃんは、半分から4分の3ほど飲み終わった時点でげっぷをしようとするはずです。どちらの場合も、正しい方法で抱きかかえていれば（79と99ページを参照）、授乳中も授乳後も素早く簡単にげっぷが出るはずです。数分試してもげっぷが出ないときは、無理はせず、またあとで試してください。おむつを替えるために寝かせたところでげっぷをすることもよくあります。

まれにおならが頻繁に出る赤ちゃんがいて、不快感で泣き叫ぶこともあります。母乳で育てているママは、特定の食べ物や飲み物がおならの原因になっていないか、自分の食事の内容をきちんとチェックしてください。柑橘類のフルーツや飲み物を過剰に摂取すると起こる場合があるようです。その他、チョコレートや乳製品のとりすぎも原因になることがあります。後乳が出てくるまで赤ちゃんがしっかり前乳を飲みきっているかも常にチェックしてください。前乳を飲みすぎると、腸が活発に動いて、過剰におならが出るようになることがあります。

気泡のできにくいコリック対策用の哺乳びんを使っているのに、お腹に空気が入りすぎる場合は、ミルクの与えすぎが原因のことが多いようです。ミルクの缶に書かれている1日の目安量より90～180ミリリットル多く飲んでいて、毎週240グラム以上体重が増えている場合は、14時30分と17時の授乳の量を数日減らしてみてください。空腹というよりも、単に何かをしゃぶっているのが好きな赤ちゃんもいます。その場合は、少なめに授乳したあとおしゃぶりをあげてもいいかもしれません。哺乳びんの乳首の穴が小さすぎたり大きすぎたりすると空気が入りやすくなることもありますので、穴のサイズを変えて試してみてください。ミルクを飲むのが速すぎる赤ちゃんは、乳首の穴を小さくすることで改善する場合があります。

コリック

コリック（疝痛《せんつう》）は、生後3カ月未満の赤ちゃんによくあるトラブルで、激しく泣き叫んで、何時間も続くこともあります。夕方から夜にかけて起きることが多く、医学的な原因はわかっていません。赤ちゃんにも親にもつらい状況が続きますが、今のところ治療法はありません。薬局で薬も売られていますが、ひどいコリックに悩まされている赤ちゃんをもつ親によると、ほとんど効果はありません。コリックは昼夜問わず起こりますが、もっとも頻繁に起きるのは夕方18時から深夜にかけてです。親は絶えず授乳をしたり、ゆらゆらと抱っこをしたり、背中をさすったり、果ては赤ちゃんを連れてドライブに出かけたりすることもあります。しかし、ほとんどの場合、症状はよくなりません。コリックは生後4カ月ごろには出なくなることが多いのですが、その頃には赤ちゃんは先ほどのような方法で寝かしつけられることに慣れてしまっているために、ママたちは別のトラブルを抱えることになります。

コリックをもつ赤ちゃんのママたちが、助けを求めて私に連絡をしてきます。が、これらの赤ちゃんには一つ共通点があります。全員が、赤ちゃん主導の「ディマンド・フィード」で育っているのです。この方法で授乳をしていると、赤ちゃんが前回の母乳やミルクを消化し終わる前に次の授乳が始まることが多いのです。これがコリックを引き起こす原因の一つだと私は考えています（35〜36ページの哺乳びんに関するアドバイスも参照してください）。私がお世話をした赤ちゃんでコリックの症状に悩まされた子はひとりもいませんでした。これは生後1日目から授乳と睡眠の時間をきちんと管理していたせいだと自信をもって言えます。コリックの症状に苦しんでいる生後数カ月の赤ちゃんを手助けに行ったときも、スケジュールを使ったところ、24時間以内にコリックが出なくなったのです。

母乳育ちの赤ちゃんが夕方から夜にかけてひどく泣くときは、お腹がすいている場合がほとんどでした。その時間は母乳の出が悪くなることが多いからです。おっぱいの出がいい時間帯に搾乳をしておいて、お風呂のあとに飲ませると、すぐに泣きやむ場合がほとんどでした。ミルクの赤ちゃんの場合は、空腹が理由であることはまれで、多くは疲れすぎが原因です。

母乳の赤ちゃんもミルクの赤ちゃんも、数日間、就寝時間を18時15分〜18時30分に早めてみてください。疲れすぎが原因かどうかを特定することができます。泣いている原因が空腹でも疲れすぎでもないと確信がもてた場合は、３５４ページの「寝つきをよくするメソッド」を数日間試してみてください。これは赤ちゃんが正しい時間に眠れるように、体内時計をゆっくりリセットする方法で、夕方から夜にかけて機嫌の悪い赤ちゃんにもとても効果があります。母乳の赤ちゃんは、お腹をすかせて泣いているということがないように、このメソッドとあわせて、搾乳したおっぱいをお風呂のあとにあげるのを忘れないようにしてください。

泣いている理由

幼い赤ちゃんは平均して1日に合計2時間を泣いて過ごすと多くの育児書に書かれています。この数字は、ロンドン大学のThomas《トーマス》 Coram《コラム》 Research《リサーチ》 Unit《ユニット》（訳注：子ども、子育て、家族についての研究機関。１９７3年に設立）の発表と一致しています。泣いている時間は6週目でピークに達し、25パーセントの赤ちゃんは1日に最低4時間は泣いたりぐずったりしているそうです。セント・

ジェームス＝ロバーツ博士は、そのうちの60パーセントは夕方から夜にかけて起きていると主張しています。

『0歳児の心の秘密がわかる本──赤ちゃんて、どうして泣きやんでくれないの？』（PHP研究所、2003年）の著者であるオランダ人のH・ヴァン・デ・リート教授とF・プローイユ教授は、20年以上かけて赤ちゃんの発達を研究してきました。赤ちゃんは生後1年の間に7回もの神経学上の成長過程で起こるメンタルリープを経験し、その時期にぐずることが増えたり、扱いにくくなったりすることがあるようです。

月齢の低い赤ちゃんはだいたい3週目と6週目にとくにぐずることが増えて、それはちょうど成長期と重なっていることが多いのです。私がお世話をする赤ちゃんも、もちろん泣きます。おむつを替えているときに泣く子もいれば、顔を洗っているときに泣く子もいます。ベビーベッドに寝かされたときに、まだ寝たくないとぐずって泣く子もたまにいます。お腹がいっぱいで、げっぷもして、眠る準備ができているのに、寝るのが嫌で泣いている場合は、私はとても厳しく対応します。騒いで大声をあげていても10〜12分は様子を見て、自分で落ち着くのを待ちます。赤ちゃんが本当に泣きじゃくるのはこの状況だけで、それもほんの一握りの少数派ですし、1〜2週以上続くことはありません。

当然のことながら、赤ちゃんが泣くのを見たい親はいません。ベビーベッドにひとり残して泣かせたままにしておくと、精神的ダメージを受けるのではと心配する親も多いと思います。

しかし安心してください。きちんと授乳がすんでいて、睡眠や寝かしつけのガイドラインを守りながらスケジュールを実践していれば、心配はいりません。長い目で見れば、赤ちゃんはひとりで眠りにつくことができるハッピーな子どもに成長してくれます。

シカゴ小児記念病院の睡眠障害センターの所長であるマーク・ワイズブルース医師は、著書の中で「親は〝赤ちゃんを泣かせたままにしている〟のであって〝親のせいで赤ちゃんが泣いている〟わけではないということを忘れないように」と書いています。また、赤ちゃんの月齢が高いと、自分で寝つく術を身に付けるのがもっと大変になると言っています。ですから、赤ちゃんがひとりで寝つこうとしているときに少しの間泣かせていても、罪悪感を抱いたり、残酷だと思ったりするのはやめましょう。しっかりおっぱいを飲んで、疲れすぎない程度に起きていた赤ちゃんであれば、あっという間に一人で寝つくようになります。

次のリストは、健康な赤ちゃんが泣くときの主な理由です。赤ちゃんが泣いている原因を突き止めるためのチェックリストとして使ってください。最初は「お腹がすいた」です。赤ちゃんの月齢が低いときは、お腹がすいているようであれば、スケジュール通りの時間ではなくても、必ず授乳してください。

□ お腹がすいた

赤ちゃんがとても小さいうちは、ぐずっていたらお腹がすいていると判断して、たとえスケジュールの授乳時間がまだでもおっぱいをあげてください。月齢の低い母乳育ちの赤ちゃんが夕方から夜にかけて機嫌が悪いときは、空腹が理由であることが多いのです。いつもはおっぱいをしっかり飲んだら短い時間遊んで、次の授乳時間までぐっすり眠るのに、夕方になるとぐずる場合は空腹が原因の場合が多いので、たとえ毎週体重が順調に増えていても空腹の可能性を疑ってください。午前中はおっぱいの出がよくても、夕方になると疲れが出て、分泌が激減するママが多いのです。お風呂のあとに、搾乳した母乳を数日間足してみてください。それでうまく寝つくようになったら、おっぱいの出が悪くなっているということです。この問題への対処法は326ページを参考にしてください。

けれども、十分おっぱいを飲んでいるのに、夕方だけでなく1日中機嫌が悪い場合はぐずる理由を突き止める必要があります。「赤ちゃんは泣くのが仕事」と新生児の間は泣くのが当たり前だと言っている人がよくいます。確かに私がお世話をした赤ちゃんの中にも、新生児の時期はどんなにあやしてもなだめることができない子がいました。しかしそれは何百人もの赤ちゃんのうちのほんの一握りの話です。もし私がお世話をしている子をどうしてもなだめることができなければ、もはや他になにもできることがないと確信できるまで、ありとあらゆる可能性を模索します。授乳や睡眠、抱っこ以外にも赤ちゃんがしてほしいことはたくさんあるのです。

□ 疲れている

生後6週未満の赤ちゃんは、1時間も目を覚ましていると疲れがたまってきます。まだ寝つくには早い時間ですが、眠る準備を整えるためにも、なるべくゆったりと静かな時間を過ごすように心がけてください。一見疲れているようには見えない赤ちゃんも多いため、新生児のうちは1時間目を覚ましていたら、徐々にリラックスできるように、静かな場所に連れて行きましょう。この時間は、お客様と遊んで興奮しすぎることがないように気を付けてください。

□ 疲れすぎている

小さな赤ちゃんは、2時間以上目を覚ましていると疲れすぎて、上手に寝つくのが難しくなります。夕方から夜にかけてぐずって大変なときは、赤ちゃんが疲れすぎないように注意して18時15分～18時30分までにはベッドに連れて行くようにしましょう。

赤ちゃんが疲れすぎてしまうのは、外からの刺激が多すぎるのが原因のことが多いようです。こうなると、赤ちゃんはうとうとと自然に眠りにつくことができなくなります。疲れれば疲れるほど、眠気に抗ってしまうのです。2時間以上起きていたせいで、3カ月未満の赤ちゃんがこの状態になると、うまく寝かしつけることはほぼ不可能です。

このような場合には、最終手段として短時間泣かせたままにしておくという方法を取らなければいけなくなります。月齢の低い赤ちゃんを泣かせたままにしておくようにアドバイスするのは、この状況のときだけです。その際も、お腹はいっぱいで、げっぷもすんでいることを必ず確認してください。

□ **退屈している**

生まれたばかりの赤ちゃんでも、目を覚ましている時間は必要です。授乳のあとにすぐに眠ってしまわないように遊んであげましょう。１カ月未満の赤ちゃんは、シンプルな絵本をはじめ、白黒で描かれた絵を見るのが大好きです。顔が描かれた絵を見ているのも大好きですが、一番興味を示すのはもちろん、パパやママの顔です。おもちゃは「遊びの時間」用と「リラックスする時間」用に分けてください。カラフルで音が鳴るものを「遊び」用に、落ち着いて遊べるおもちゃを「リラックス」用に使いましょう。

□ **げっぷ・おなら**

どんな赤ちゃんも授乳中にある程度は空気を吸い込みます。ミルク育ちの赤ちゃんは、母乳の子よりもその傾向が強いようです。状況が整えば、ほとんどの赤ちゃんは上手に空気を押し上げます。赤ちゃんが泣いているのはお腹に入った空気のせいだと思ったら、授乳間隔が十分に空いているかを確認してください。私は、月齢の低い赤ちゃんのコリックは、おっぱいのあげすぎやディマンド・フィードが主な原因だと考えています。母乳の赤ちゃんは、飲みきったおっぱいを消化するのに最低3時間はかかります。ミルクの場合は、３時間半から4時間はかかるでしょう。これは授乳を始めた時間から次の授乳の開始時間までで計ってください。

赤ちゃんの体重の増加具合にも注意を払いましょう。１週間に２４０〜３００グラム以上体重が増えていて、お腹に入った空気が原因で苦しんでいるようであれば、おっぱいやミルクのあげすぎを疑ってください。体重が3・6キロ以上で、夜の授乳が数回に及ぶ場合はとくに気を付けましょう。このトラブルへの対処法は103ページを参考にしてください。

おしゃぶり

慎重に使えば、おしゃぶりは素晴らしい道具になります。口寂しく何かを吸っているのが大好きな赤ちゃんにはとくに効果的です。ここで非常に大事なポイントは、決してベビーベッドの中で赤ちゃんにおしゃぶりをあげないこと。また、おしゃぶりを吸わせたまま赤ちゃんを寝かしつけないことの2点です。赤ちゃんをなだめたり、必要であれば、ねんねの時間に落ち着かせたりするために使うのは構いません。ただし、眠り始める前に必ず口から外してください。おしゃぶりを入れたまま眠らせてしまうのは、私の経験上、やめさせるのがもっとも難しい習慣の一つです。一晩に何度も目を覚まし、そのたびに、もう一度寝つくためにおしゃぶりを欲しがるようになります。これは完全に寝入る前におしゃぶりを外せば、避けられる問題です。

2007年以降、The Lullaby Trustは、乳幼児突然死症候群（SIDS）のリスクを軽減するために睡眠時のおしゃぶりの使用を推奨し、次のように述べています。

「昼夜を問わず、毎回赤ちゃんを寝かしつけるときにおしゃぶりを使用することで、SIDSのリスクを軽減することができます。母乳の場合は、母乳育児が軌道に乗るように1カ月目は使用を控えましょう。寝ている間におしゃぶりが落ちてしまっても気にしないでください。また、赤ちゃんが欲しがらないときは無理やり口に入れないようにしましょう。決しておしゃぶりに甘いものを塗らないようにしてください。6カ月から1歳の間に徐々に使用を減らしていきます」

The Lullaby Trust のアドバイスに応えて、英ユニセフの The《ザ》 Baby《ベビー》 Friendly《フレンドリー》 Initiative《イニシアチブ》 が次のような声明を出しました。

「ＳＩＤＳのリスクを減らすために行われているリサーチは歓迎する一方で、最新のデータを使って親に推奨する前に、考察するべきことがいくつかある」

「第一に、おしゃぶりとＳＩＤＳに関するその他のリサーチを精査しなければならない。おしゃぶりを使って眠った子が死亡しにくいというデータを示していることが多いが、定期的におしゃぶりを使うことが防止策になっているとは言えない。通常おしゃぶりを使っている子は、使わない夜にリスクが大きくなるとも言える」

「二番目に、おしゃぶりを使うことによる別のリスクを考える必要がある。

●産後すぐの数週間に、母乳育児を定着させることの妨げになる
●中耳炎になるリスクが増える
●歯の噛み合わせが悪くなりやすい
●気道を塞ぐような事故のリスクが増える

三番目に、アドバイスが現実的なものかを確認する必要がある。おしゃぶりを毎晩使用しな

いとSIDSを防ぐ上で効果がないのであれば、それを親に伝えるべきである。一晩使わないことでリスクが増えるのであれば、混乱と心配を生むことになる。いったん使い始めたら、必ず毎日使用するよう再度確認する必要がある。親が十分な説明を受けた上で、状況に合わせて決定できるようにサポートしなければならない。おしゃぶりを使う上での利点とリスクを話し合い、この問題に関してはまだ解明されていない部分もあることを理解してもらうこと」

おしゃぶりの使用に関して心配事がある場合は、専門機関に直接相談してください。最初の6カ月に毎日おしゃぶりを使っていると、寝ている間におしゃぶりを欲しがって夜中に何度も起きるようになる可能性があります。そうなると、6カ月以降におしゃぶりの使用をやめようとしたときに、なんらかのねんねトレーニングが必要になることを覚悟してください。どのように使用をやめさせるかは、保健師に相談しましょう。

おしゃぶりは2種類あり、先が丸いものと平たいものがあります。歯科矯正の観点から見ると、平たいものが適しているようですが、月齢の低い赤ちゃんだと長い間口の中にふくんでおくことができません。私は丸いものを使用してきましたが、歯の噛み合わせが悪くなった子はひとりもいませんでした。歯並びが悪くなるのは、歯が生えてきてからもおしゃぶりを頻繁に使用していると起こりやすいようです。どちらのおしゃぶりを使用する場合でも、複数購入して、定期的に交換してください。おしゃぶりを使うときは、衛生状態に気をつけて、必ず使うたびに洗って消毒しましょう。たくさんの方がするように、なめて渡してはいけません。あなたが思っている以上に口の中はばい菌やバクテリアでいっぱいです。

しゃっくり

小さな赤ちゃんがしゃくりをするのは普通のことですし、そのせいで苦しがる子はほとんどいません。しゃっくりは授乳のあとによく出ます。夜中の授乳のあとに出始めてしまったときは、たとえしゃっくりが止まらなくても、そのままベッドに寝かせてください。止まるまで待っていると、赤ちゃんは抱っこをしているうちに眠り始めてしまう可能性が高いからです。しゃっくりで機嫌が悪くなってしまう赤ちゃんもまれにいます。その場合は「グライプ・ウォーター」（訳注：赤ちゃん用の腹痛止めのシロップ）を飲ませると効くことがあります。

おっぱいの吐き戻し

げっぷをしたときや授乳のあとに少量のお乳を吐いてしまう赤ちゃんが多いと思います。これは「吐き戻し」と呼ばれるもので、ほとんどの場合、とくに問題はありません。しかし、体重が毎週２４０グラム以上増加している場合は、授乳量が多すぎる可能性があります。ミルクであれば、赤ちゃんがどれくらい飲んでいるかは明らかですので、吐き戻しの多い授乳時間にミルクの量を減らせば、問題は簡単に解決できます。しかし母乳育ちの赤ちゃんが飲んでいる量はわかりにくいため、どの時間の授乳で吐き戻しが多いかを記録して、授乳時間を短くする

ここが大切！

赤ちゃんが飲んだものを二度続けてすべて吐き出してしまった場合は、すぐに医師の診察を受けてください。

と、吐き戻しが減るかもしれません。赤ちゃんが過剰におっぱいを吐いて、体重が順調に増えていない場合は、「胃食道逆流症」の可能性があります（次の項目を参照）。吐き戻しの多い赤ちゃんは、授乳のあとはなるべく縦抱きをして、げっぷを出すときにも十分注意してください。

胃食道逆流症

コリックの症状を示している赤ちゃんが（３０３ページ）、実は「胃食道逆流症」であることがあります。授乳のあとに赤ちゃんが少量のミルクを吐いてしまうことがありますが、これは「吐き戻し」と呼ばれるもので（前項の「おっぱいの吐き戻し」を参照）、１年目にはよくあることです。赤ちゃんの食道下部の筋肉がまだ弱いために、ミルクをお腹にためておけず戻ってきてしまうのです。そのときに胃酸が一緒に上がってくるために、食道部分に焼けたようなひどい痛みを感じます。しかし、ミルクを過剰に吐くのは、胃食道逆流症の症状の一つで、吐き戻しより深刻で症状が長引くことがあります。授乳中に背中を弓なりに反らして飲むのを嫌がり泣く、ミルクを過剰に吐く、また夜中に頻繁に咳《せき》をするといった場合は、胃食道逆流症を疑ってください。逆流症でもまれにミルクを吐き出さないこともあり、症状が見落とされることもあります。そのような赤ちゃんは、コリックと誤診されることが多く、授乳をするのが大変で、いつも背中を反らして泣き叫んでいます。平らに寝かせると機嫌が悪くなることが多く、そのようなときは抱っこをしてなだめようとしても手が付けられません。

赤ちゃんにそのような症状があるときは、必ず医師に相談してください。あなたの赤ちゃんが逆流症だと感じたときは、痛がっているのはコリックのせいだという意見には取り合わないようにしてください。逆流症は赤ちゃんにも両親にも大変なストレスになります。継続的な医師のアドバイスとサポートを受けてください。必要なサポートを受けられていないと感じたら、迷わずセカンドオピニオンを聞きに行きましょう。逆流症ではないと判明したら、それが原因である可能性を排除できます。逆流症だとわかった場合は、適切な処方薬で症状を改善できます。

逆流症の赤ちゃんは1回の授乳量を減らして回数を増やしてください。授乳後、最低30分は横にせず縦抱っこをしてください。こうすることで逆流症の症状は出にくくなりますが、その他の問題を引き起こす可能性があります。たとえば、授乳のあとにすぐに眠くなってしまう赤ちゃんだと、あなたの肩に頭をのせて眠ってしまうことがあります。ベッドに連れて行って寝かした途端に起きてしまった場合、疲れてぐずる赤ちゃんを再び寝かしつけるのにかなり時間がかかってしまうかもしれません。

抱っこをしている間に寝てしまうという悪い癖が付いてしまわないように、授乳時間を上手に組み立てて、授乳後すぐに眠くならないようにしてください。月齢6カ月以下の赤ちゃんは、319ページの表7-1のスケジュールを参考にして授乳と睡眠を組み立ててください。それぞれに合わせて微調整する必要がありますが、このスケジュールを使えば、寝かしつけの問題は起こりにくくなります。

夜中の授乳も同じ方法で行ってください。深夜の授乳のときは、赤ちゃんも寝ぼけてリラックスして飲んでいることが多く、短時間の抱っこで眠りに戻ることが多いようです。赤ちゃんには常にゆったりした服を着せるようにしましょう。おしゃれなジーンズやレギンスが可愛いのはわかりますが、お腹を締めつけるような服は授乳のあとは窮屈です。

赤ちゃんがお薬を飲み始めると、縦抱っこをする時間は10～15分でよくなります。左腕の下にクッションを置いて、赤ちゃんを30～40度の角度で抱っこして授乳し、げっぷが出たら、再びその角度で10～15分抱っこをすると、完全に縦抱っこをしているよりもかなり楽です。背もたれが30度で、赤ちゃんが背筋を伸ばした状態で座っていられるいすがあれば、ぜひ試してみてください。カーシートやそのほかのベビーシートは、赤ちゃんの背中が曲がってしまうことが多いのでなるべく避けてください。

筋肉が発達するまで、薬を何カ月も飲み続けなければいけない子もいますが、ほとんどの赤ちゃんは、1歳までに症状が改善します。逆流症と診断を受けたら、私のウェブサイトにたくさんのアドバイスが載っていますので参考にしてください。

パパやママと離れられない

6カ月ごろには、赤ちゃんも周りの状況をより理解できるようになり、ママと一緒にいないとき、そのことを認識するようになります。6〜12カ月の頃には、ママと離れることを不安に感じることが増えてくるかもしれません。おおらかで機嫌のよかった赤ちゃんが急に抱き付いて離れなくなり、手のかかる子に変身し、部屋から出ようとした途端に泣き始めたりするようになるかもしれません。この急激な性格の変化に戸惑うかもしれませんが、赤ちゃんの成長過程ではごく普通のことですので安心してください。どの赤ちゃんも多かれ少なかれ通る道です。親にとっては大変な時期ですが、長く続くことはあまりありません。次のガイドラインを参考にして乗りきってください。

● 赤ちゃんが6カ月から12カ月の間に仕事に戻ることになっている場合は、6カ月になる前からほかの人と一緒にいる状況に慣らすようにしてください。親だけで育児をしていて、他の人にまったく慣れていないと、親と離れ離れになったときの赤ちゃんへのダメージがより大きくなりますので、事前に準備をするのが重要です。経済的に可能であれば、ベビーシッターを毎週定期的に雇ってみるのもいい方法です。もしくは、友達同士で、それぞれの子どもの面倒を見る時間を作

7-1 胃食道逆流症の赤ちゃんのスケジュール

7時	起床、授乳
7時30分	縦抱っこ
8時	遊びの時間
8時30分～9時	お昼寝
10時	起床
10時15分～10時30分	授乳
11時	縦抱っこ
11時30分	遊びとスキンシップの時間
11時45分	お昼寝
14時	起床
14時15分～14時30分	授乳
15時	縦抱っこ
16時～16時30分	お昼寝
17時	授乳（2回に分けた授乳の1回目）
17時30分	縦抱っこ
18時	入浴
18時15分	就寝前の授乳（2回目）
18時30分	縦抱っこ
18時45分	寝かしつけ
19時	就寝
22時	授乳（2回に分けた授乳の1回目）
22時30分	縦抱っこ
23時15分	就寝前の授乳（2回目）
23時30分	寝かしつけ

ることもできます。ママがいなくなっても、また必ず戻ってくると赤ちゃんが理解し始めることが大事です。これで、不安は最小限に抑えられます。

●仕事復帰の1カ月前には、保育園やチャイルドマインダーに通わせ始めましょう。そして、預ける時間を少しずつ増やしていきます。

●準備期間が長ければ長いほど、何か問題があってもフレキシブルに対応できます。たとえば赤ちゃんが泣きわめいて手が付けられなくなったときでも、いったん様子を見て、預けるのを1週間先延ばしすることもできます。小さな赤ちゃんはたった1日でも自信や理解力が増して、ぐっと成長します。1週間後には反応が違うかもしれません。

●赤ちゃんが大好きな遊び（スプーンでフライパンを叩いたり、お気に入りのおもちゃで遊んだりなど）があれば、お世話をすることになる人に伝えておきましょう。

●「人が出かける」「帰ってくる」という状況を理解できるように、ロールプレイで練習してみましょう。赤ちゃんがいつも遊んでいるお部屋とは別のお部屋にお人形やぬいぐるみを置いて、定期的にその部屋を訪れ、「こんにちは」「またね」などと話しかけて、理解を促します。

●赤ちゃんがベビーシッターやあなたの友達のところに嫌がらずに行った場合は、たっぷり褒めてください。

●赤ちゃんにきちんと説明してみてください。小さな子どもも驚くほど状況を理解することができるものです。パパが毎日仕事に行く状況に慣れている場合は、パパが出かけるときに一緒に見送って手を振りながら、「パパはお仕事に行かなければいけないのよ」と説明します。これを続けることで、ママが仕事に行かなければいけなくなったときにも、ママは帰ってくるのだと赤ちゃんが理解し、安心できるようになります。

●赤ちゃんを預けるときは、お別れの挨拶《あいさつ》は最低限にとどめましょう。心配な様子は見せず、にっこり笑って、安心できる言葉をかけてあげましょう。必ずぎゅっと抱きしめてキスをし、手を振って「すぐに戻ってくるね」と伝えます。毎日同じ方法でお別れするほうが、長い目で見ると走り寄って子どもをなだめるよりも、子どもに安心感を与えることができます。ママが行ってしまうのを見ると泣いてしまうことも多いのですが、経験豊富な保育士やシッターさんであれば、すぐに上手に赤ちゃんの気をそらします。ママが心配していると、赤ちゃんもその空気を感じて泣き始めることが多いのです。

●赤ちゃんがおもちゃで遊ぶのをやめたり、ベッドから出たり、テレビを見終わったりしたときに、「○○にバイバイしようね」というのも効果的です。こうすることで、何かから離れてもまた戻ってくるのだという状況を理解するのに役立ちます。

●赤ちゃんのいる場所からこっそりいなくなるのは、できるだけ避けてください。お別れのときに泣いているのを見るのは辛《つら》いものですが、突然こっそりいなくなったことに気付いて、行ってしまったことを理解するよりも、きちんと出かけることを伝えて理解させるほうが賢明です。あなたがいなくなるのを心配して離れなくなるかもしれません。

●ママがいなくても保育園ではご機嫌だと言われるのに、家に戻るとひどく機嫌が悪いことがあるかもしれません。生活のリズムが急に変わったことで、あなたも赤ちゃんも疲れがたまってくることもあると思います。しかし心配しないでください。安全で愛情たっぷりのお世話をしてくれる環境が整っていれば、赤ちゃんはすぐに適応します。

●赤ちゃんが必死に慣れようとしているこの時期には、新しいことを経験させたり、新しい人にお世話をされたりということがなるべくないようにお願いしておきましょう。穏やかで、なじみのある環境であればあるほど、ママのいない不安な状況に早く慣れることができます。

●最初の6カ月にママと2人だけで過ごす時間が多いと、いつもより騒々しく人の多い環境に慣れるのが難しいのは想像できると思います。まずは少人数の子どもたちと遊ぶ場を設けて、少しずつ慣れさせましょう。赤ちゃんはもちろん、ママにとっても楽しい交流の場になるはずです。人見知りの赤ちゃんでも、一度新しい環境になじんでしまえば、ぐっと楽しめるようになります。一度に遊ぶ子どもの数を少しずつ増やしていきます。年上の子どもが遊ぶような遊具にも赤ちゃんは興味津々です。しっかりサポートしてあげれば、素晴らしい経験になります。

人見知り

6カ月くらいになると、今まで愛想のよかった赤ちゃんが急に人見知りを始めることがあります。これも赤ちゃんがしっかり成長している証拠です。知らない人に対する恐れの気持ちというのは、人間の原点ともいえる生物学的反応だという説があります。原始的な環境で生き抜いていくための自然な反応なのです。

赤ちゃんは大好きな親戚や友人に抱っこされると喜ぶものだと思ってしまいがちですが、代わる代わる別の人に抱っこされることに疲れてしまうこともありますので、気を付けてください。

●知らない人が近付くと泣いてしまったり、話しかけられたときに目を背けたりする場合は、無理強いしてはいけません。これは自我が芽生えたサインですので、タイミングよくニッコリする赤ちゃんを期待せず、恥ずかしがる時期がきたのだと捉えましょう。

●定期的に会う家族や友人であれば赤ちゃんにその人の写真を見せて、どんな人かを説明して慣れさせるとネガティブな反応が軽減することがあります。

●たまにしか会わない祖父母は、赤ちゃんが泣いたり、嫌がったりするような反応をするとがっかりしてしまうかもしれません。でも安心してください。この反応はしばらく一緒に過ごせば解消されます。

●赤ちゃんのおもちゃに、慣れてほしい家族や友人の名前を付けて、ごっこ遊びをするのも効果があります。

●友人が初めて赤ちゃんに会いに来る日は、あまり赤ちゃんにべったりにならないように事前に話しておきましょう。知らない人が近くに来るのを怖がる赤ちゃんもいます。大人の都合ではなく、赤ちゃんがしたいときに、自分のペースで反応するのを待ちましょう。

●赤ちゃんも挨拶をされたり、注目を浴びたりする状況に次第に慣れてきますが、なかには引っ込み思案な子もいます。その場合はシャイな性格を尊重して、無理強いするのはやめましょう。

授乳・食事に関するトラブル

授乳のときに機嫌が悪くなる

ほとんどの新生児は、おっぱいや哺乳びんにあっという間に慣れてしまいます。授乳についてたくさんのことを学ばなければいけない新米ママとは違って、赤ちゃんは本能的に何をすればいいのかわかっているのです。しかし、おっぱいやミルクを飲ませようとすると、1日目から大騒ぎして嫌がる赤ちゃんもいます。経験上、難産の末に生まれた赤ちゃんはその傾向が強いことが多いようです。

授乳時間になるとぐずって機嫌が悪くなる場合、その時間の来客は控えてもらいましょう。親族や友人がどんなに気を使ってくれても、話をしながら落ち着いて静かに授乳するのは不可能です。次のアドバイスを参考にすれば、機嫌の悪い赤ちゃんへの授乳も少し楽になるはずです。

●イライラしやすく敏感な赤ちゃんは、刺激を与えすぎたり、いろんな人が来て順番に抱っこしたりするのを控えてください。授乳の前はとくに気を配りましょう。

●授乳は静かで落ち着いた環境で行ってください。どうしても手伝いやサポートが必要な場合以外、他の人はお部屋に入れないようにしましょう。

●授乳に必要なものは、前もって準備しておきましょう。ママも体を休めて、しっかりお食事をしておいてください。

●テレビはつけず、携帯はサイレントモードにして、別の部屋に置いておきましょう。リラックスできる音楽をかけてもいいでしょう。

●赤ちゃんがお腹をすかせて目を覚ましたら、おむつを替えるのは授乳のあとにしてください。それがきっかけで泣き始めてしまうかもしれません。

●赤ちゃんが手足をばたつかせることがないように、柔らかい綿のシーツでしっかり包んでください。ママはゆったりくつろいだ状態で授乳を始めてください。

●赤ちゃんが泣いているのに、おっぱいをくわえさせようとしたり、哺乳びんを口の中に押し込もうとしたりしてはいけません。授乳の姿勢で赤ちゃんを抱っこして、背中を優しく叩きながら赤ちゃんを落ち着かせてください。

●おしゃぶりを試してみてもいいでしょう。赤ちゃんが落ち着きを取り戻して数分間吸い続けたら、素早くおしゃぶりを取り出して、代わりにおっぱいか哺乳びんを吸わせてください。

授乳のときに機嫌が悪く、1時間以上かかる場合は、半分ほど飲んだところで中断します。長い時間だらだら続けるよりも、2回に分けて短めの授乳を一気に行うほうが効果的です。これまできちんと飲んでいたのに、急におっぱいや哺乳びんを嫌がるようになったら、体調が悪いせいかもしれません。気付きにくい病気に中耳炎があります。食欲がない場合は、中耳炎を疑ってみてください。赤ちゃんが次のような症状を示していたら、医師の診断を受けてください。

- 急に食欲がなくなり、授乳しようとすると機嫌が悪くなる。
- いつもの睡眠パターンが崩れている。
- 突然甘えん坊になり、ぐずってばかりいる。
- 愛想が悪く、だるそうにしている。

おっぱいの出が悪い

成長とともに、赤ちゃんが飲むおっぱいの量は増加します。しかし、成長に合わせて増加分をうまく振り分けなければ、1回の授乳で飲む量が増えるのではなく、量は少ないままで回数が増えることになってしまいます。

赤ちゃんが大きくなってもディマンド・フィードを続けるママたちから、相談の電話がかかってくることがあります。ほとんどの子は12週を超えていて、毎回の授乳で十分な量を飲めるほど体は成長しているのに、ママたちが新生児の頃と同じ感覚で授乳を続けているのです。1日に8～10回の授乳も珍しくありません。授乳のたび、いまだに片方の胸からしか飲まない赤ちゃんも多く、ミルクの子は90～120ミリリットルしか飲んでいないのです。授乳間隔をしっかり空けるためには、両胸からたっぷり飲むか、ミルクの場合は210～240ミリリットルは飲んでいなければいけません。

私は将来の健やかな食習慣の基礎が築かれるのは、この幼い時期だと固く信じています。授乳の問題が長期化すると、睡眠パターンにも影響が出てきます。それを避けるためにも、授乳に関するトラブルは早いうちに手を打っておかなければいけません。母乳育児を続けるママにとっては、おっぱいの出が悪いというのが一番よくある悩みだと思います。とくに夕方以降、出が悪くなることが多いようです。そしてこれが、母乳育児がうまくいかなくなる大きな原因の一つなのです。夕方ごろになると機嫌が悪く手が付けられなくなる赤ちゃんがこれほど多いのは、空腹のせいです。母乳の分泌を改善しなければ、お腹はいつまでたっても満たされず、夕方から夜にかけて断続的にずっと授乳をしていることになります。ママたちは、赤ちゃんが何度もおっぱいを欲しがるのは普通のことで、頻繁にあげていればおっぱいの出もよくなると助言を受けますが、私はまったく反対の効果があると思っています。

つまり、母乳が作られる量は赤ちゃんが飲む量によって決まりますので、このような授乳パターンだと、おっぱいは脳に「少量を頻繁に作るように」と信号を送ってしまうのです。これではおっぱいの量が足りず、結果、赤ちゃんはお腹がすいてぐずり続けます。機嫌が悪く、疲れきった赤ちゃんに何度もおっぱいをあげなければいけないママは、ストレスで疲れ果て、おっぱいの出がさらに悪くなってしまうのです。疲労の度合いとおっぱいの出は、密接に関係しています。産後数週間は、赤ちゃんが必要とする量よりも多く母乳が分泌されていますので、この時期に搾乳をしていれば、おっぱいの出が足りなくなるという問題は起きにくくなります。

1カ月未満の赤ちゃんで、夕方になると機嫌が悪くなる場合は、おっぱいの出が足りていないせいだと考えられます。次のスケジュールの時間に搾乳をして、状況の改善に役立ててください。搾乳にほんの少しの時間を割くだけで、今後成長期がいつきても、赤ちゃんの食欲の増加に対応するのに十分な量のおっぱいが出ているはずです。赤ちゃんが1カ月以上で、夕方や日中の授乳のあとにもぐずっているようであれば、次の6日間のスケジュールを実践すれば、母乳の出がすぐに改善するはずです。一時的に授乳量を増やして、空腹のせいで赤ちゃんが何時間もぐずったり泣き続けたりすることがないように対策をとりましょう。

【母乳の出をよくするためのスケジュール】

《1～3日目》

6時45分

◎両胸から30ミリリットルずつ搾乳します。

◎夜中の授乳回数にかかわらず、朝7時までには赤ちゃんを起こし、授乳を始めてください。

◎張りが強いほうの胸から20～25分おっぱいをあげてください。その後もう片方の胸から10～15分授乳します。

◎7時45分には授乳を終了します。その後、最長で2時間は赤ちゃんに起きていてもらいましょう。

8時

◎8時前には自分の朝食を始めてください。

9時

◎赤ちゃんがうまく寝ついていない場合は、最後にあげた胸から5〜10分授乳してください。
◎赤ちゃんが眠っている間に、ママも少しでも体を休めるようにしましょう。

10時

◎どれくらい眠ったかに関係なく、赤ちゃんを起こしましょう。
◎お水と軽いおやつを食べながら、最後にあげた胸から20〜25分授乳します。
◎もう片方の胸から60ミリリットル搾乳して、その後同じ胸から10〜20分授乳します。

11時45分

◎ランチタイムのお昼寝でお腹をすかせて目を覚まさないように、搾乳した60ミリリットルを追加分として飲ませます。
◎次の授乳の時間の前に、必ずおいしいランチと休息を取るようにしてください。

14時

◎どれくらい眠ったかに関係なく、14時前には赤ちゃんを起こして授乳を始めてください。
◎ママはお水を1杯飲みながら、最後にあげた胸から20～25分授乳します。もう片方の胸から60ミリリットル搾乳し、その後同じ胸から10～20分授乳します。

16時

◎月齢に応じたスケジュールを参考にして、短めのお昼寝をさせてください。

17時

◎しっかり赤ちゃんを起こして、17時前には授乳を始めましょう。
◎両胸から15～20分ずつ授乳してください。

18時15分

◎搾乳しておいたお乳を哺乳びんから飲ませます。体重が3・6キロ未満の赤ちゃんには60～

90ミリリットル授乳してください。それより大きい赤ちゃんは120～150ミリリットルほど必要になります。
◎赤ちゃんが寝ついたら、おいしい夕食を食べて体を休めましょう。

20時

◎両胸から搾乳してください。

22時

◎この時間に必ず両胸から搾乳してください。この時間に搾乳できる量で、どれくらい母乳が作られているかを判断できます。
◎ママが早めに就寝できるように、22時30分の授乳をパパか家族の人に代わってもらいましょう。

22時30分

◎赤ちゃんを起こして授乳を始めてください。哺乳びんで搾乳した母乳かミルクをあげてください。必要なミルクの量は92～95ページを参考にしてください。

夜中の授乳

◎22時30分の授乳でしっかり飲みきっていれば、深夜2時〜2時30分までは眠るはずです。目を覚ましたら、最初の胸から20〜25分、次にもう片方の胸から10〜15分授乳してください。早朝5時ごろにもう一度起きてしまわないように、このときに必ず両方の胸から授乳してください。

22時30分の授乳で十分飲んでいるのに、2時より前に目を覚ましてしまう場合は、お腹がすいているせいではないかもしれません。上掛けシーツを蹴り飛ばしてしまっていたり、前回の授乳で完全に目を覚ましていなかったりしたために目を覚ます場合もあります。6週未満で手足をばたつかせて起きてしまう子は、寝るときに腕も一緒におくるみで包んでください。6週を超える赤ちゃんは、薄手のコットンのシーツで、脇から下を覆う「半ぐるみ」で包み込んだほうが利点が多いでしょう。どの月齢の赤ちゃんでも、上掛けシーツは両端と足元部分を、最低15センチ分マットの下にしっかり挟み込んでください。ベビーベッドのベッドメーキングの方法は、19ページを参照してください。

2時前に目を覚ましてしまう場合は、22時30分の授乳で少し長めに起こしておいて、寝かしつける直前の23時15分にもう一度軽く授乳すると長時間眠るようになるかもしれません。夜の授乳を分けることでどんな効果があるかは、132ページの情報を参考にしてください。

《4日目》

4日目には、朝方に胸の張りを感じるようになっているはずです。1〜3日目のスケジュールに次の修正を加えてください。

◎9時〜9時45分のお昼寝でよく寝ているようであれば、9時の授乳を5分で切り上げます。

◎ランチタイムのお昼寝でよく眠っているか、または14時の授乳でそれほどお腹がすいていないようであれば、11時45分に追加する量を30ミリリットル減らしてください。

◎14時の搾乳をストップします。こうすることで、17時の授乳でおっぱいがしっかり張っているはずです。

◎しっかり胸が張っていると思いますので、最初の胸を完全に飲みきったらもう片方の胸に切り替えてください。2番目のおっぱいを飲みきっていなければ、お風呂を出たあとに残りをあげてください。

◎20時の搾乳はストップして、22時の搾乳を21時30分に繰り上げます。この21時30分の搾乳で両胸を完全に空にしてください。

《5日目》

◎4日目に14時と20時の搾乳をやめたことで、5日目の朝はかなり胸が張っているはずです。朝一番の授乳で両胸とも完全に空にするのが重要です。

◎7時の授乳は、張りの強いほうの胸から20～25分飲ませます。空になったら、もう片方の胸から搾乳し、その後10～15分授乳してください。搾乳する量は赤ちゃんの体重によって決まります。赤ちゃんが必要とする量がきちんと胸に残っているように、ちょうどいい量を搾乳してください。22時に120ミリリットル以上を搾乳できている場合は、次の表を参考にして搾乳する量を決めてください。

体重が3・6～4・5キロの赤ちゃん	120ミリリットル　の搾乳
体重が4・5～5・4キロの赤ちゃん	90ミリリットル　の搾乳
体重が5・4キロ以上の赤ちゃん	60ミリリットル　の搾乳

《6日目》

◎6日目には、搾乳したお乳やミルクを足す必要がないほど、母乳の出がよくなっているはずです。赤ちゃんの月齢に合わせたスケジュール通りに進められるはずです。スケジュールの中に書かれている搾乳のためのアドバイスを必ず参考にしてください。次の成長期に赤ちゃんの飲む量が増えても、しっかり対応できるはずです。また、6カ月になって離乳食を始めるまでは、搾乳したおっぱいでもミルクでも構いませんので、22時30分の哺乳びんを使った授乳を続けてみてください。こうすれば、22時の搾乳のあとは、授乳はパパに任せて、ママは早めに就寝することができますので、夜中の授乳も少し楽になります。

夜中の授乳回数が多すぎる

4〜6週になると、どの赤ちゃんも1日に一度は授乳と授乳の間に長めに眠るようになっているはずです。ベアトリス・ホリヤーとルーシー・スミスはこの長めの睡眠を「コア・ナイト」と呼び、このコア・ナイトの睡眠を足がかりにして、赤ちゃんが夜通し眠る基盤をつくるようにアドバイスしています（338ページを参照）。

2週目の終わりには、出生時の体重が2・1キロ以上の赤ちゃんであれば、夜中（深夜24時〜朝6時）の授乳は一度で十分になっているはずです。もちろんそのためには、日中に必要摂取量をすべて飲んで、22〜23時の授乳でも1回分をすべてを飲みきっていなければいけません。私の経験上、母乳でもミルクでも、夜中に2〜3回の授乳が続くと、そのうち日中に飲む量が減ってきます。こうなると悪循環の始まりです。赤ちゃんは昼間足りていない栄養分を、夜に飲んで補う必要が出てくるからです。

ミルク育ちの赤ちゃんであれば、夜中の授乳量が増えてしまわないように、日中に飲んでいる量をコントロールするのは簡単です。体重をもとに必要なミルクの量を計算します。そして95ページの表3-2を参考にして、赤ちゃんが一番多く飲むのが就寝前になるようにスケジュールを組み立ててください。これにコア・ナイトメソッド（338ページ）を併用すれば、必要以上に夜中の授乳回数が増えることはないはずです。

母乳の場合は、夜中の頻繁な授乳は普通のことだと考えられています。実際に多くの母乳育児の専門家が推奨しており、赤ちゃんと一緒に寝て、夜通し何度でもおっぱいをあげるようにアドバイスされます。母乳を作るのに必要なプロラクチンというホルモンが夜中に多く分泌されるため、日中よりも夜中に多く授乳をすると、おっぱいの出がよくなって母乳育児を長く続けられるという理屈のようです。

このアドバイス通りにいくこともあるでしょうが、最初の1カ月で母乳育児をあきらめてしまう人が大勢いることが統計で示されていることからもわかるように、多くの人に当てはまらないのは明らかです。すでに述べたように、母乳育児をあきらめてしまう主な原因の一つが、夜中の授乳のために何度も起こされて疲れ果ててしまうせいなのです。経験を通してわかったのは、ママは夜中にまとまった睡眠が一度でもとれると、おっぱいの出がよくなるということです。夜中のおっぱいの量が十分で満足いくまで飲むことができれば、赤ちゃんもすぐに眠りに戻り、朝まで起きることはありません。次に、授乳のために赤ちゃんが夜中に何度も起きてしまう理由と解決策をまとめました。

●低出生体重児や低体重の赤ちゃんの授乳は、3時間おきでは足りないこともあります。このような特殊な事情の場合は、医師の判断を仰いでください。

●授乳のたびにしっかりおっぱいを飲んで（体重が3・6キロ以上の赤ちゃんは、必ず両胸から授乳してください）、お昼寝のときにぐっすり眠っている赤ちゃんであれば、22時の授乳の量が足りていないせいかもしれません。

●22時の授乳のときにおっぱいの出が悪いせいで量が足りていないときは、ミルクか搾乳した母乳を足して、必要な量を確実に飲んでもらえれば、簡単に解決できます。搾乳した母乳をあげる場合は、搾乳のために十分な時間を確保しておきましょう。午前中に搾った母乳に新しく搾乳した分を足すこともできます。

●あまり早く哺乳びんを使い始めると、赤ちゃんが胸からおっぱいを飲みたがらなくなるのではと心配するママが多いようです。私がお世話をした赤ちゃんは、みんな1日に一度は哺乳びんから飲んでいましたが、おっぱいを嫌がるようになった子はひとりもいませんでした。哺乳びんを使えば、パパに最後の授乳を交代してもらって、ママは22時にはベッドに入れるという利点もあります。

●22時の授乳で必要量を飲みきっているのに、1週間たっても状況が改善せず、何度も目を覚ましてしまうときは、問題は授乳ではなく睡眠パターンにある可能性が高いでしょう。もう1週間、ミルクか搾乳した母乳を足してください。同時に、夜中に何度も起きてしまう赤ちゃんのためのアドバイス（359ページ）をチェックしてください。

●脂質と栄養分の高い後乳が出始める前にもう片方のおっぱいに移ってしまうと、3・6キロ未満の赤ちゃんは夜中に2回以上目を覚ます可能性が高くなります。

●出生時の体重が3・6キロ以上で、片方の胸からしか飲んでいない場合は、量が足りていないかもしれませんので、もう片方の胸からも授乳してください。最初の胸から20～25分飲んだら、もう片方の胸から5～10分ほど飲ませます。嫌がるときは、15～20分ほど時間を空けてまた試しましょう。

私のスケジュールを使っている赤ちゃんは、夜中の授乳が1回になると、徐々にその時間が朝方まで延びていき、体が大きくなって夜の授乳を必要としなくなった時点で、夜通し眠るようになる子がほとんどです。しかし、まれに6週目に入っても午前2時にお腹をすかせて目を覚まし続ける子がいます。この時間の授乳を続けていると、だいたい午前7時に飲む量が減って、まったく飲まなくなる子も出てきます。その場合は、次の「コア・ナイト・メソッド」を使ってください。授乳の回数が減る時期がくると、必ず最初に深夜の授乳から減るようになります。

【コア・ナイト・メソッド】

コア・ナイト・メソッドは、スケジュールを実践するマタニティナースやママたちに長年使われてきた方法です。夜中に赤ちゃんがいったん長時間眠ったら、その時間帯には二度と授乳しないようにするという基本ルールで進めていきます。もし赤ちゃんがその時間に目を覚ましたら、自分で眠りに戻るまで数分様子を見て、寝つかない場合は授乳以外の方法で寝かしつけます。ホリヤーとスミスは、**①背中をトントン叩く、②おしゃぶりをあげる、③お水をあげる、**といった方法をすすめています。現在、生後6カ月未満の赤ちゃんにはお水をあげるべきではないと言われていますので、104ページのお水に関するアドバイスを参考にしてください。ママが近くにいることを知らせて安心させるときにも、働きかけは最小限に抑えてください。

このメソッドを使えば、何日もしないうちに、初めて長時間眠った夜と同じか、またはそれ以上長く眠るようになっていきます。またこの方法で、赤ちゃんはとても大切な二つのスキルを身に付けることができます。一つは、自分ひとりで寝つく方法、そしてもう一つが、ノンレム睡眠（深い眠り）から覚めてしまったときに、再び自分で眠りに戻る方法です。オーストラリアのアデレード大学で一般診療を教えるブライアン・シモン博士も、生後6週以上の赤ちゃんに、同じような方法をすすめています。毎週順調に体重が増えているのに、いまだに深夜3時に目を覚まして自分で眠りに戻れない場合は、再び寝かしつけるのに最低限必要な量の母乳またはミルクをあげてください。このメソッドに着手する前に次のポイントをしっかり読んで、赤ちゃんが夜中長時間眠る準備が本当にできているかをチェックしてください。

●このメソッドは、月齢の低い赤ちゃんや、体重が増えていない赤ちゃんには決して使用しないでください。体重が増えない場合は、必ず医師に相談しましょう。

●このメソッドは、①順調に体重が増えている、②最後の授乳で長時間眠るのに十分な量を赤ちゃんが必ず飲んでいる、という両方の条件を満たしているときのみ使用してください。

●夜中の授乳を減らしても大丈夫かどうか、それを見極めるための主なサインは次の通りです。①体重が順調に増えている、②授乳を嫌がる、③朝7時に飲む量が減っている。

●夜の授乳をすべてやめてしまうのではなく、22時の授乳から赤ちゃんが眠る時間を少しずつ延ばしていくのが、このメソッドの目的です。

●このメソッドは、夜中に長時間眠れそうな兆しが3～4晩連続でみられたら、使うようにしてください。

●コア・ナイト・メソッドを使って20分たっても寝つかないときは、朝7時までぐっすり眠るのに十分な量を授乳してください。夜、赤ちゃんが長い時間目を覚ましていていいことはありません。代わりに日中に寝る必要が出て、夜中の睡眠がさらに狂ってきます。昼間の睡眠時間が長すぎると、夜の寝つきはもっと悪くなります。

●この方法は、ディマンド・フィードで育てられた赤ちゃんの夜中の授乳回数を減らしたり授乳間隔を空けたりするのにも使えます。

授乳中に眠ってしまう

授乳中はいつもうとうとしている、眠るのが大好きな赤ちゃんもいます。きちんと必要な量を飲まないと、1～2時間後にはまたおっぱいを欲しがることになります。タイミングよくおむつを替えたりげっぷをさせたりして、なんとかきちんと飲みきるようにリードしましょう。

最初の頃の少しの頑張りで、赤ちゃんがきちんと目を覚ましてスケジュール通りにおっぱいを飲みきるようになれば、長い目で見るとその労力も無駄にはなりません。最初に半分だけ飲んで、10〜15分ほど伸びをしたり足をバタバタしたりして遊んだあとに、再び残りを飲み始める子もいます。ここで大事なポイントは、眠るのが大好きな赤ちゃんは、話しかけたり揺すったりして無理に目を覚まそうとしないほうがいいという点です。プレイマットに赤ちゃんを寝かせて10分ほど遊ばせると、再びおっぱいを飲み始めることが多いようです。最初の1カ月は、授乳には45分〜1時間かかると思っておいてください。

十分飲まなかったせいで予定より早く目を覚ましてしまったときは、その時点で授乳してください。次の授乳まで我慢させないようにしましょう。そうしないと、赤ちゃんが疲れきって、結局次の授乳でも眠くなってしまいますのでうまくいきません。夜中の授乳の要領で静かにおっぱいを飲ませ、スケジュールを再び軌道に乗せられるようにもう一度寝かしつけます。

授乳に関するトラブルを解決するためのもう一つのテクニックは、「肌と肌を触れ合わせる」という方法です。赤ちゃんは抱っこをされるのが大好きですが、あるリサーチによると、ママの肌に触れることで幸福感を得られるだけでなく、成長を続けるための栄養分を求めるシグナルを脳に送ると考えられています。直接ママの肌に触れているという感覚が安心感を与え、授乳中も機嫌がよくなります。対照的におっぱいを飲みながら眠ってしまう赤ちゃんは、実はストレスを感じてスイッチが切れている状態かもしれません。授乳を続けるために起こそうとすることでさらにストレスを与えていることになります。肌と肌が触れ合うことで眠そうな赤ちゃんの感覚を刺激し、興奮しすぎだったりストレスを感じていたりする赤ちゃんを落ち着かせることができます。

低出生体重児や特別なケアが必要な赤ちゃんも含め、授乳のときに眠くなってしまう赤ちゃんへの対処法やテクニックを次にまとめましたので参考にしてください。

●授乳の前に、赤ちゃんの目を完全に覚ましてください。おむつを替えたり、濡れたタオルで顔や手を拭いたりするのも効果があります。
●日中は明るい部屋で授乳をします。おむつ替えマットをすぐ隣に置いておきましょう。
●通気性のよい半袖のTシャツやトップスを着せます。暖かいニット素材の長袖の服などは、赤ちゃんが毛布でくるまれているような感覚になるため、眠くなりがちです。
●カバーオールから足を出し、両足が服の外に出ているようにしてください。極度に眠りやすい赤ちゃんの場合は、服を脱がせて下着だけにします。
●母乳の場合／授乳中に赤ちゃんの足をマッサージしたり、顔を撫《な》でたりします。飲むのをやめてしまったときは、人差し指と中指で頬を優しく上向きに撫でます。
●ミルクの場合／飲むのをやめてしまったときは、哺乳びんの乳首を口の中で動かすと再び飲み始めることが多いようです。哺乳びんを持つときは、中央部分より下ではなく、なるべく乳首に近い部分を親指、人差し指、中指で持って、残りの指で赤ちゃんのあごを優しく撫でて、再び飲み始めるように促します。

●以上のことをすべて試してもまだ授乳中に眠ってしまう場合、または目をつむりながら1分以上飲んでいる場合は、赤ちゃんをおっぱいや哺乳びんからゆっくり離し、おむつ替え用のマットに1分ほど寝かせます。授乳中に何度もこれを繰り返さなければいけないこともありますが、続けていれば1週間以内には授乳中と授乳後にしっかり目を覚ましていられるようになります。こうすることで、必要量をしっかり飲みきり、お昼寝も夜の睡眠も改善するはずです。

授乳を嫌がる

生後6カ月になると、離乳食の量が増えるにつれて授乳量が少しずつ減り始めます。それでも9カ月になるまでは、1日最低500～600ミリリットル飲む必要があります。1歳になる頃には、この量が350ミリリットルまで減ります。おっぱいやミルクに興味がなくなったり、飲むのを嫌がったりして必要量を飲まなくなったら、離乳食をあげる時間や食品の種類をチェックしてください。母乳の場合は、飲んでいる量を把握するのは不可能ですが、次のアドバイスを参考にして授乳を嫌がる理由を突き止めましょう。

●生後6カ月ごろは、6～7時と22～23時の間に4～5回の授乳をする必要があります。1回の授乳量は210～240ミリリットルで、母乳の場合は両胸から授乳してください。医師のアドバイスで6カ月未満で離乳食を始めた場合は、授乳の途中で食べ物をあげないようにしてください。

残りのおっぱいやミルクを飲むのを嫌がることが多いからです。まず授乳をほとんどすませてから、離乳食を食べさせるようにしてください。

●6カ月未満の赤ちゃんは、11時の授乳で1回分しっかり飲む必要があります。医師のすすめで早めに離乳食を始めた場合は、朝食を導入するのが早すぎたり、11時の授乳の前に食べる量が多すぎたりすると、急に飲む量が減る、またはまったく飲まなくなることがあります。

●6〜7カ月の間に、11時の授乳は、量を減らすか、完全にストップしてください。6カ月未満で離乳食を始めていれば、6カ月になる頃にはミルクの量はかなり減っているはずです。ランチでたんぱく質を食べるようになったら、授乳は完全にストップしても構いません。その結果、食べる量も増えるはずです。

●14時にランチ、17時に夕食をあげていると、7カ月未満の赤ちゃんは18時の授乳を嫌がるようになります。離乳食に慣れるまでは、ランチは11時に、夕食は17時の授乳後にしましょう。

●バナナやアボカドのような消化に時間のかかる食べ物を間違ったタイミングであげてしまうと、その次の授乳で飲む量が減ってしまうことがあります。新しい食品を試すときはとくに注意しましょう。7カ月になるまでは、そのような食品は昼間ではなく、18時の授乳のあとにあげるようにしてください。

●6カ月を超える赤ちゃんが授乳を嫌がり始めるときは、おやつやジュースのあげすぎが原因のことが多いようです。ジュースは水に代えて、食間のおやつを減らすようにしてください。

●9～12カ月の間に、就寝前の授乳を嫌がり始める赤ちゃんがいます。これは14時30分の授乳をやめる準備ができている証拠です。一気にやめるのではなく、少しずつ量を減らすようにします。

離乳食を嫌がる

6カ月以上の赤ちゃんが離乳食を嫌がるのは、おっぱいやミルクの飲みすぎが原因のことが多く、とくに夜中の授乳がまだ続いている子にありがちです。離乳食にはほとんど手を付けない赤ちゃんの親たちから、毎日のように相談を受けています。3回食などまだまだ先の話です。ほとんどのケースがディマンド・フィードで育てられた赤ちゃんで、いまだに夜中に二度、三度と授乳している場合もあります。6カ月の赤ちゃんにとって、おっぱいやミルクはまだまだとても重要な栄養源ですが、授乳の時間や与える量を管理しないと、離乳食を始める上で深刻な影響が出ます。離乳食を嫌がるときは、次を参考にして原因を突き止めてください。

●離乳食は6カ月で始めることが推奨されています。6カ月になって、22時の授乳後に夜通し眠っているときは、この時間の授乳の量を徐々に減らし、最終的にはストップしてください。284～292ページの方法を参考にしてください。

●1日4～5回の授乳（1回の授乳量が、ミルクの場合は240ミリリットル、母乳の場合は両胸を空にしている）では足りていないように見えたら、離乳食を始める準備ができているサインです。290ページを参考にしてください。

●6カ月を過ぎても1日に4〜5回以上授乳していると、おっぱいやミルクの飲みすぎが原因で、離乳食がなかなか進みません。ランチをしっかり食べるように、11時の授乳の量をかなり減らしてください。6カ月の終わり頃の必要摂取量は1日600ミリリットル程度ですので、それを3回に分けて飲ませてください（食事に使う量も含む）。授乳の量を減らしても離乳食を受け付けないときは、できるだけ早く保健師か小児科医に相談してください。

偏食がある

離乳食を始めたばかりの頃に授乳時間がきちんと管理されていれば、ほとんどの赤ちゃんは出された食事を喜んで食べてくれます。9カ月になる頃には、3回の食事から栄養のほとんどをとるようになっているはずです。必要とする栄養素をまんべんなく摂取できるように、いろいろな種類の食品を食べさせるようにしてください。しかしこれくらいの月齢になると、以前は喜んで食べていたものを嫌がり始める子も出てきます。9〜12カ月の間に突然食べるのを嫌がったり、好き嫌いが出て食事中にぐずるようになったりしたら、次のガイドラインを参考に原因を考えてみましょう。

●赤ちゃんが食べられる量を勘違いしている親がよくいます。お皿にたくさん盛りすぎたせいで食べきれない赤ちゃんを見て、問題があると思ってしまうのです。9〜12カ月の赤ちゃんが必要な量を左にまとめましたので、これを参考に十分な量を食べているかどうかを確認してください。

・炭水化物　3～4ユニット（シリアル、パン、パスタ、ジャガイモ）
1ユニット＝パン1枚、シリアル30グラム、パスタ大さじ2杯分、ジャガイモ小1個
・野菜や果物　3～4ユニット（生野菜を含む）
1ユニット＝りんご、洋ナシ、バナナ、にんじん、いずれか小1個、カリフラワーかブロッコリーの房2個、さやいんげんを小さく切ったもの大さじ2杯分
・動物性か植物性のたんぱく質　1ユニット
1ユニット＝鶏肉、赤身肉、魚、いずれか30グラム、豆類60グラム

●赤ちゃんが自分で食べ物を口に運ぶのは、心と体の発達に重要な役割を果たします。手と目の動きを連動させる練習になりますし、自立心を育てることができます。6～9カ月の間には、ほとんどの赤ちゃんが食べ物を手でつかんで口に運ぶようになります。食事の時間は汚れて散らかりますし、以前より時間がかかるようにもなります。それでも、食べ物に手を伸ばして自分で食べたいという自然な欲求を抑え付けてしまうと不満がたまるだけで、多くの場合、スプーンで食べさせてもらうことも嫌がるようになります。汚れはしますが、フィンガーフードをたくさん取り入れて、何品かは自分で口に運べるようにすれば、残りの食事もおとなしくママのスプーンから食べてくれることが多くなります。

●9カ月には、食べ物の色や形、食感に興味をもち始めます。いろいろな食材を全部ごちゃまぜにしてつぶしたものを食べさせていると、お気に入りの食べ物でも飽きてしまいます。野菜に興味がなくなるのは、これが大きな理由の一つなのです。

●1〜2種類の野菜をたっぷり用意して全部つぶして一緒に食べさせるよりも、食感や色の違う野菜を少量ずつ何品も用意したほうが、赤ちゃんの気を引くことができます。

●甘いお菓子やデザートを日常的にあげていると、メインの食事を食べなくなる原因になります。たとえ生後9カ月の赤ちゃんでも、食べるのを嫌がって大騒ぎすれば、次はデザートが出てくるということをあっという間に学びます。お菓子やデザートは特別な日にとっておいて、通常のおやつは野菜スティックやチーズをのせたクラッカー、ヨーグルトなどをあげるようにしましょう。

●赤ちゃんが特定の食べ物を嫌がるときは、2週間ほどおいてもう一度同じものをあげてみてください。食べ物の好き嫌いは、最初の1年でずいぶん変わります。食べなかったものをもう一度試すのをやめてしまうと、食べられる食品の種類が少なくなりがちです。

●食事の前にジュースや水をあげすぎると、食事がなかなか進みません。水分は食事の前ではなく、少なくとも半分以上食べ終えたところであげるようにしてください。

●食事の時間は、赤ちゃんが食べる量に大きな影響を与えます。朝食を8時以降に食べさせていると、13時ごろまではなかなかお腹がすきません。同様に夕食が17時より遅くなると、赤ちゃんに疲れがたまって、しっかり食べることができません。

●食事と食事の間におやつをあげすぎると、ごはんのときに食欲がわきません。おやつをあげるのを数日やめて、食事をきちんと食べるようになるかチェックしてください。

赤ちゃんが食べている離乳食の量が足りていないと感じたら、保健師か医師に相談しましょう。1週間で赤ちゃんが摂取した食べ物と飲み物の量や時間を記録しておくと、食事に関するトラブルの原因を突き止めるのに役に立ちます。

舌小帯短縮症《ぜっしょうたいたんしゅく》

舌小帯短縮症とは、舌の裏側と下あごをつなぐヒダが短すぎる症状を言います。舌の動きが制限されるために、おっぱいを飲むのが難しくなります。小児科医や助産師が通常お産の直後か最初の検診でチェックしますが、診断が難しく見落としてしまうこともあります。症状が軽いときはとくに大きな問題は起きませんが、重い場合は授乳に影響が出てきます。

●おっぱいをくわえるのが苦手で、授乳のときにぐずる。
●おっぱいを吸っている間に口が横にずれてしまう。
●体重の増加が平均を下回っている。
●胸に乳頭亀裂、白斑、出血などの症状が出る。

授乳がなかなかうまくいかないときは、舌小帯短縮症ではないことを確認するために、小児科医や助産師に相談してください。舌小帯短縮症は母乳育児のときによく問題になりますが、まれに哺乳びんでミルクを飲んでいる赤ちゃんにも起こりえますので、授乳のときに機嫌が悪く次のような症状を示しているときは、専門家の診断を仰ぎましょう。

- 哺乳びんの乳首をくわえるのが苦手で、授乳のときに機嫌が悪い。
- 授乳時に、口の脇からミルクがよくこぼれている。
- 月齢に合わせて体重が増えていない。
- コリックの症状が見られる。
- 授乳中と授乳後におならやげっぷが過剰に出る。
- 授乳中に、クチュクチュと音を立てている。

舌小帯短縮症は、赤ちゃんの舌の根元を切除する簡単な手術で治療できます。赤ちゃんがかなり小さい頃に行えば、気付かないうちに終わる程度です。手術は麻酔をかけずに行われることがほとんどですが、局部麻酔を使用することもあります。赤ちゃんが眠っている場合は、そのまま眠り続けているうちに終わることもあります。月齢の高い赤ちゃんは全身麻酔が必要なこともあり、少し複雑な治療になりますので、必ず医師からきちんと説明を受けましょう。

睡眠のトラブル

寝つきが悪い

お昼寝のときになかなか赤ちゃんが寝つかないときは、寝かしつけを始める時間と、寝かしつけにかかる時間に注意してください。ほとんどの場合、寝つきが悪い原因は、疲れすぎか興奮しすぎによるものです。授乳と睡眠のリズムが定着したら、次は赤ちゃんにひとりで寝つく方法を教えてあげましょう。泣いているのを聞くのはつらいでしょうが、すぐに自分で寝つく方法を身に付けます。5～10分したら、必ず赤ちゃんの様子を見に行ってください。

深刻な睡眠のトラブルを抱えていた赤ちゃんをたくさんお世話してきましたが、いったんひとりで寝つくようになると、機嫌も改善してにこやかな赤ちゃんに変身します。また、日中のお昼寝時間が定着したら、夜もよく眠るようになります。赤ちゃんがひとりで寝つくことができるように、次のガイドラインを参考にしてください。

●おっぱいやミルクを飲みながら眠ってしまった赤ちゃんをそのままベッドに移すと、お昼寝がうまくいかないことが多いようです。うとうとし始めてから30～45分たって浅い眠りのサイクルに入ったときに、ママが手を貸さなければもう一度寝つくことができないからです。最初の数週間は、授乳中に眠ってしまった場合は、おむつ替えマットに寝かせておむつを替えてください。こうすれば、半分目を覚ました状態でベビーベッドに寝かすことができます。

●昼間の寝つきが悪く、ぐっすり眠れない赤ちゃんは、疲れすぎが原因のことが多いようです。月齢の低い赤ちゃんは一度に2時間以上目を覚ましていると、疲れすぎてかえって寝つくことができなくなります。月齢が上がってくると、もう少し長い時間目を覚ましていられる赤ちゃんが増えて、一度に2時間半起きていられることもあります。目を覚まして1時間半ほどたったら、赤ちゃんが眠たそうにしているのを見逃さないように注意してください。

●ねんねの前に、月齢の低い赤ちゃんと「遊び」すぎるのは控えてください。可愛い赤ちゃんを抱っこしたくなるのはわかりますが、それが何度も続くと、赤ちゃんは疲れて機嫌が悪くなり、寝つかせるのが大変になります。赤ちゃんはおもちゃではありません。生後すぐの時期は、赤ちゃんとのスキンシップが足りないのではと罪悪感を抱くことはありません。とくにねんねの前は注意しましょう。

●眠る前に赤ちゃんに刺激を与えすぎると、寝つきが悪くなる原因の一つとなります。6カ月未満であれば、寝る前の20分間は、静かにリラックスできる時間を作ってください。6カ月以上の赤ちゃんは、興奮しすぎないように、寝る前は激しい遊びは控えるようにしましょう。どの月齢の赤ちゃんでも、ベッドに寝かせるときには話しかけすぎないようにしてください。落ち着いた穏やかな口調で、「おやすみ」「ねんねの時間よ」などと毎回同じ簡単な言い回しでおやすみの挨拶をします。小さな赤ちゃんの場合は、話しかけるよりも、「シーッ」と静かに言って落ち着かせながら寝かしつけるほうがうまくいきます。

●寝かしつけのときに悪い癖がついてしまうと、直すのに長い時間がかかります。生後数週間がたったら、赤ちゃんがベビーベッドで眠るときは、必ず目を覚ました状態で寝かせて、自分で寝つくようにならなければいけません。悪い寝かしつけの癖が染み付いてしまうと、ある程度のねんねトレーニングをしなければ問題が改善することはほぼありません。きっかけさえ与えられれば、ほとんどの赤ちゃんは数日のうちに自分で寝つく方法を身に付けます。

19時の寝つきが悪い母乳育ちの赤ちゃん

4週目に入ると、母乳育ちの赤ちゃんの中にはなかなかうまく寝つけない子が出てきます。眠そうにしているのに、寝入って10分もすると再び目を覚ましてしまうのです。

● 私の経験上、一番の理由は空腹です。泣きわめいて手が付けられない状態にならないように、自分で眠りに戻る様子が見られなければ、すぐにおっぱいをあげてください。抱っこやおしゃぶりで寝かしつけずに、前回の授乳で最後にあげていた胸から授乳します。右胸と左胸から交互に飲ませると、いつもより多めに飲むことがありますので試してみてください。

● この月齢の赤ちゃんは、夕方ごろに眠気に勝てず、おっぱいを飲みながら眠ってしまうことがあります。しかし必ずしもお腹がいっぱいになったわけではありません。就寝後、目を覚ますことがあれば、そのたびに授乳してください。それで赤ちゃんが寝ついてまとめて眠るようであれば、一番の理由は空腹だとわかります。この時間の授乳でとても眠そうにしているときは、電気がついた明るいお部屋で授乳を始めて、最後の10分を薄暗いお部屋ですませるようにしてください。

● 何度も授乳をしているのにそれでも寝つかない場合は、この時間におっぱいの出が悪くなっているせいかもしれません。その場合は、搾乳したお乳を入浴のあとにあげて、状況が改善するかみてみましょう（何時に搾乳をすればいいかは、213ページを参考にしてください）。

●授乳の量を増やしても夜の寝つきが悪いときは、就寝時間を早めてみてもいいかもしれません。寝つきが悪い理由は、空腹の次に疲れすぎのことが多いのです。ベッドに入る時間を早めれば、疲れすぎて寝つけないという状況はなくなります。授乳量が十分であれば、リラックスして自然に眠りに落ちることができるはずです。

●それでも寝つきが悪いときは、次の「寝つきをよくするメソッド」を試してみてください。赤ちゃんの体内時計を整えて、毎晩同じ時間に寝つくようにすることができます。このメソッドを使うと、赤ちゃんが抱っこされるのに慣れてしまうのでは、と心配する親もいますが、毎晩同じ時間に眠ることに赤ちゃんが慣れてしまえば、寝つきも次第によくなっていきます。何時間も眠ったり起きたりを繰り返す習慣が付いてしまうよりも、長い目で見れば楽なのです。このメソッドを何日か試して、19～22時の間によく眠るようになれば、寝かしつけも楽になっていくはずです。

【寝つきをよくするメソッド】

どれくらいの睡眠が必要かは、赤ちゃんによって違います。おっぱいを飲んだら少しの間起きていて、その後自然に寝ついたら次の授乳まで眠り続ける赤ちゃんもいます。しかし、昼間に眠りすぎたせいで夜中になかなか寝つけず、眠っていても何度も起きる癖がついてしまっている子や、お昼寝の時間すらばらばらな子もいます。そのような場合はたいてい、いくつかの原因があります。十分におっぱいを飲んで絶対にお腹はすいていないと確信できる状況であれば、このメソッドを試してみてください。

これは、お昼寝や夜の就寝時に、毎日同じ時間に寝ることを習慣付けるためのメソッドです。日中と夜の睡眠が改善すれば、体の準備が整った時点で夜通し眠るようになるのも時間の問題です。夜の寝つきが悪かったり、夜中に何度も起きてしまったりする場合は、「空腹」と「寝かしつけの癖」の次に、「お昼寝のしすぎ」がもっともよくある原因です。夜中よく眠れていないせいで、赤ちゃんが昼間にもっと眠ってしまうという悪循環に陥ります。月齢が低い赤ちゃんであれば、状況を改善するには、親が寝つけるように手を貸す以外ありません。夜の睡眠が改善すれば、日中に起きているのが楽になり、連鎖的に夕方や夜中もよく眠るようになります。このメソッドの目的は、赤ちゃんの寝る時間を毎日同じ時間にすることです。ほぼ1週間かけて毎日同じ時間に寝るのに慣れたら、寝かしつけはほとんど必要なくなります。

成功させるためには、根気をもって取り組み、ママかパパのどちらかひとりが担当します。

《ステージ1》

少なくとも最初の3日間は、お昼寝のときに赤ちゃんをベッドで寝かせないようにしてください。その代わりに、お昼寝の時間が終わるまで、ママかパパが静かな部屋で赤ちゃんを抱っこしながら寝かせてください。赤ちゃんは平らに寝かせるのではなく、ひじの内側に赤ちゃんの頭をのせて抱っこします。月齢が2カ月以上で、おくるみで包んでいない場合は、腕をバタバタさせて泣くことがないように、両手を胸の上でクロスさせて自分の右手で握ります。ねんねの時間の間はずっと同じ人が赤ちゃんに付いていてあげてください。他の人に赤ちゃんを預けたり、別の部屋に移動したりしないようにしましょう。この方法で3日間よく眠っているようであれば、ステージ2に進み、ベッドでの寝かしつけを始めます。

《ステージ2》

赤ちゃんの手を胸の上で握って落ち着かせてあげられるように、ベッドの横に座ります。4日目の夜は、赤ちゃんが眠りにつくまで両手を握ります。5日目は眠りにつくまで片方の手を握ります。6日目には赤ちゃんが眠たそうにしている状態でベッドに寝かせてください。完全に眠るまで2〜3分おきにチェックします。腕の中でぐっすり眠るのが最低3日間続かなければ、ステージ2には進まないでください。指定された時間に毎回必ず眠るようになるのに3日以上かかる赤ちゃんもいます。

ステージ2の寝かしつけが10分以内に終わる日が数日続いたら、赤ちゃんがひとりで寝つくように、371ページの「クライ・ダウン・メソッド」を試してみてください。日中に短時間ベッドにひとりでいても、赤ちゃん用のおもちゃや本を見て機嫌よく遊んでいるようになります。ランチタイムのお昼寝のときに、赤ちゃんとベビーカーでお出かけすることもできます。大切なのは一貫性をもって取り組むことです。この時間のお昼寝はベビーカーか自宅でするようにしてください。お昼寝の途中で赤ちゃんを移動させないようにしましょう。

朝早く目を覚ましてしまう

乳幼児は、5〜6時ごろ眠りが浅くなります。再び寝ついて、もう1時間ほど眠る子もいますが、それができない子もたくさんいます。朝早く目を覚ましてしまう子になるかどうかは、次の2点で決まるようです。まずは、子どもが寝ている部屋がどれだけ暗いかです。私は子ども部屋の暗さに強いこだわりがありました。お世話をした子のほとんどが、5〜6時ごろ眠りが浅くなっても、もう一度自分で寝つくことができたのは、部屋が暗かったおかげだと今でも自信をもって言えます。ドアとカーテンを閉めたら、おもちゃや本がまったく見えなくなるほど真っ暗でなければいけません。これらのものが目に入ると、うとうとしている赤ちゃんもパッチリ目を覚まして遊び始めようとしてしまうのです。

最初の3カ月に赤ちゃんの早起きにどう対処するかで、これが癖になるかどうかが決まります。最初の数週間は、2時〜2時30分に目を覚ましておっぱいを飲むと、次は5〜6時にお腹をすかせてもう一度目を覚まします。この授乳を必ず「夜中の授乳」として行ってください。小さなナイトライトをつけて、話しかけたり目を合わせたりしないで、できるだけ時間をかけず静かに授乳をします。その後7時〜7時30分まで眠るように寝かしつけます。赤ちゃんの目が冴えてしまいますので、必要なければおむつを替えるのは控えましょう。

4時近くまで眠るようになったら、その後6時に目を覚ますことがあっても、たいていはお腹がすいているせいではありません。このときだけは、赤ちゃんが眠りに戻れるように親が手を貸してあげてください。大事なのは、赤ちゃんを速やかに寝かしつけて7時まで眠らせることです。抱っこやおしゃぶりを使っても構いません。朝早く起きる赤ちゃんにならないように、次のガイドラインを参考にしてください。

●いったん寝かしつけたら、ナイトライトをつけたり、ドアを開けたままにしておかないようにしましょう。ある研究によると、暗闇では脳内物質が変化して、脳が眠る準備を始めることがわかっています。眠りが浅くなると、ほんの少しの光でも完全に目を覚ましてしまうことがありますので注意しましょう。

●6カ月未満の赤ちゃんは、ベッドカバーを蹴ってしまったせいで朝早く目を覚ますことがあるようです。経験上、この月齢の赤ちゃんはみんな上掛けのシーツでしっかり包み込むことが重要です。シーツは長いほうをベッドに対し横にかけ、手前は最低10センチ、奥は15センチ、挟み込みます。また小さなハンドタオルを二つ丸めて、マットレスとベビーベッドの隙間に挟み込んでください。

●ベッドの頭側にずり上がって上掛けシーツから体が出てしまう場合は、超軽量で綿100パーセントのスリーパーを着させ、その上から上掛けシーツをかけて挟み込むと効果があります。気温によっては、ブランケットは必要ありません。

●寝返りを打って動き回れるようになったら、上掛けシーツとブランケットを外してスリーパーだけにしてください。赤ちゃんの動きは制限されませんし、夜中に寒いのではと心配する必要もなくなります。季節に合ったスリーパーを選んでください。

●離乳食が軌道に乗り始めるまでは、22時30分の授乳はやめないようにしましょう。離乳食を始める前に成長期がきたら、いつもより多めに授乳をすれば、お腹をすかせて早く起きることも少なくなります。

●離乳食が定着していないのに、22時30分の授乳を嫌がるときは、食事の量が増えるまで、早朝5〜6時に授乳をする必要が出てくるかもしれません。離乳食をきちんと食べなくても12時間近く眠れる子は多くありません。授乳をせずに無理やり7時まで寝かせないようにしてください。この時間に寝たり起きたりを繰り返していると、朝早く目を覚ます癖がついてしまいます。

●月齢6カ月以上で、22時30分の授乳を卒業した赤ちゃんは、就寝時間は19時以降でなければいけません。この時間の前に赤ちゃんが深く眠り込んでしまうと、7時前に目を覚ましやすくなってしまいます。

夜中に何度も目を覚ます

ママのおっぱいがしっかり出始めるまで、新生児の赤ちゃんは一晩に何度も目を覚まし、授乳が必要なこともあるでしょう。１週目の終わりには、体重が３・２キロを超え、日中十分おっぱいを飲んでいれば、22〜23時の授乳後、長めに眠り始めるはずです。体が小さめの赤ちゃんは、24時間態勢の３時間おきの授乳を続ける必要があるかもしれません。私の経験では、健康で授乳もうまくいっている赤ちゃんであれば、４〜６週の間には４〜６時間連続で眠るようになります。スケジュールを守っていれば、この長めの睡眠は夜中にくるはずです。私のスケジュールの最大の目的は、赤ちゃんが夜必要以上に目を覚まさないように、日中の授乳と睡眠のリズムを整えるお手伝いをすることなのです。

夜中の授乳がどれくらい続くかは、赤ちゃんによって違います。６〜８週で22時30分の授乳のあとに夜通し眠るようになる子もいれば、10〜12週かかる子もいますし、もっと長引く場合ももちろんあります。日中の授乳と睡眠の時間がきちんと管理されていれば、赤ちゃんの心と体の準備が整った時点で、必ず夜通し眠るようになります。１歳未満の健康な赤ちゃんが夜中に必要以上に目を覚ます、主な理由を次にまとめました。

● 昼間に眠りすぎている／新生児でも、昼間は多少目を覚ましている必要があります。授乳のあとに1時間〜1時間半ほど目を覚ましていられるように手伝ってあげましょう。6〜8週目になると、授乳の時間を除いて夜はしっかり眠っている赤ちゃんであれば、ほとんどの場合、1時間半〜2時間は起きていられるはずです。夜は授乳がすんだらすぐに寝つくように、22時30分の授乳のときに赤ちゃんがしっかり目を覚ましていることが重要です。とくに新生児はこの時間にきちんと目が覚めていないと、夜中に目を覚ますことが多くなります。この月齢の赤ちゃんは、お腹がすいていなくても授乳なしではなかなか寝つきません。

●昼間の授乳量が足りない／夜中の頻繁授乳を回避するには、6カ月未満の赤ちゃんであれば、7時から23時の間に6～7回授乳する必要があります。

●毎回の授乳で、赤ちゃんが十分な量を飲んでいない／新生児期は片方の胸から25分飲ませる必要があります。23時から翌朝6～7時までの間に2回以上授乳が必要なときは、昼間の授乳の何回かは両胸から授乳してください。

●母乳育ちの赤ちゃんは、22時30分の授乳で十分飲んでいないと、夜中に何度も目を覚ましやすくなりますので、この時間の授乳で多めにおっぱいをあげてください。

●6週未満の赤ちゃんはモロー反射が強く（126ページ）、腕や足を発作的にピクリと動かせいで一晩に何度も目を覚ますことがあります。伸縮性のある軽量の綿のシーツで赤ちゃんの体を包んで、適度な重さのシーツやブランケットをマットレスに挟み込むと効果があります。カバーを蹴ってしまわないように、19ページのベッドメーキングの方法を参考にしてください。

●月齢が上がってくると、上掛けを蹴って寒くなったり、ベビーベッドの柵に足が挟まったりするせいで夜中に何度も目を覚ますことがあります。スリーパーを使用すれば、寒くなることも足が挟まることもありません。

●寝かしつけられるのに慣れている／2～3カ月になると、赤ちゃんの睡眠パターンが変化し、寝ついて30～40分もすると浅い眠りのサイクルに入るようになります。自分で眠りに戻る方法を身に付けている子であれば問題はありません。しかし、おっぱい、抱っこ、おしゃぶりなどで寝かしつけられることに慣れていると、日中であろうと夜の睡眠であろうと、眠りが浅くなったときに同じことをしてもらわなければ再び眠りに戻ることができません。

● 6カ月以上の赤ちゃんは、ナイトライトをつけて寝ていると、夜中に何度も起きることが多いようです。

● 離乳食を始めたときに、おっぱいやミルクの量を急激に減らすと（とくに22時30分の授乳量）、夜中にお腹をすかせて目を覚まし始めます。

半分眠ったままの授乳

新生児の頃は、22時の授乳でうとうとしていると、夜に何度も起きたり、朝早く目を覚ましたりするようになることがあります。最初のうちからこの時間の授乳でしっかり飲ませることを習慣付けると、夜中に長い時間眠るようになるのです。刺激を受けすぎて赤ちゃんの寝つきが悪くならないように、この時間の授乳は静かな部屋で行うべきだとすでに書きました。けれども、眠すぎて長時間眠るのに十分な量のおっぱいやミルクを飲んでいない場合は、授乳を2回に分けてください。いつもより少しだけ起きている時間が長くなって、飲む量が増えていれば成功です。

お世話をした新生児期の赤ちゃんには、あまりの眠気でなかなか目が覚めず、21時40分～45分に起こし始めなければいけない子もいました。電気を暗めにつけて、かかっているシーツなどを外し、カバーオールから赤ちゃんの足を出して、ベビーベッドに寝かせておきます。10分ほど待ってもまだ起きそうにないときは、電気をもう少し明るくします。どんなにぐっすり眠っていても、遅くとも22時までには部屋から連れ出して、ママたちの寝室か居間など、電気やテレビがついているような少し刺激のある場所に連れて行きます。

それでもまだきちんと目を覚まさない場合は、プレイマットに5～10分寝転がせてから2回に分けた授乳の1回目を始めます。ミルクの温度をいつもより少しだけ高くしてください。23時15分になったら、2回目の授乳を始めてください。ミルクは必ず2回目の授乳用に新しいものを作ります。22～23時の間は、赤ちゃんの目がしっかり覚めていなければいけません。この一連の流れが定着するのに2週間ほどかかることもありましたが、いったん定着すれば、飲む量がぐっと増えて夜中もぐっすり眠るようになるはずです。

母乳の場合も同じ要領で行ってください。最初のおっぱいを22時にあげて、もう片方のおっぱいを23時15分にあげます。22時の段階で両方のおっぱいを飲んでしまう子もいますが、23時15分にもう一度おっぱいをあげてみてください。この時間の母乳の出が悪いようであれば、代わりに搾乳しておいたお乳を足すこともできます。

12週未満の赤ちゃんで、夕方の授乳時に眠すぎてきちんとおっぱいを飲めないときは、同様に授乳を2回に分けて、辛抱強く定着させましょう。22時台の授乳がうまくいくように、授乳を17時と18時15分の2回に分けてください。分けるのをやめてしまうと、入浴のあとの授乳で飲みすぎて、22時の授乳のときにあまりお腹がすいていないという悪影響が出てきます。

以上のアドバイスをすべて試してもまだ赤ちゃんがおっぱいをよく飲まず、夜中に早めに起きてしまうときは、22時の授乳を何日かストップして、どれくらい眠るか試してみましょう。何日か続けて長く眠ったら、22時の授乳を再開して、夜中に長めに眠るようになるか試します。2回に分けた授乳を最低1週間続けて、夜通し眠り始めたら、数日おきに5分ずつ起きている時間を短くしていって、最終的にこの時間の授乳を1回で終わらせるようにします。

ほとんどの赤ちゃんは、7カ月前後に離乳食がしっかり定着するまでは、19時から翌朝7時の12時間のうちに一度は授乳が必要です。ですので、この22時の授乳が軌道に乗るまでは、諦めず根気よく取り組んでください。

病気のとき

私がお世話をした赤ちゃんは、1人目の場合は風邪をひいたり咳をしたりすることもなく1年目を乗りきる子がほとんどでした。しかし、2人目や3人目の子はそうはいきません。1人目の子が初めて風邪をひく頃には、睡眠リズムがしっかりできあがっているため、夜中に何度も目を覚ますということはまれでした。2人目、3人目は、月齢の低いときに兄弟から風邪が移ることが多いため、夜中の睡眠が崩れるのは避けようがありません。3カ月未満の赤ちゃんが風邪や病気にかかったときは、夜中に面倒を見る必要があります。月齢の低い赤ちゃんが風邪をひくと非常に苦しむことがあり、とくに授乳中は注意が必要です。

赤ちゃんが病気のときは、日中に具合がよくないと、夜中に授乳が必要になることがあります。月齢が6カ月以上の赤ちゃんで、病気で夜中に何度も目を覚ます場合は、同じ部屋で眠ったほうがスムーズにいくようでした。すぐにお世話をできますし、廊下を行ったり来たりして、眠っている兄弟を起こすこともありません。赤ちゃんの月齢が高いと、夜の授乳はもう卒業しているのに治ったあとも、病気のときと同じだけ手をかけてほしいために夜中に目を覚まし続けることがたまにあります。最初の幾晩かは様子を見に行って湯冷ましをあげますが、完全に病気が治ったら、ひとりで寝つくように時間をおきます。親にその覚悟ができていないと、結果として長期的な睡眠トラブルに発展していきます。

咳や風邪の症状が出たら、どんなに軽く見えても医師の診察を受けましょう。深刻な肺感染にかかった赤ちゃんの親たちから頻繁に相談を受けますが、早めに診察を受けていれば、そのような事態を防ぐことができていたかもしれません。神経質な親だと思われたくないために、病院になかなか行かない親が多いようですが、どんなに小さなことでも健康に関して何か心配事があるときは、必ず医師に相談して指示に従うことが重要です。とくに授乳に関しては必ず相談してください。

ランチタイムのお昼寝がうまくいかない

ランチタイムのお昼寝は「ジーナ式スケジュール」の要となる部分です。1日の真ん中にきちんとしたお昼寝の時間を設けるのは、赤ちゃんや幼児にとって有益だとするリサーチがあります。成長に伴って赤ちゃんが活動的になると、この時間のお昼寝は午前中の活動から回復し、午後を楽しむための大切な時間になります。

しかし、最初のうちはこのランチタイムのお昼寝がうまくいかないこともあります。まだ疲れているのに、寝入ってから30~40分ほどで目を覚まし、そのままぱっちり目が覚めてしまったときに親はガッカリすることもあるでしょう。寝かしつけの癖が付いていなければ、この時間のお昼寝を改善するためにできることはいくつかあります。お腹がすいているせいで目を覚ましているわけではないと確信できる場合は、赤ちゃんが自然に眠りに戻るまで少し待ちます。5~10分ほど様子を見るのを1週間ほど続ければ、通常ひとりで再び寝つき始めるはずです。

10分ほど待っても泣きやまず、むしろ泣き声が大きくなっているようであれば、側に行ってあげましょう。泣きわめいている場合は、14時の授乳であげる分のおっぱいやミルクを半分あげてください。その際は、夜中の授乳と同じ方法で行ってください。目を見てたくさん話しかけたりして赤ちゃんに刺激を与えないようにしましょう。赤ちゃんが目を覚ましてしまう理由は恐らく、お腹がすき始めた頃に眠りが浅くなってしまっているせいでしょう。

●お腹がすいた（0~6カ月）

お昼寝のリズムが崩れてしまう理由が、お腹がすいているせいではないと確信できるように、まずは授乳を10時～10時30分に早めます。そしてお昼寝の直前にもう一度おっぱいやミルクを足します。お腹はすいていないと確信できれば、少しぐずっても自分で落ち着くまで様子を見ることができます。それでもずっと泣き続けて寝つく様子がなければ、朝のお昼寝の時間の長さをチェックしてください。

●午前中のお昼寝（0～6カ月）

赤ちゃんが月齢0～6カ月で、朝1時間以上お昼寝をしているときは、この時間が長すぎるせいでランチタイムのお昼寝に影響が出ている可能性があります。この時間を45分から長くても1時間に減らしてみてください。月齢が3カ月以上のときはランチタイムのお昼寝で2時間しっかり眠るように、朝のお昼寝を30分に減らしたこともありました。赤ちゃんが9時までもたず眠くなってしまうときは、朝のお昼寝を2回に分けて、合計の睡眠時間を減らせるように調整してください。

最初のお昼寝で20～30分、2回目のお昼寝で10～15分眠らせるようにします。ランチタイムのお昼寝の前におっぱいやミルクを足して、朝のお昼寝を30～40分に減らしたら、眠り始めてから45分たったところで目を覚ましても、少しの間自分で寝つく時間を作れば、この時間の睡眠時間は延びてくるはずです。

●お腹がすいた（6カ月以上）

離乳食が始まっている赤ちゃんは、お昼寝の直前に少しだけ授乳してください。このときに飲む量が多い場合は、離乳食の量を見直す必要があります。たんぱく質、炭水化物、野菜をバランスよく食べているかどうかも確認してください。7カ月には1日3回の離乳食が定着している頃です。必要な量については346〜347ページを参照してください。

6カ月で離乳食を始めた場合は、月齢に合った量に追い付くように、駆け足でメニューを進めてください。ほとんどの赤ちゃんは、6〜9カ月の頃には1回の食事で大さじ6〜8杯分を食べていなければいけません。これよりも量が少ないときは、空腹が理由で目を覚ましているかもしれません。赤ちゃんが9カ月以上で、ランチのときに十分な量の水分をとっていないときは、喉が渇いたせいで目を覚ますこともあります。暑い時期はとくに気を付けてください。ランチタイムのお昼寝の直前に、お水をあげてみてもいいかもしれません。

お腹がすいているわけではないのに、泣き止むどころか泣き声が大きくなっているときは、午前中のお昼寝の長さを確認してください。

●午前中のお昼寝（6カ月以上）

赤ちゃんの月齢が6カ月以上であれば、朝のお昼寝は9時15分〜30分より前にならないように注意してください。また、この時間のお昼寝で45分以上眠っていると、ランチタイムのお昼寝で長く寝なくなることがありますので気を付けましょう。

6～9カ月のときは、9時30分まで起こしておくようにしてください。寝る時間を3～4日ごとに10分ずつ短くして、お昼寝時間を20～25分まで減らしていきます。9～12カ月であれば、10～15分に減らすか、完全にストップすることもできます。赤ちゃんが疲れやすくなりますので、しばらくの間は、ランチとお昼寝の時間を少し早めて、いつもより早く寝かせる必要があるかもしれません。お昼寝の前に軽く授乳をして、午前中のお昼寝の時間を短くすることで、1～2週もするとランチタイムのお昼寝の寝方が改善するはずです。午前中の睡眠時間の減らし方は284～290ページを参考にしてください。

お昼寝で問題が起きたときの対処法

これまでのアドバイスにすべて従っているのに、ランチタイムのお昼寝で、目を一瞬覚ますと、なかなか眠りに戻れないときは、午後のお昼寝の時間を調整する必要があります。こうすることで夜の就寝時間がきたときに疲れすぎていることがなくなります。どれくらい寝かせればいいかは、赤ちゃんの月齢で決まります。月齢が低い場合は、14時30分の授乳後に30分、そして16時30分前後にさらに短めのお昼寝をさせます。疲れすぎて機嫌が悪くなるのを防ぎ、17時ごろにはスケジュールを再び軌道に乗せることができますので、19時にうまく寝つくようになります。

14時30分にお昼寝をしたがらない赤ちゃんもいます。とくに、月齢が9カ月を超えているとその傾向があります。しかし15〜16時ごろには眠くなって、30〜45分寝ると起きてしまうことがあります。その場合は、就寝時間を少し早めなければいけないかもしれません。ランチタイムのお昼寝がうまくいかなかったときにスケジュールを調整する上で大事なことは、赤ちゃんの月齢によって決まっている1日のお昼寝時間の上限を超えないようにすることです。また、19時の就寝がうまくいくように17時以降は赤ちゃんを眠らせないようにしましょう。

●チェックリスト

□ 空腹のせいで目が覚めることがないように、お昼寝の前に軽く授乳をしてください。離乳食を始めている赤ちゃんで60ミリリットル以上飲んでいる場合は、離乳食の量を増やす必要があるかもしれません。母乳の場合は、離乳食をしっかり食べていても、9カ月を過ぎるまではおっぱいを足す必要があるかもしれません。

□ 月齢の高い赤ちゃんは、喉が渇かないように、寝る前に湯冷ましをあげてもいいでしょう。

□ 授乳中に眠ってしまう赤ちゃんは、抱かれているうちに寝つく癖が付いてしまっていますので、その習慣を断ち切ってください。たっぷりおっぱいやミルクを飲ませたあとに、ベビーベッドの中で寝つく癖を付けさせましょう。これを習慣付けるには時間がかかることもありますが、根気よく取り組みましょう。

□ 赤ちゃんが目を覚ましてしまう、その他の原因を取り除いていきます。部屋が騒がしいことや、上掛けシーツから体が出てしまうことも原因になります。6カ月未満の赤ちゃんはモロー反射が大変強いため（126ページ）、目を覚ましてしまわないように上掛けシーツをしっかりマットレスの下に挟み込みましょう。

□ 必ず赤ちゃんが自然に目を覚ますのを待ちます。お腹がすいて泣き叫んでいるわけではない限り、生後数週間はすぐに抱っこはせず、少しの間ベビーベッドで赤ちゃんが目を覚ました状態で様子を見ます。こうすることで、目を覚ましたらすぐに抱っこ、と関連付けなくなります。

右の項目をすべてクリアし、効果が出るまで十分時間をかけたにもかかわらず、問題が解決しないときは（そして、眠りが浅くなったときに目を覚ますのが癖になっていると感じたときは）、354ページの「寝つきをよくするメソッド」を試してみてください。いつも同じ時間に眠くなるように睡眠リズムを整えるためのメソッドです。

【ランチタイムのお昼寝のクライ・ダウン・メソッド】

「クライ・ダウン・メソッド」は、疲れすぎてかえって眠りにつけない赤ちゃんのためのメソッドで、月齢の低い子にも使うことができます。赤ちゃんに負担をかけることなく、状況を改善するためにも、クライ・ダウン・メソッドと、ねんねトレーニングの違いを理解する必要があります。

このメソッドは、お腹がいっぱいで、疲れて眠いはずなのに、ベビーベッドに寝かせると、寝つくことができない赤ちゃんに適した方法です。通常は5〜10分ほどぐずって泣きますが、その後は眠りに落ちます（赤ちゃんが疲れすぎているときは、20分ほどかかる場合もあります）。いったん眠ってしまえば、次の授乳時間まで起きることはありません。眠り始めてから30〜45分で目が覚めて、10〜20分ほどぐずったあとに寝つき、さらに30〜45分眠る状態を「クライダウン」と呼んでいます。

しかし、30〜45分眠ったあとに目を覚まし、右の時間より長くぐずっても再び寝つくことができないときは、長い時間泣かせたままにしないでください。赤ちゃんに負担がかかるだけでなく、眠りが浅くなって目を覚ました途端に泣くのが習慣になるからです。その場合は、月齢にもよりますが赤ちゃんを起こして、あとで短めのお昼寝を2回させたほうが賢明です。寝かしつけを正しい方法で行い、赤ちゃんが疲れすぎないようにうまくお昼寝時間を調整すれば、自然とランチタイムのお昼寝の時間に長く眠るようになるはずです。

寝つきをよくするには

新生児の頃は、カーシートやクーハンでうとうとすることが多いと思います。フレキシブルに予定を組めるため、親にとっては非常に便利ですが、赤ちゃんが成長して活発になってくると、残念ながらカーシートでぐっすり眠ることはあまりありません。カーシートで寝るのに慣れてしまうと、日中にベビーベッドで寝るのを嫌がるようになるかもしれません。大きくなるにつれてカーシートでは満足に眠ることができず、短時間眠ったり起きたりを繰り返すために、疲れてぐずりやすくなります。そのせいで夕方の授乳がうまくいかなかったり、就寝前の授乳でうとうとしたりすることになり、きちんと飲まずに終わってしまいます。そうなるとお腹をすかせて夜中に目を覚ますようになりますので、次の日にはママも赤ちゃんもぐったり疲れて、状況は悪くなるばかりです。

寝かしつけられることに慣れてしまったり、不規則な睡眠リズムが定着してしまったりしたら、ランチタイムのお昼寝を軌道に乗せることに集中してください。「寝つきをよくするメソッド」（354ページ）を参考にしてみてください。ベビーカーや車に赤ちゃんを乗せて、２時間しっかり寝かせます。１週間または10日ほど続けると、赤ちゃんがその睡眠パターンに慣れて、多少ぐずることはあっても、ベビーベッドで寝かしつけるのが楽になることが多いのです。

歯ぐずり

これまでの経験からも、小さな頃から生活リズムがしっかり整っていて、健康的な睡眠習慣が身に付いている赤ちゃんであれば、歯が生える時期がきても、それほど困ることはありません。お世話をした何百人もの赤ちゃんの中で、夜中に歯ぐずりのせいで泣いた子は、ほんの一握りでした。それも臼歯が生えてくるときに起きるのがほとんどで、通常数日でおさまります。歯ぐずりのせいで夜中に目を覚ます赤ちゃんは、もともとコリックの症状がある子で、すでに睡眠パターンが崩れてしまっているケースが多いようです。

歯ぐずりのせいで夜中に目を覚ましていると思っていても、抱っこやおしゃぶりですぐに再び寝つくようであれば、本当の理由は恐らく違います。歯が生えてくる痛みで本当に苦しんでいる赤ちゃんであれば、もう一度寝かしつけるのはとても大変なはずですし、夜中だけでなく、日中もぐずっているはずです。「夜中に何度も目を覚ます」と「朝早く目を覚ましてしまう」の項目をチェックして、赤ちゃんが起きてしまう本当の理由を突き止めましょう。

赤ちゃんが夜中に目を覚ますのは、歯の激しい痛みのせいだと確信がもてるときは、医師から鎮痛剤の使用についてアドバイスをもらうようにしてください。歯ぐずりのせいで数日、夜泣きが起きることもありえますが、数週間続くということは決してありません。元気がなく、熱がある、食欲がない、下痢をしているなどの症状が見られるときは、医師の診察を受けましょう。このような症状を歯が生えてきているせいだと片付けてしまわないようにしてください。歯ぐずりだと思っていたものが、実は中耳炎や喉の感染症だったというケースが非常に多いのです。

睡眠パターンが崩れてしまった

30年以上赤ちゃんに接する仕事をしてわかったのは、一度睡眠リズムが定着して、夜通し眠るようになった赤ちゃんは、病気のとき以外は、よく寝る子に育つということです。ナニーとして何百人もの赤ちゃんのお世話をし、コンサルタントとして何千人もの赤ちゃんについてアドバイスをしてきましたが、一度たりとも赤ちゃんの睡眠パターンが崩れて昔に戻ってしまったと連絡をしてきた親はいませんでした。しかし最近になって、アドバイスを求めるメールが何通も来るようになったのです。睡眠パターンが崩れる理由は何なのか、さらにリサーチを進めると、赤ちゃんは睡眠に影響を与えるような発育段階をへて成長する時期があり、その頃に夜中に再び起きるようになると唱えている人がいるようなのです。

私個人の見解としては、睡眠パターンが再び崩れるのは、絶えず変化し続ける赤ちゃんの授乳や睡眠のニーズを先読みして対応することができていないためだと思います。もし本当に言われているような理由で睡眠パターンが崩れているとしたら、お世話をしてきた家族から同じようなトラブルを報告されていると思います。しかし実際はまったく反対で、今も大変よく眠る子に育っていると定期的に連絡を受けています。

睡眠パターンが崩れてしまった場合は、本書の九つのスケジュールをチェックしてみてください。これこそ、私のスケジュールが9パターンに分かれている理由なのです。赤ちゃんのニーズは最初の1年に変化し続けます。私のスケジュールを使って一歩先を見据えることができれば、トラブルが起きる前に、変わり続ける赤ちゃんのニーズに合わせて少しずつスケジュールを調整していくことができるはずです。

まとめとヒント

最後に、ここでは最初の1年で起こりうるトラブルを避けるための大事なヒントをまとめておさらいします。

◎月齢が低い頃は、赤ちゃんが起きていられるのはせいぜい2時間までです。といっても、2時間ずっと起きていなければいけないと言っているわけではありません。夜中の授乳後はすんなり寝ついてよく眠り、昼間になると1時間程度しか起きていられない子であれば、普通より長く眠らなければいけない赤ちゃんだということになります。お腹はいっぱいなのに、就寝時間や夜中の授乳のあとにうまく寝つけない場合は、機嫌よく起きていられる時間が延びて夜中の睡眠が改善するまで、2〜3日ごとに起きている時間を2分ずつ長くしていきましょう。

◎「25分間おっぱいを飲ませる」と書いてある部分は、「25分間ずっと授乳をし続ける」という意味ではなく、「もっとも長くて25分間授乳する」という意味です。おっぱいを飲むのが上手な赤ちゃんの場合は、もっと短い時間で飲みきることもあります。体重が順調に増えていて、授乳の後は昼も夜もすんなり寝ついているときは、何分おっぱいを飲んでいたかは気にしなくても大丈夫です。

起きているときにぐずりがちで寝つきも悪いようであれば、おっぱいをしっかり飲みきっていない可能性がありますので、お昼寝の直前に授乳するようにしてください。それですんなり寝つくようになれば、授乳量が足りていないのが原因だとわかります。母乳育児の専門家にアドバイスを求めて、赤ちゃんがしっかりおっぱいをくわえているか確認してもらいましょう。上手にくわえているのがわかったら、次は赤ちゃんが吸っているだけでなく実際に飲んでいるかをチェックしてください。新生児の時期はきちんと飲まずに、乳首を吸っているだけのこともあり、すぐに疲れて、おっぱいを飲みきる前に乳首を離してしまいます。

◎新生児の頃は、赤ちゃんが泣いていたらお腹がすいているせいだと判断して授乳してください。「3時間おきの授乳」と書かれている部分では、授乳の開始時間から次の開始時間までで計ってください。つまり、授乳間隔は2時間になります。また、赤ちゃんが本当にお腹がすいているようであれば、スケジュールの時間に関係なく、必ず授乳するようにしましょう。しかし、決められた時間よりもかなり前にお腹がすいているようであれば、理由を考えてみましょう。母乳の場合はおっぱいの出が悪いか、赤ちゃんが授乳のときにきちんと飲めていないのが主な原因です。ミルク育ちで授乳間隔が3時間もたないときは、1回の授乳で十分な量を飲んでいるかを保健師に相談してみてください。

◎授乳後にしっかり起きていられるか、そして授乳間隔が十分空いているかが確認できなければ、次のスケジュールに進んではいけません。赤ちゃんによっては、二つのスケジュールのちょうど真ん中の睡眠・授乳パターンのときもありますので、それぞれ別のスケジュールから睡眠と授乳時間を抜き出して使うことになるかもしれませんが、それでもまったく構いません。
◎私のスケジュールの目的は、健康的な睡眠と食事の習慣を長いスパンで身に付けさせることです。心身ともに準備が整えば、赤ちゃんはすぐ夜通し眠るようになります。夜中の授乳を制限したり急に減らしたりして、無理やり夜通し眠らせようとしないようにしてください。
◎朝早く目を覚ますことがないように、月齢が低い時期は夜中に目を覚ましたら7時まで寝るのに十分な量を授乳してください。5〜6時近くまで寝るようになったら、もう一度寝つかせるのに時間をかけすぎないようにしなければいけません。このときの授乳ですぐに眠りに戻る赤ちゃんと比べて、5〜7時に目を覚まして寝つくのに時間がかかる子は、朝早く起きるのが習慣になる可能性が高くなります。
◎朝の7時近くまで夜通し眠るのが定着するまでは、22時台の授乳のときに赤ちゃんが目を覚ましている時間が短くなりすぎないように気を付けてください。月齢が2カ月を超えても7時前後まで眠らないときは、この時間の授乳を2回に分けて、赤ちゃんが起きている時間を少し長くしましょう。月齢が低い子であれば、夜中の授乳間隔が空くようになりますし、月齢の高い赤ちゃんであれば、早朝5時に目を覚ましている子が7時近くまで寝るようになります。
　この方法は、210ページを参考にして行ってください。効果が出るのに1週間は待ちましょう。成功の秘訣は、21時45分には必ず赤ちゃんを起こして、決められた時間までしっかり目を覚ましておくことです。

◎月齢が6カ月以上の赤ちゃんで、22時台の授乳をストップしたら、5〜6時に目を覚まして、授乳をしても10〜15分以内に寝つかない子は、お腹がすいているわけではなくても、もう一度授乳をします。朝早く起きるのが習慣化するのを防ぐには、起きた瞬間にすぐ授乳をするのが一番の方法です。この月齢の赤ちゃんは、離乳食が定着しているはずですので、朝早く起きてしまう原因は、恐らくお昼寝のしすぎです。朝早く起きてしまう子のお昼寝の時間を削るのは大変ですので、おしゃぶりや抱っこではなく、自分で寝つくことができるように授乳をしてください。

赤ちゃんが5〜7時の間によく眠るようになったら、少しずつ9時のお昼寝を9時30分まで遅らせて、長さも30分まで縮めます。こうすることで、ランチタイムのお昼寝を12時半にできますので、夕方に赤ちゃんが眠くなってしまうのを防ぐことができます。お昼寝の時間が短くなると、自然に7時近くまで眠るようになり、早朝の授乳も必要なくなります。しかし、7時まで夜通し眠るようになってから2週間が経過したところで、まだ5〜6時に授乳をしている場合は、授乳の量を少しずつ減らしてください。最低限の授乳で寝つくようになったら、授乳をストップして、自然に眠りに戻るのを待つようにしましょう。

訳者あとがき

娘をロンドンで産んで、3カ月後に日本に一時帰国した際のことです。家族が私の娘を見て驚きの声を上げました。

「一体どうやったら、そんな赤ちゃんに育つの⁉」

私とジーナ本の出会いは、娘を産んで1カ月後のことでした。日本の親元での出産を選択せず、イギリス人の夫と2人でお産を乗りきることに決めた私は、出産直後から赤ちゃんのお世話で昼夜格闘していました。いつ眠って、いつ起きるかわからない赤ちゃんを抱えて、毎日が本当に長く感じられ、この状態がいつまで続くのだろうと不安でいっぱいで、育児を楽しむ余裕など一切ありませんでした。授乳のときの赤ちゃんの抱き方がおかしかったのでしょう。乳首が切れて痛みで涙し、乳腺炎で高熱が出て、うなされながら授乳をこなしたのも一度や二度のことではありませんでした。

そんな状態を見かねた夫のいとこたちが、今回新たに新版として訳すことになったジーナ・フォードの初版本をすすめてくれたのです。「この本を使えば、魔法のように赤ちゃんが夜眠るようになるわよ」と言われた私は、藁《わら》にもすがる思いでその本に飛び付きました。

そして本当にその日から、私の生活は一変したのです。妊娠中から読んでいた日本の育児書に載っていた子育て法とは正反対といってもいいやり方に、目からうろこが落ちる思いでした。

赤ちゃんがおっぱいを欲しがっていそうなときに授乳し、眠りたくなったときに寝かせ、起きたときにお昼寝が終了する、という「赤ちゃん主導」の毎日は過去のものとなり、私が赤ちゃんの授乳と睡眠のリズムを整える「ママ主導」の生活が始まりました。授乳方法も大きく変わりました。私は、夜中に赤ちゃんがお腹をすかせて泣き始めたら、すぐに寝室から居間に連れて行き、電気をつけて授乳をしていたのです。これでは、赤ちゃんに昼と夜の感覚が身に付かないのは当たり前です。お昼寝の時間もジーナの指定している時間よりも2時間近く長く眠らせていました。夜寝ないのも納得です。

お昼寝や授乳の時間が決まっていたため、1日の予定が立てやすくなり、お出かけが楽になりました。そして、スケジュールが定着すると自然と寝かしつけの必要がなくなり、夜中の授乳の回数も激減しました。夜よく眠り、たっぷり休養のとれている赤ちゃんは、概して日中のご機嫌もいいことが多く、子育てを楽しむ余裕もできたのです。夜も夫とゆっくり過ごす時間が取れるようになりました。

スケジュールをご覧になればわかる通り、かなり細かく時間が指定されています。どんなに一生懸命スケジュール通りに1日を過ごそうと思っても、うまくいかない日ももちろんあります。私もできる部分だけを参考にして、自分のやり方や赤ちゃんのリズムに合わせて使っていましたが、それでも娘は驚くほどすんなりスケジュールになじみました。２０１２年に生まれた息子は、娘とはまったくタイプの違う子でしたが、すぐにスケジュールに慣れ、ジーナ式はどんな子にも定着するのだということを改めて実感させてくれました。

カリスマ・ナニーとして何百人もの赤ちゃんのお世話をしたジーナが、修正に修正を重ねて編み出したのがジーナ式のスケジュールです。そのメソッドをより多くの人に知ってもらうために１９９９年に出版したのが本書の初版です。イギリスでは、「夜泣きのひどかった赤ちゃんを、あっという間に夜通し眠る子に変身させる魔法のメソッド」として、ママたちのバイブルとなっています。私がこの本を２００７年に訳したときは、赤ちゃんにスケジュールを使うという発想は日本には皆無でした。果たしてこのメソッドが日本で受け入れられるのか……。しかし自分と同じような経験をしている母親は日本にたくさんいるはず。ぜひこのメソッドを紹介したいという強い気持ちで出版にこぎつけました。そして10年以上が経過し、ジーナ式のスケジュールが少しずつ日本で市民権を得ていることに感動を覚えています。ジーナ式を受け入れ広めてくださった日本のママたちにも感謝の気持ちでいっぱいです。

子育てに悩みは尽きません。赤ちゃんが三者三様なら、母親も同様で、既存の育児書同様、この本のメソッドが誰にでも当てはまるわけではありません。しかし、ママにも赤ちゃんにも優しい子育て法として、日本の悩めるママたちの選択肢の一つとして定着することを願っています。

２０１９年12月24日

高木千津子

著者／ジーナ・フォード　Gina Ford
1960年、イギリス生まれ。世界各地の三百を超える家庭でカリスマ・ナニー（乳母）として12年間働いたあと、1999年に本書を出版。その実践に徹したメソッドは口コミで徐々に広がり、2017年発売の新版を含めて100万部のベストセラー育児書となる。夜泣きのひどかった赤ちゃんを、あっという間に夜通し眠る子に変身させる魔法のメソッドとして知られ、多くの悩める母親のバイブルとなっている。著書はアメリカでも出版され、スペイン語、オランダ語、中国語など世界各国で翻訳されている。現在は本の執筆のかたわら育児コンサルタントとして活躍。

訳者／高木千津子　Chizuko Takagi
1972年生まれ。ロンドン大学ゴールドスミスカレッジ修士課程修了。雑誌のイギリス通信員、朝日新聞社ヨーロッパ総局のアシスタント・コレスポンダントを経て、ロンドンで通訳･翻訳業に従事。2児の母親。

ジーナ式《しき》　カリスマ・ナニーが教《おし》える
赤《あか》ちゃんとおかあさんの快眠講座《かいみんこうざ》　改訂版

2020年１月30日　第１刷発行
2024年１月10日　第６刷発行

著　　者　ジーナ・フォード
訳　　者　高木千津子
発 行 者　宇都宮健太朗
発 行 所　朝日新聞出版
〒104-8011　東京都中央区築地５-３-２
電話　03-5541-8832（編集）　03-5540-7793（販売）

印刷製本　大日本印刷株式会社

ISBN978-4-02-251633-6
定価はカバーに表示してあります。

落丁・乱丁の場合は弊社業務部（電話03-5540-7800）へご連絡ください。
送料弊社負担にてお取り替えいたします。